本书受山东师范大学经济学院学科振兴计划资助

本书是山东省自然科学基金青年基金项目（ZR2022QG003）的阶段性成果之一

贸易便利化与
全球价值链分工

董虹蔚 著

中国社会科学出版社

图书在版编目（CIP）数据

贸易便利化与全球价值链分工 / 董虹蔚著. -- 北京：
中国社会科学出版社，2024. 3. -- ISBN 978-7-5227
-3826-0

Ⅰ. F74

中国国家版本馆 CIP 数据核字第 20241YU681 号

出 版 人　赵剑英
责任编辑　车文娇
责任校对　周晓东
责任印制　郝美娜

出　　版　中国社会科学出版社
社　　址　北京鼓楼西大街甲 158 号
邮　　编　100720
网　　址　http://www.csspw.cn
发 行 部　010-84083685
门 市 部　010-84029450
经　　销　新华书店及其他书店
印　　刷　北京明恒达印务有限公司
装　　订　廊坊市广阳区广增装订厂
版　　次　2024 年 3 月第 1 版
印　　次　2024 年 3 月第 1 次印刷
开　　本　710×1000　1/16
印　　张　13.75
字　　数　225 千字
定　　价　69.00 元

目　　录

第一章　绪论

第一节　研究背景与意义

一　理论背景与意义

从亚当·斯密开始，更精细的劳动分工一直与经济进步联系在一起。在经济社会进步的过程中，人们实现了两次生产的空间分离：第一次空间分离是由蒸汽革命带来的，运输成本的降低使远离消费者的生产变得有利可图，在生产分散到世界各地的同时，制造业也在各地工厂和工业区聚集起来；第二次空间分离是由信息革命带来的，信息与通信技术的发展大大降低了远距离组织复杂活动的成本，使跨空间的生产阶段分散生产成为可能。影响国际分工与贸易的成本因素从简单的贸易成本演变为生产分割成本，而贸易便利化始终是促进国际贸易的主要因素之一。传统贸易理论认为，贸易便利化通过降低贸易成本，缩小了贸易产品的出口价格和进口价格之间的差距，增大了生产者的利润空间，从而促进双边贸易流量的增加，贸易引力模型成为解释这种促进作用的主要方法。异质性企业理论从微观层面进行解释，认为贸易便利化不仅降低了出口固定成本，也降低了出口可变成本，通过这两种成本的降低，贸易便利化不仅可以促进企业出口的扩展边际，也会促进企业出口的集约边际。全球价值链理论在 20 世纪末才得到充分重视，整体来讲，全球价值链理论的发展落后于核算方法的发展，这样，从全球价值链的视角对贸易便利化影响进行的理论研究更显不足。

尽管如此，已经有学者注意到贸易成本在全球价值链生产过程中的级联效应，因为贸易成本会随着中间产品的进口而累积，然后再进一步向下游出口，在到达最终消费者之前经过不同的生产环节（Ferrantino，

2012；Diakantoni et al.，2017）。这与关税在全球价值链中的累积和放大效应一致，Yi（2003）曾经解释，当关税在某个阈值以上时，复杂的全球价值链将无法组织生产。Hummels（2007）指出，除了传统贸易成本，与贸易相关的服务改进可以帮助应对国外市场的不确定性，使全球价值链生产的重组成为可能。因此，在全球价值链分工与贸易中，贸易便利化作为国际生产分割成本的主要影响因素，首先反映在中间产品进口价格的降低上，随后转移到下一个生产环节，贸易便利化作用在每一个生产环节上，随着供应链的连锁效应得到累积，最终体现在工业制成品价格的大幅下降和贸易流量的增加上。

进一步地，由于中间产品贸易的存在，一国出口产品中不仅包含本国增加值，还嵌入了国外增加值，贸易便利化促进国际生产分割，也会对出口的价值结构产生影响。那么，贸易便利化是如何通过国际生产分割影响出口中本国增加值与国外增加值的构成结构？随着贸易便利化水平的不断提升，这种影响是线性的，还是存在非线性特征？贸易便利化水平的提升进一步改变了全球价值链生产的组织模式和分布特征，那么，贸易便利化是否通过改变全球价值链的参与度和生产位置对出口的价值结构产生间接影响？目前，还没有文章深入地对此进行理论解释，更没有在理论和实证上检验贸易便利化是如何通过全球价值链对增加值贸易产生间接影响的。

基于以上理论背景，本书试图做出以下边际贡献：首先，将贸易便利化、全球生产分割、增加值贸易同时纳入理论框架，借鉴 Baldwin 和 Venables（2013）的蛛网形价值链和蛇形价值链，分析贸易便利化对增加值贸易影响的理论机制，弥补这一领域理论研究的空缺；其次，通过对全球生产分割的理论分析，解释贸易便利化如何影响增加值贸易流量和增加值贸易的价值结构，分析不同国家在不同价值链生产分割中扮演的不同角色，解释贸易便利化对不同国家贸易、不同产业贸易、不同产品贸易影响的异质性；最后，通过蛛网形价值链和蛇形价值链，分析全球增加值贸易网络的形成，阐述贸易便利化在增加值贸易网络形成中的作用。本书的研究丰富和发展了贸易便利化理论和全球价值链理论，是对贸易便利化和全球价值链这一交叉领域的理论探索和实证检验。

二　现实背景与意义

近几十年来，与国际贸易联系在一起的产品生产的各个阶段在国家之间的分散越来越普遍，这样的国际生产分割被定义为生产碎片化（Production Fragmentation）、加工贸易（Processing Trade）、垂直专业化（Vertical Specialization）、价值链切片（Slicing up the Value Chain）或是第二次拆分（The Second Unbundling）（Arndt and Kierzkowski，2001；Görg，2000；Hummels et al.，1998；Krugman，1995；Baldwin，2006）。20 世纪90 年代，由于欧盟的成员范围扩大、中欧和东欧国家的崛起以及东亚"四小龙"国家的经济腾飞，这种全球价值链分工生产分别在欧洲和东亚蓬勃发展起来。大量例子说明了生产分割的普遍性，苹果手机的全球化生产已经成为老生常谈。这里，以汽车产业的生产为例对全球生产分割进行解释。瑞典的沃尔沃 S40 汽车，有法国制造的空调、挪威制造的座椅和座椅靠背、英国的燃油和刹车线、德国的引擎盖和电缆等。在汽车生产中，生产拆分有时是模块化的，即将一部分零部件组装成一个模块，将整个模块的生产外包，然后将整个模块运送到最终的组装工厂（Frigant and Lung，2002）。在这种生产模式下，零部件的进出口蓬勃发展起来，随着全球价值链分工与生产的快速发展，中间产品贸易的比重已经超过最终产品贸易，2014 年中间产品贸易占比高达 64.60%，2000—2014 年中间产品贸易的平均年增速为 8.51%。①

随着关税和其他贸易壁垒的逐步减让、运输成本的降低，以及信息和通信技术的互联互通，贸易成本不断降低，贸易成本的降低"夷平了地球"，全球制造越来越成为生产的主要组织模式。在多边贸易体制的约束下，贸易自由化进程不断向前推进，根据世界银行的官方数据，世界加权平均关税水平已经从 1996 年的 33.96% 降低到 2010 年的 2.69%。然而，贸易成本仍然是不容忽视的一大问题，尤其是在全球价值链分工与贸易的背景下，贸易成本在经过与现代供应链相关的多个步骤时被放大，这就是所谓的级联效应。Anderson 和 Wincoop（2004）对贸易成本进行了全面测算，认为即使不考虑贸易政策成本，即使是在高度一体化的经济体之内，贸易成本也是非常高的。的确，在过去的十年，降低交易成本和促进贸易的目标得到了新的重视，贸易便利化取代贸易自由化成为WTO、OECD、APEC 等国际组织重点关注的成本因素。根据 WTO 的《2015 年世界贸易报告》，区域贸易协定中涉及《贸易便利化协定》

---

① 笔者根据 WIOD 数据库 2016 年的数据测算。

（TFA）的内容多达 28 条，当前实施的区域贸易协定中超过 90% 的内容涉及贸易便利化。2017 年 2 月 22 日，《贸易便利化协定》正式生效，WTO 测算称，该协定的实施将使全球贸易成本平均降低 14.3%，为全球带来一万亿美元的出口增长。①

另外，2008 年国际金融危机和 2010 年欧债危机之后，全球经贸环境变得日趋复杂。美国作为守成大国，为了维持超级大国的经济地位，先是主导跨太平洋伙伴关系协定（TPP）和跨大西洋贸易与投资伙伴协议（TTIP）谈判的规则制定，企图将中国、俄罗斯等新兴经济体排挤在世界经济一体化的生产与贸易网络之外；随后又以关税为主要手段与中国发生贸易摩擦，修改美加墨自由贸易协定，遏制发展中国家在全球价值链中的地位攀升，维护美国在全球价值链生产与贸易中的主导地位和利益分配。面对复杂严峻的外部形势，中国多措并举，依托"一带一路"倡议，以上海自由贸易园区为试点，重新规划全球价值链的战略布局，打开了新时期全方位对外开放的新格局。在这个过程中，贸易便利化对"一带一路"建设、中国企业"走出去"和出口增长都起到了重要的促进作用。从全球范围看，贸易便利化建设对世界经济的稳定和协调发展也将继续发挥重要作用。

那么，当前世界各国贸易便利化的综合水平是如何分布的，有何发展特征？全球价值链分工与贸易发展到了什么程度，各国参与全球价值链的特征有何不同？贸易便利化对增加值贸易的促进效应究竟有多大，又在多大程度上影响了增加值贸易的价值构成？随着国家间生产分工与贸易的不断深化而形成的全球增加值贸易网络具有怎样的特征和演变趋势，贸易便利化在全球增加值贸易网络的形成和演变中起到了什么作用？本书试图对以上现实问题进行解答，主要工作有：首先，构建贸易便利化的综合指标体系，测算世界各国时间连续的贸易便利化指数，分析贸易便利化在世界分布的特征以及发展趋势；其次，利用贸易和生产两方面的增加值贸易核算方法，从总出口、双边/产业出口和总生产等角度全面剖析全球价值链生产与贸易的发展特征；最后，分别构建面板数据，检验贸易便利化对增加值贸易流量、增加值贸易利益结构和增加值贸易网络特征的影响。本书的研究对于正视全球价值链视角下贸易便利化的

---

① 商务部网站（http://www.mofcom.gov.cn/article/ae/ai/201702/20170202521961.shtml）。

促进作用，针对不同国家、不同指标、不同产业提出差异性政策建议，引导贸易便利化在全球生产分割网络中发挥协调作用，构建健康、透明、可持续的全球经济体系具有重要的现实意义。

第二节　相关概念的界定

一　贸易便利化

国际上关于贸易便利化的定义尚未形成统一的标准。世界贸易组织（World Trade Organization，WTO）将贸易便利化定义为"国际贸易程序的简化与协调"，其中国际贸易程序指的是收集、提供、传达并处理国际贸易中商品流动所需要的信息资料的活动、方法和手续；亚太经济合作组织（Asia-Pacific Economic Cooperation，APEC）将贸易便利化表述为"对阻碍、延迟跨境货物流动或增加其流动成本的海关及其他行政手续的简化及理顺"；世界海关组织（World Customs Organization，WCO）将贸易便利化定义为"海关程序的简化及标准化"，同时强调贸易安全的概念，认为贸易便利化应与贸易安全平衡发展；经济合作与发展组织（Organization for Economic Cooperation and Development，OECD）则将贸易便利化定义为"国际货物从卖方流动到买方所需手续、相关信息流动以及支付方式的简化和标准化"；联合国欧洲经济委员会（The United Nations Economic Commission for Europe，UNECE）对贸易便利化的表述则是"减少贸易过程的复杂性，降低交易成本，以国际公认的标准、惯例和做法为基础，为国际贸易创造一个简化、协调、透明、可预见的环境"。

2013年12月，WTO第九届部长级会议在印度尼西亚巴厘岛闭幕，会中达成了《贸易便利化协定》，2014年12月，WTO总理事会批准了有关落实《贸易便利化协定》的议定书，2017年2月，《贸易便利化协定》正式生效。该协定整合了上述组织对贸易便利化的定义，并根据国际分工与贸易的新形势新要求，对成员方的义务进行规定，认为贸易便利化应至少包括以下几个方面：信息的公布与获得；货物放行与清关程序；与进出口相关的规费和费用；边境机构合作与海关合作；与进出口和过境相关的手续；受海关监管的进境货物的移动；过境自由；沟通与协商机制。贸易便利化对国际贸易过程中涉及的行为、手续及惯例进行简化与协调，保证所有的相关行为都发生在一种有效、透明、可预见的方式之上。

传统贸易理论认为贸易成本造成进出口价格之间的裂痕，结果是生产者的出口低于他们的预期，消费者购买的每一种贸易产品也低于他们原本的预期，而且国际贸易的产品范围也更窄。贸易便利化缩小了这一"楔子"的大小，使不同国家的生产者和消费者之间的联系更加密切，贸易深度和贸易广度随之增长，并有可能增加出口国的生产者盈余和进口国的消费者盈余。这里的贸易便利化主要是对国际贸易边境成本的降低，如运输成本、关税及通关手续等。随着信息通信技术的进步和跨国运输成本的降低，全球价值链分工与贸易逐渐取代传统贸易，在国际生产分割的视角下，国际贸易不能再单纯地解释为生产者和消费者之间的交易，跨国生产分割使中间产品贸易普遍存在，影响国际贸易的成本因素也从简单贸易成本演变为生产分割成本，生产分割成本包含将一个生产环节与上下游生产分离而产生的全部成本，如运输成本、关税成本、跨境管理成本等（Baldwin and Venables，2013）。此时，贸易便利化更多包含使国际分工生产更为便利的境内措施，比如投资环境的优化、法律对外商投资与生产的保护、知识产权保护、金融服务和技术服务等。

总的来讲，贸易便利化的定义有广义和狭义之分。狭义的贸易便利化主要是指涉及商品和服务进出口的跨境流程的简化，包括港口设施的建设、海关程序的简化、国际物流的进步等。而在全球价值链分工背景下，境内的生产成本也是影响一国进出口贸易的重要成本因素，因此，广义的贸易便利化不仅包含边境措施和跨境流程，还包括金融和技术服务的优化、政府管制的简化与透明化等境内措施。由此可见，贸易便利化的概念外延，不仅涉及货物流动所经历的边境措施，还涉及一系列国内法规以及新技术的使用。

二 全球价值链

20 世纪 80 年代以来，信息通信技术发展迅速，大物流运作模式下国际运输成本不断降低，使更复杂的跨国生产协作成为可能，同时，随着全球化和区域经济一体化进程的推进，国家之间的关税水平和非关税壁垒降低，并配合以多层次、全方位的制度建设，协调国际经贸关系。贸易便利化和贸易自由化两方面的进展共同作用，促成了基于国际垂直专业化分工的全球生产链革命，即产品的产业链跨国分布，国际分工与贸易向着外包（Outsourcing）和生产分散化（Fragmentation）发展，以跨国公司为主导的产品生产在全球范围内进行投资、生产和贸易。90年代以来，全球价值链（Global Value Chains，GVC）分工模式已经成为经济全球化与国际分工的新常态，越来越多的发展中国家参与到全球价值链分工中，并从中获益（Baldwin and Lopez-Gonzalez，2015），即各个国家（或地区）在产品生产线上的不同阶段进行生产，每一阶段所创造的增加值被累加，沿着全球生产网络传递的价值增值过程。

在全球价值链分工的生产模式下，出现新的贸易模式——中间产品贸易（或者称增加值贸易），其主要包括：（1）为了生产的进口（Importing to Producing，I2P），指所有为了生产而进行的中间产品进口；（2）为了出口的进口（Importing to Export，I2E），进口的中间产品被用来生产出口品，更加接近全球价值链的概念；（3）再进口和再出口（Reimporting and Reexporting），I2E贸易在国家之间反复进行便形成了再进口和再出口（Baldwin and Lopez-Gonzalez，2015）。它们之间的关系和增加值流动见图1-1。

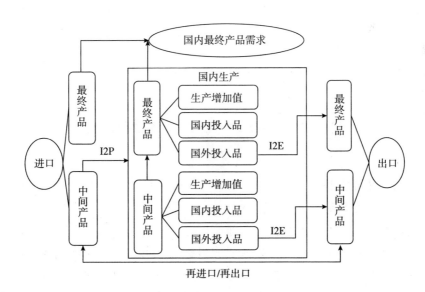

图1-1 中间产品贸易模式

全球价值链分工的蓬勃发展对传统的贸易理论和贸易统计方法带来挑战。比较优势理论虽然可以部分解释产品内生产工序国际分工形成的原因，但是仍然需要对全球价值链的组织形式、驱动机制、作用机理等方面进行全面的理论研究。更为重要的是，在全球价值链分工下，工业制成品的生产不断细化，产品生产的各个阶段跨国分布，生产链条的拉长使中间产品跨越多国流动，并存在中间产品与价值的反复流动。以贸易总值为基础的传统贸易统计方法已不能准确衡量各国在国际分工与贸易中的利益，大量的重复计算造成贸易扭曲和对贸易格局的误判。各类官方国际统计机构（WTO、UNCTAD、OECD 等）已经认识到传统贸易统计方法的不足，鼓励采用新的方法对全球价值链生产下的国际贸易流动进行衡量。在国际组织的推动下，贸易经济学家从理论、方法、实证等多方面发展与完善全球价值链理论体系，已经取得诸多重要成果。目前，以增加值贸易为基础的全球价值链研究是经济学研究的热点问题之一。

在全球价值链分工背景下，贸易便利化降低生产分割成本，使国家之间的生产分工不断深化，中间产品贸易逐渐取代最终产品贸易，一国出口产品的价值不再是由出口国全部占有，还包含来自其他国家进口中间产品创造的价值。Koopman 等（2014）将一国总出口价值分为九个部分，主要包括最终产品出口中的本国增加值、中间产品出口中的本国增加值、出口中嵌入的国外增加值、出口后又返回的增加值和纯重复计算项等。因此，贸易便利化对全球价值链分工和增加值贸易的影响更为复杂，是本书将要分析和阐述的主要问题。

第三节　研究思路与主要内容

一　研究思路

本书主要是基于全球价值链分工的背景，研究贸易便利化对增加值贸易的影响，在贸易便利化和全球价值链这一交叉领域做出理论贡献并实现现实借鉴意义。为了实现该研究目标，本书按照"事实描述—理论分析—贸易流量影响—贸易结构影响—贸易网络影响"的顺序对这一问题进行分解，逐一解析。首先，在梳理和总结相关文献和量化方法的基础上，利用主成分分析法和增加值贸易核算方法，测算与分析全球 42 个国家贸易便利化水平和全球价值链分工的特征与发展趋势，在整体和细节上把握各国各地区的贸易便利化发展现状，以及全球价值链分工在总出口、双边/产业出口、总生产上体现出来的贸易与生产特征。其次，将贸易便利化作为生产分割成本的重要因素，纳入蛛网形价值链和蛇形价值链的理论模型，研究生产分割成本降低对全球价值链分工与贸易的影响，对比分析传统贸易视角下和增加值贸易视角下贸易便利化影响的不同，总结贸易便利化对增加值贸易影响的特征并提出理论假设。再次，实证检验贸易便利化对增加值贸易流量的促进效应和对出口中本国增加值占比的抑制效应，针对不同类型产品、不同类型国家、不同类型产业、不同贸易便利化指标分别检验贸易便利化影响的异质性，并检验贸易便利化对增加值贸易价值结构可能的阶段性影响，分析并识别贸易便利化在全球价值链生产中对增加值贸易价值结构的影响渠道。最后，应用社会网络分析方法，构建全球增加值贸易网络，从微观个体、中观社团和宏观整体三个层面分析贸易便利化对增加值贸易网络特征的影响。根据以上研究内容，从贸易便利化的建设、全球生产分割的组织和协调、中国的应对政策等方面提出政策建议。

二 研究内容

本书的研究分为十章，核心内容如下。

第一章（绪论），主要介绍了本书研究的选题背景和意义、相关概念、研究思路与研究内容、研究方法、创新点与不足。

第二章（贸易便利化与全球价值链的相关研究综述），针对本书的两个主要研究领域，即贸易便利化和全球价值链展开相关文献的归纳总结和评述。贸易便利化的相关文献梳理从贸易便利化的量化方法、贸易便利化对国际贸易的影响研究、贸易便利化的政策研究三个方面展开，重点总结了贸易便利化的量化方法和传统视角下贸易便利化对出口深度和出口广度的影响；全球价值链的相关文献梳理从全球价值链的现状与影响、社会网络分析方法在全球价值链领域的应用研究、全球价值链背景下的贸易便利化研究三个方面展开，重点总结了全球价值链的影响因素。最后发现，贸易便利化和全球价值链的研究方法日渐成熟，但是在这一交叉领域的研究却非常少，从全球价值链的视角分析贸易便利化对增加值贸易流量、价值结构和网络特征的影响，是本书拟解决的关键问题。

第三章（全球价值链的量化方法），详细介绍不同的全球价值链量化方法，对比分析其异同点，提出本书的测算方法。全球价值链的量化研究有微观和中宏观两个层面，在微观层面，主要沿着特定产品链或产业链解剖生产的分工和增加值的分布；在中宏观层面，学者主要是从增加值贸易核算和生产增加值核算两个角度展开全球价值链的核算和指标构建，核心指标包括全球价值链参与度和全球价值链参与位置等。本书将对两种方法的核心思想、方法演变和指标构建进行详细的阐述，总结其异同点，并指出本书对全球价值链核算方法的应用。

第四章（全球价值链分工与贸易的发展现状），应用全球价值链的核算方法，对各国参与全球价值链的现状进行测算与分析。应用 WIOD 数据库 2016 年数据和贸易的增加值分解方法，测算与分析全球中间产品贸易发展特征、全球贸易的增加值构成、双边/产业层面的增加值贸易特征（以中美贸易为例）；应用生产的增加值分解方法，测算并分析全球价值链生产的参与度、生产长度和生产位置等。这一章的研究有助于理解全球价值链的发展特征，也是后文实证分析和机制检验的数据基础。

第五章（贸易便利化的措施与水平测算），根据贸易便利化的最新定义，构建指标体系，对各国的贸易便利化水平进行测算。首先，梳理贸易便利化的最新定义和措施，并据此构建贸易便利化综合指标体系；其次，利用 2008—2018 年《全球竞争力报告》的数据对各国的贸易便利化水平进行量化，分析不同国家、不同地区贸易便利化水平发展的不同特征和趋势。

第六章（贸易便利化对全球价值链分工影响的理论分析），构建蛛网形价值链模型和蛇形价值链模型，分析全球价值链视角下贸易便利化影响与传统贸易视角下影响的不同。在蛛网形价值链中，零部件的生产是相互独立的，生产成本的比较优势和生产分割成本相互制约，决定了每个零部件的生产地和最终组装地；而在蛇形价值链中，生产的顺序由产品的工学特征决定，产品的增加值必须依次经过各个生产环节，生产分割成本对外包决定的影响更大。虽然贸易便利化在蛛网形价值链和蛇形价值链中的影响有一定差异，但是两者也有共同之处，基于这些共同点，本章小结从贸易便利化的流量促进效应、贸易便利化影响的异质性、贸易便利化对本国出口增加值占比的抑制效应、贸易便利化对增加值贸易价值结构的"U"形影响、贸易便利化对增加值贸易价值结构的影响渠道、贸易便利化对增加值贸易网络特征的影响和贸易便利化对不同群体国家增加值贸易网络影响的异质性七个方面提出了对应的理论假说。

第七章（贸易便利化对增加值贸易流量的影响研究），利用 2008—

2014 年 42 个国家 18 个产业的双边贸易数据,对贸易便利化对双边增加值贸易流量的影响进行实证分析。首先,逐步引入传统贸易引力模型控制变量、国家特征控制变量和产业特征控制变量,并控制多维固定效应,检验出口国和进口国贸易便利化对双边贸易流量的正向促进效应,并基于不同的估计方法和核心指标替换法进行稳健性检验;其次,对最终产品出口和中间产品出口、发达国家出口和发展中国家出口、不同要素密集型产业出口、不同贸易便利化一级指标分别进行回归,检验贸易便利化影响的异质性;最后,基于实证结果,对全球增加值贸易的潜力进行估算。这一章对理论假说 1 和理论假说 2 进行了实证检验。

第八章(贸易便利化对增加值贸易利益结构的影响研究),同样利用 2008—2014 年 42 个国家 18 个产业的双边贸易数据,对贸易便利化对双边增加值贸易利益结构的影响进行实证分析。首先,用出口的本国附加值率做双边增加值贸易利益结构的代理变量,引入控制变量和固定效应,检验出口国和进口国贸易便利化对出口本国附加值率的负向抑制效应,并基于不同的估计方法和核心指标替换法进行稳健性检验;其次,引入出口国贸易便利化的二次项,检验贸易便利化对增加值贸易价值结构的"U"形影响,并对最终产品出口和中间产品出口、发达国家出口和发展中国家出口、不同要素密集型产业出口分别进行回归,检验贸易便利化影响的异质性;最后,建立中介效应模型,检验贸易便利化通过影响一国/产业的全球价值链参与度和全球价值链生产位置对出口本国附加值率产生的间接影响。这一章对理论假说 3—理论假说 5 进行了实证检验。

第九章(贸易便利化对增加值贸易网络的影响研究),应用社会网络分析方法,构建 2008—2014 年 42 个国家 18 个制造业的增加值贸易网络,对贸易便利化对增加值贸易网络的影响进行实证分析。首先,在微观个体层面,测算一国/产业在全球增加值贸易网络中的度数中心度、中间中心度和接近中心度,分别衡量该国/产业在增加值贸易网络中的贸易能力、控制能力和自由能力,检验贸易便利化对三种贸易网络影响力的促进作用,并基于不同的估计方法和核心指标替换法进行稳健性检验;其次,在中观层面,对增加值贸易网络进行社团分析,将 42 个样本国家划分为欧洲社团和亚太社团,并检验贸易便利化对不同社团国家贸易网络影响力的不同作用;最后,在宏观整体层面,绘制不同产业的全球增加值贸易网络结构图,分析不同产业增加值贸易网络的特征及发展趋势,总结不同产业增加值贸易发展的异同点，并通过比较贸易便利化和增加值贸易网络密度的发展趋势，分析贸易便利化对增加值贸易网络整体结构发展的影响。

第十章（主要结论与政策建议），总结理论分析、典型化事实、实证分析各部分的主要研究结论，从贸易便利化建设、全球生产的组织与协调和中国方案三个角度提出相关政策建议，并指出本书研究的不足和在"双循环"背景下进一步展开贸易便利化研究的方向。

第四节　研究方法

一　理论分析方法

本书应用理论分析方法，在梳理贸易便利化和全球价值链相关理论的基础上，构建理论模型对全球价值链视角下的贸易便利化影响进行理论分析，总结了贸易便利化对增加值贸易影响的特征。具体来讲，在文献综述部分应用了理论归纳法，梳理了贸易便利化和全球价值链的理论发展脉络，指出可进一步发展的理论方向；在理论分析部分，应用比较静态分析方法，分析在传统贸易模型、蛛网形价值链模型和蛇形价值链模型中，贸易便利化对贸易影响的异同点，并提出相应的理论假说。

二　统计与计量分析方法

本书应用多种统计分析方法对世界各国贸易便利化水平和全球增加值贸易的现状进行了测算与分析。主要包括：主成分分析法，构建了贸易便利化综合指标体系，应用主成分分析法测算世界各国的贸易便利化水平，分析其时间变化趋势和地理分布特征；总出口的贸易增加值核算方法，对世界各国的总出口进行增加值分解，分析全球价值链的发展与演变特征；双边/产业层面的贸易增加值核算方法，以中美贸易为例进行双边/产业层面的贸易增加值分解，区分前向生产联系和后向生产联系，从多个角度阐述双边贸易背后的价值链分工背景；生产角度的增加值核算方法，对各国的总生产活动进行分解，并测算全球价值链生产活动的生产长度和生产位置。

在理论假说和数据测算的基础上，本书应用科学、合理的计量分析方法，实证检验了贸易便利化对增加值贸易的多角度影响。具体来讲，构建双边/产业层面的面板模型，应用逐步加入控制变量法、多维固定效应等回归方法检验贸易便利化对增加值贸易流量的促进作用和对增加值贸易利益结构的影响；应用"混合 OLS+稳健标准误"、二阶段最小二乘法、可行性广义最小二乘法、系统矩估计、指标替换法等计量分析方法进行稳健性检验；应用分样本回归、分指标回归、二次项回归等分析方法进行扩展分析；应用中介效应模型检验贸易便利化通过全球价值链对增加值贸易利益结构形成的间接影响。

三　社会网络分析方法

社会网络分析方法原是社会学研究方法，本书将其引入增加值贸易的研究，将样本中的国家作为网络节点，国家之间的增加值贸易作为节点的连线，从而构建不同产业的增加值贸易网络，分析贸易便利化对增加值贸易网络特征的影响。具体来讲，应用社会网络分析方法中节点中心度的测算方法，从度数中心度、中间中心度和接近中心度三个角度衡量一国/产业在增加值贸易网络中的影响力，并构建面板数据检验贸易便利化对增加值贸易网络影响力的作用；应用社会网络分析方法中的社团分析方法，将样本国家划分为内部联系更为紧密的不同社团，并检验贸易便利化对不同社团国家影响的差异性；应用社会网络分析方法中的网络结构图和网络密度测算，总结不同产业增加值贸易网络的特征和发展趋势，并分析贸易便利化对增加值贸易网络整体特征和变动趋势的影响。

第五节　创新点与不足

一　研究创新

（一）研究视角的创新

贸易便利化对贸易的促进效应已经在贸易领域达成共识，学者从传统贸易视角出发，对贸易便利化对贸易深度和贸易广度的促进效应进行了实证检验，但是相关理论分析略显不足，从全球价值链视角进行的贸易便利化研究更是凤毛麟角，并没有正面地、直接地研究贸易便利化对增加值贸易的影响。本书的研究基于全球价值链视角，从理论分析和实证检验两个方面补充贸易便利化对增加值贸易的影响研究，力图在贸易便利化和全球价值链这一交叉领域实现理论突破。

（二）研究方法的创新

本书综合应用比较静态分析方法、多种统计分析方法和计量分析方法，将全球生产分割、价值链组织模式、贸易便利化和增加值贸易等多种因素纳入一个统一的理论框架，完整地实现了"理论分析—典型化事实—贸易流量影响—贸易结构影响—贸易网络影响"的研究思路。尤其是社会网络分析方法的应用，将世界各国在全球价值链分工中的增加值贸易联系更为形象地、具体地展示出来，并为增加值贸易网络特征的量化提供了可能。最近几年，已经有文章将社会网络分析方法应用于全球价值链贸易网络的研究，但是本书首次将社会网络分析方法、贸易便利化和增加值贸易三者结合起来。

（三）研究内容的创新

第一，本书不仅研究了贸易便利化对增加值贸易流量的影响，还首次分析并检验了贸易便利化对增加值贸易价值结构、增加值贸易网络特征的影响，研究内容更为完整、充实。在传统贸易中，出口产品的价值构成是单一的，因此贸易便利化对贸易的影响研究在贸易深度和贸易广度等层面展开，但是在全球价值链分工与贸易中，出口产品中不仅包含本国增加值，还包括进口中间产品中的国外增加值。那么，贸易便利化是否影响了出口的利益结构，是有利于本国附加值率的提升，还是不利于本国附加值率的提升？这是贸易便利化对贸易影响的一个全新议题。此外，得益于社会网络分析方法的应用，本书构建了不同产业的增加值贸易网络，并从微观个体、中观社团和宏观整体三个层面考察了贸易便利化对增加值贸易网络特征的影响，也是相关领域的创新研究。

第二，从多个角度展开贸易便利化对增加值贸易影响的异质性检验，并对相关影响渠道进行了机制检验。贸易便利化通过降低贸易成本对双边贸易流量产生促进作用，并对增加值贸易的利益结构产生影响，那么，贸易便利化对不同生产阶段的贸易品、对不同发展程度的国家出口、对不同要素密集的产业出口的影响是否存在差异？以往研究强调了贸易便利化影响的一般性，却忽略了贸易便利化影响的异质性。本书在基础回归和稳健性检验的基础上，进一步对最终产品贸易和中间产品贸易，发达国家贸易和发展中国家贸易，劳动、资本和知识密集型产业贸易，贸易便利化的一级指标展开扩展分析，更加深入地研究贸易便利化影响增加值贸易的特征。在贸易便利化影响增加值贸易利益结构的研究中，还构建中介效应模型，检验了贸易便利化通过全球价值链参与度和全球价值链生产位置对出口的本国附加值率产生的间接影响。

二　不足之处

在全球价值链视角下展开贸易便利化研究，是一个比较新的研究领域，本书虽然尝试在理论和实证两方面做出研究贡献，但是仍然存在若干不足之处。

第一，缺少微观理论分析和实证检验的支持。本书分析了贸易便利化在蛛网形价值链和蛇形价值链中对增加值贸易影响的理论机制，并从双边/产业层面展开了丰富的实证检验。但是，贸易便利化对企业出口会产生什么影响，贸易便利化是否会影响企业出口的市场选择，是否会影响企业参与全球价值链的程度和方式，是否会影响企业出口的全球价值链升级？如何通过微观理论解释贸易便利化对增加值贸易影响的特征和作用机制？应用微观数据进行相关实证检验，是否能得到一致的研究结论？这些问题并没有在本书中得到解答，是进一步努力的方向。

第二，在多边贸易阻力的处理上还存在不足。根据 Anderson 和 Wincoop（2003），双边贸易不仅与贸易双方之间的贸易壁垒有关，还会受到多边贸易阻力的影响，控制多边贸易阻力的一般方法是，控制国家个体固定效应或者控制国家对固定效应。本书虽然对"出口国—进口国—产业—时间"四维固定效应进行了控制，但是在全球价值链视角下，国家之间的协调生产和贸易关系更为复杂，可能需要更加复杂的计量方法处理多边贸易阻力。

第二章 贸易便利化与全球价值链的相关研究综述

第一节 引言

    贸易便利化是对涉及双边贸易活动的行政管理措施或程序进行简化，对贸易规则加以规范与公开，并提供配套贸易服务的一系列贸易优化政策，以提高贸易效率，降低交易成本，缩短进出口时间。而全球价值链是在贸易自由化和贸易便利化两方面的作用下，由跨国公司主导的，以生产环节为单位，在全球范围内重新配置生产，以追求更低的生产、组织成本和更高的利润。在国际贸易的发展中，贸易便利化和全球价值链同时经历了快速发展阶段，贸易经济学家也对两者展开了丰富的研究。首先是概念的提出与内涵的扩大，然后是相关理论的构建、发展与应用，然而最重要的还是对贸易便利化和全球价值链的量化研究，对两者提出测算方法并基于此展开丰富的经验研究，剖析二者的发展特征及演变趋势，分析两者对全球贸易、区域经济发展、出口企业的影响等。整体而言，贸易便利化和全球价值链的相关研究都是在 21 世纪初才发展起来的，理论研究明显落后于量化分析和实证研究，而量化方法的构建与完善是相关研究的基础。本书研究的主题是贸易便利化对增加值贸易的影响，而全球价值链视角下的贸易便利化研究不多，因此，首先从量化方法、影响研究和政策研究三方面对贸易便利化和全球价值链的相关研究进行详细的梳理，然后对涉及贸易便利化的全球价值链研究和涉及全球价值链的贸易便利化研究进行综述，这是本书研究的理论和方法基础。

第二节　贸易便利化的相关研究

一　贸易便利化的量化方法

世界贸易组织（WTO）、经济合作与发展组织（OECD）、联合国贸易与发展委员会（UNCTAD）和亚太经合组织（APEC）等国际经济组织对贸易便利化的定义相似，贸易便利化是国际货物从卖方流动到买方所需手续、相关信息流动以及支付方式的简化和标准化，这种定义也得到了贸易经济学家的支持，如 Wilson 等（2003）。随着国际贸易的发展，对贸易便利化的要求提高，贸易便利化的内涵逐渐扩大，从货物贸易领域扩展到服务贸易领域，从边境措施延伸到境内环境。狭义的贸易便利化只涉及边境政策和边境设施的改善，如通关程序的简化和港口基础设施建设；而广义的贸易便利化还包含境内营商环境和配套设施服务的改进，如知识产权保护和金融服务等。Grainger（2008）将贸易便利化的定义简化为，一种通过制度改革和技术进步来简化贸易流程，提高贸易效率，从而降低贸易成本的综合性措施。

虽然贸易便利化的内涵不断完善，但是国际上并未形成对贸易便利化的标准定义，学者往往基于上述贸易便利化的一般内涵，构建贸易便利化指标体系进行贸易便利化的衡量。具有代表性的方法是，Wilson 等（2003）提出用口岸效率、海关环境、规制环境与电子商务 4 个一级指标，港口设施、航空运输、非常规支付、贸易壁垒等 13 个二级指标构建贸易便利化指标体系。在此基础上进行指标的拓展，Toševska-Trpčevska 和 Tevdovski（2016）测算并分析了东欧和南欧国家的贸易便利化水平，Sakyi 等（2017）结合货物贸易的特色构建相关二级指标，对非洲国家的贸易便利化水平进行评估。该方法在中国也得到了较为广泛的应用与拓展，如曾铮和周茜（2008）加入了商务人员流动作为一级指标，构建了一个包含 16 个二级指标的贸易便利化体系；段景辉和黄丙志（2011）对贸易便利化的指标体系进行了理论研究，将 4 个一级指标优化为政策环境、海关与边境管理环境、物流与基础设施环境和政府与金融环境，并深入为 9 个二级指标、28 个三级指标，涵盖内容更加完整；也有学者将金融服务单独作为一级指标，以突出金融服务在现代贸易中的重要作用

（张亚斌等，2016；施锦芳和吴琦，2019）；根据《贸易便利化协定》，贸易便利化指标体系中不断加入投资自由度、信息服务等二级指标以不断优化（刘镇等，2018；陈继勇和刘燚爽，2018）。贸易便利化指标体系随着贸易便利化内涵的延伸而不断扩大，数据一般来自世界经济论坛的《全球竞争力报告》（GCR）和《全球贸易便利化报告》（GETR）、"透明国际"的全球清廉指数（CPI）、世界银行的《营商环境报告》（DBR）等，通过计分法、算术平均法、层次分析法、因子分析法、主成分分析法、熵值法等方法计算指标权重，可以得到一国贸易便利化水平的综合指标（谢娟娟和岳静，2011；曾铮和周茜，2008；李豫新和郭颖慧，2013；刘斌等，2018）。

　　除了在 Wilson 等（2003）基础上构建的贸易便利化指标体系，学者还应用代理变量法和工具变量法来衡量一国的贸易便利化水平。如 Blonigen 和 Wilson（2008）、Feentra 和 Ma（2014）认为港口效率不仅包括海关边境管理的效率，也包括国际运输的效率，是贸易便利化的重要组成部分，可以用加权平均港口效率指数作为贸易便利化的代理变量；Averch 等（2014）认为，时间成本会影响出口产品是否会进入特定的国外市场，以及出口产品的贸易量，特别是对于农产品等时间敏感型商品，因此，有研究用进出口时间作为代理变量来衡量一国贸易便利化水平（Persson，2013；汪戎和李波，2015）；或者，将研究的重点放在基础设施上，用硬件和软件基础设施建设（包含信息通信技术）、物流基础设施等作为贸易便利化的代理变量（Portugal-Perez and Wilson，2012；盛丹等，2011）。在工具变量的选择上，Acemoglu 等（2001）认为人口死亡率较低反映了该国或地区的制度建设和自然环境较好，可以使用一国或地区人口死亡率的倒数来衡量贸易便利化水平。从另一角度，降雨强度和地形状况是一国或地区自然环境的反映，同时会对该国或地区的基础设施建设产生影响，因此，可以用经济体平原面积占比与降雨强度倒数的交互项作为贸易便利化的工具变量（Lai，2007）。此外，OECD 根据《贸易便利化协定》，构建了一个包含 11 个一级指标、97 个二级指标的贸易便利化综合指标，可以反映一国在信息可获得性、贸易商的参与、预裁定、上诉程序、费用、单证类手续、自动化手续、程序性手续、边境机构的内部合作、边境机构的外部合作和管理与公正性等方面的贸易便利化水平（Moïsé et al.，2011；Moïsé and Sorescu，2013）。OECD 贸易便利化指标是对一国贸易便利化软环境反映最为全面的指标，可以直接作为贸易便利化的代理变量来应用，如盛斌和靳晨鑫（2019）用该指标对"一带一路"共建国家的贸易便利化水平进行了评估与比较分析。

二　贸易便利化对国际贸易的影响研究

（一）贸易便利化对贸易深度的影响

最初的贸易便利化影响研究集中在贸易深度（贸易流量）方面，实证方法一般应用贸易引力模型及其扩展模型和一般均衡模型。Wilson 等（2003；2005）基于对贸易便利化指标体系的构建，应用贸易引力模型，先后对 APEC 成员和全球 75 个国家或地区进行了实证检验，结果都表明贸易便利化可以显著地促进贸易流量增加。更多学者应用扩展的贸易引力模型对东南亚地区、泛欧地中海地区、中亚地区、非洲地区等进行了研究，认为贸易便利化可以显著地促进地区内贸易流量增加（Shepherd and Wilson，2008；Bourdet and Persson，2011；Felipe and Kumar，2012；Iwanow and Kirkjpatrick，2009）。在贸易便利化的不同层面，Moenius（2000）、Freund 和 Weinhold（2001）应用贸易引力模型分别研究了标准统一、电子商务对贸易流量的促进作用。国内学者也基于贸易引力模型对贸易便利化的影响展开了丰富的实证研究，如方晓丽和朱明侠（2013）检验了中国与东盟贸易便利化对双边贸易的影响，认为贸易便利化水平提高 1%，可以带来 0.82% 的贸易量增加；李斌等（2014）的研究表明，出口国贸易便利化对服务业出口的影响显著为正；谭晶荣和潘华曦（2016）对中国农产品出口进行了实证检验，认为进口国贸易便利化改善可以显著地促进双边贸易中的农产品出口。此外，近年来还涌现了大量文献，以"一带一路"共建国家为对象，研究贸易便利化对"一带一路"区域内贸易的影响，认为共建国家贸易便利化不仅可以促进中国的出口贸易，也显著促进了"一带一路"共建国家间的双边贸易，贸易便利化的提升可以大大释放"一带一路"共建国家间的贸易潜力（Ramasamy et al.，2017；孔庆峰和董虹蔚，2015；陈继勇和刘燚爽，2018）。

然而，Hummels 等（2007）认为，基于贸易引力模型的贸易便利化研究存在两个固有的缺陷，首先是忽略了不同国家特定贸易成本的差异，其次是忽略了时间延迟的作用。一般均衡模型更能解释贸易便利化的全部影响，以及经济体内全部要素的相互作用（Fox et al.，2003）。Hertel 等（2001）运用 CGE 模型对日本和新加坡的贸易便利化改善进行了研究，认为两国在电子商务和海关手续等方面的贸易便利化改善，不仅可以促进两国之间的贸易，也会增加它们与世界其他国家之间的贸易。Francois（2005）运用 CGE 模型估算了交易成本对世界贸易的影响，认为货物贸易成本每降低 1.5%，将推动全球年均贸易量增加 720 亿美元，发展中国家的收益要更高一些。陈虹和杨成玉（2015）对"一带一路"区域进行了 CGE 分析，认为各国参与"一带一路"建设的贸易便利化改进，可以显著提高共建国家的贸易总额和国内福利。值得注意的是，大量相关研究表明，贸易便利化提高对发展中国家贸易增加的促进作用要大于对发达国家的作用，尤其是在亚太地区（Francois and Manchin，2013；Decreux and Fontagne，2006）。随着省际贸易重要性的凸显，以及"双循环"新发展格局的提出，贸易便利化的量化及影响研究也扩展到省际贸易上（潘文卿和李跟强，2017；盛斌和毛其淋，2011）。对于中国这样国土面积辽阔的经济大国，省际要素流动的便利化、制度的协调、基础设施的完善等省际贸易便利化因素都会大大促进省际分工与贸易（焦勇和杨慧馨，2017；李友成等，2021）。

（二）贸易便利化对贸易广度的影响

新新贸易理论认为出口增长不仅包括出口产品贸易额的增加（出口深度），也包括出口产品的种类数目增加（出口广度），贸易便利化对出口的促进作用也体现在对出口广度的影响上（朱晶和毕颖，2018）。Fontagne 等（2016）用 OECD 的贸易便利化指标进行研究，发现贸易便利化中的海关与边境管理政策改革对企业的出口深度和出口广度都有正向促进作用，尤其是对中小企业出口的促进作用更大。Shepherd 和 Dennis（2011）用世界银行《营商环境报告》中的贸易便利化指标，分析了贸易便利化对发展中国家与欧盟之间双边贸易的影响，发现冗杂的贸易流程会降低出口的多样性。同样，基于发展中国家向欧盟国家出口的研究发现，贸易便利化对出口扩展边际（出口深度）的影响较大，出口贸易成本每降低 1%，扩展边际（出口深度）增加 0.7%，而集约边际（出口广度）只增加 0.4%（Persson，2013）。基于其他国家和产业的经验检验也得到类似的结果，如朱晶和毕颖（2018）对中国农产品的出口深度和出口广度进行了检验，发现"丝绸之路经济带"沿线国家贸易便利化水平每增加 1%，将带来中国农产品出口深度增加 1.11%，出口广度增加 0.43%。Feenstra 和 Ma（2014）研究了港口效率与出口产品多样性之间的关系，发现贸易便利化对出口产品种类的增加有显著的促进作用，这种促进作用在不接壤国家之间、OECD 成员和非成员之间的影响更大。汪戎和李波（2015）用世界 85 国出口美国的贸易数据，检验了贸易便利化与出口产品多样性的关系，结论是出口时间的降低可以有效促进出口产品种类的增加，在对内生性和稳健性检验后，该结论依然显著成立。刘晨阳和段文奇（2019）利用 OECD 的贸易便利化指标，对 APEC 成员之间的贸易进行了经验分析，认为 WTO 贸易便利化的完全实施将带来 APEC 出口产品种类增加 14% 左右。

（三）贸易便利化对经济福利的影响

从广义上讲，贸易便利化对一国出口深度和出口广度的促进效应都属于贸易便利化的福利效应（沈铭辉，2009），而从狭义上讲，贸易便利化的福利效应只包括对经济增长、生产率增加、产业发展等社会福利方面的影响。贸易便利化对经济福利的影响往往应用 CGE 模型进行研究，如 Dee 等（1996）研究了贸易便利化改善对 APEC 成员的福利影响，推进贸易便利化可以使 APEC 成员的总收入提高 5% 左右。仅从贸易成本来看，如果贸易便利化改善使 APEC 成员中的发达国家进口成本降低 2%，发展中国家进口成本降低 3%，则 APEC 成员的总收入将增加 450 亿美元，远远大于关税水平降低带来的经济福利（APEC，1999）。佟家栋和李连庆（2014）利用 CGE 模型分析了贸易便利化的经济福利，结果表明，APEC 成员因减少腐败、提高透明度而引起的贸易便利化改善，可以使世界各国的福利收益得到改善，亚太地区的贸易便利化如果提高到均值水平，世界各国的 GDP、资本存量、居民效用都会得到显著改善。基于"一带一路"的相关研究也得到了类似的结论，贸易便利化的改善将促进"一带一路"共建国家贸易趋于均衡，在这个过程中，中国的经济福利和贸易条件会得到显著提升（陈虹和杨成玉，2015）。进一步地，贸易便利化增加了一国企业的收入，使企业可以增加研发投入、降低融资约束、引进先进生产技术等，从而促进企业出口产品质量升级（Kugler and Ver-hoogen，2012），但是也有经验证据表明，贸易便利化对出口产品质量的整体效应为负，只对收入水平较低国家的出口产品的质量呈正向促进作用（杨逢珉和程凯，2019）。此外，贸易便利化使一国进口增加，尤其是进口中间产品的增加，可以显著促进进口企业的生产率提升（Ahsan，2010），用法国企业数据和中国企业数据的经验检验都验证了该结论，尤其是对产业集聚程度较高的行业企业而言，生产率的促进效应会更大（Bas and Strauss-Kahn，2014；李波和杨先明，2018）。

（四）贸易便利化对贸易的影响机制

传统贸易理论认为，贸易便利化主要是通过降低进出口成本，对双边贸易流量产生促进作用，这一点在国际贸易领域已经达成广泛共识。亚洲发展银行曾对此进行估算，贸易便利化方面的贸易成本占到了国际贸易总货值的 1%—15%；而 Moïsé 等（2011）的研究表明，发达国家和发展中国家贸易便利化的改进措施分别可以带来至少 10% 和 15% 的贸易成本降低，而贸易成本每降低 10%，双边贸易流量就会增加 20% 以上（Limão and Venables，2000）。而异质性企业理论认为，贸易成本下降不仅增加出口企业的出口量，也会吸引更多企业加入出口市场，增加出口企业数量和出口产品数量（Chaney，2008；Kancs，2007）。Wilson 等（2005）、Persson（2013）进一步的研究表明，贸易便利化对出口扩展边际和集约边际的促进作用，不仅通过出口固定成本，还通过出口可变成本产生影响。因此，贸易便利化不仅通过降低贸易成本，对出口的扩展边际和集约边际产生促进作用，而且带来的福利效应超过贸易自由化的福利效应，虽然这种福利效应占 GDP 的比重较小，但是相关论点已经得到了众多经验研究的证实（Wilson et al.，2003；Felipe and Kumar，2012；Francois et al.，2005；Bas and Strauss-Kahn，2014）。Kee（2015）认为，贸易便利化导致更多地进口中间投入品，促进共享供应商的国内企业生产，共享供应商外溢带来国内企业产品范围的扩大和生产力的提高。此外，根据扩展的异质性企业模型，除了成本节约效应，贸易便利化还会通过收入效应增加研发投入、竞争效应倒逼国内企业改革创新、进口中间产品效应实现产品升级、学习效应产生新的产品设计理念等影响机制，促进出口产品质量升级和进出口企业的生产率提升（Ahsan，2010；张杰等，2015）。

三 贸易便利化的政策研究

在多边贸易体制下，贸易自由化程度已经达到了较高水平，进一步削减传统贸易壁垒的空间非常有限，而技术障碍、复杂海关程序、运输和通信成本、政府境内规制等贸易便利化因素成为制约贸易发展的主要问题，严重损害了全球经济福利（Baldwin et al.，2000；Yue and Beghin，2009）。因此，学者从不同角度提出了改善贸易便利化的政策建议，如

Hoekstra（2013）认为出口国的能源基础设施建设、电子通信技术的应用和交通运输建设对企业出口概率和出口密度有重要影响，是贸易便利化改善的重点方向；Francois 和 Wooton（2001）认为国际运输是贸易便利化的一部分，而海洋运输的垄断会增加运输成本，开放国际运输可以有效降低贸易运输成本；Blonigen 和 Wilson（2008）检验了港口效率和贸易流量之间的关系，从提高港口效率出发阐述了贸易便利化的改善措施，认为港口资产私有化可以有效提高港口效率（Fink et al.，2001）；贸易便利化政策改革可以降低与海关程序有关的一些费用和时间成本，比如用电子系统代替纸质记录，使用风险评估作为在边境打开每个包裹的替代方法等（OECD，2005；Moïsé，2004）；姜慧和张志醒（2018）认为孔子学院可以缩短文化距离、降低投资风险和成本、培养专业化人才，增加孔子学院数量并合理进行区位布局，是提高双边贸易便利化水平的有效措施；较多学者强调了多边合作机制对贸易便利化建设的重要意义（刘镇等，2018；朱晶和毕颖，2018）。值得注意的是，自"一带一路"倡议提出以来，贸易便利化建设得到了国内学者的广泛重视，全毅（2015）阐述了开放型经济新体制的内涵与要求，强调了境内管理和非关税贸易壁垒对中国全面对外开放的重要性；毛艳华和杨思维（2015）指出"海上丝绸之路"共建国家贸易便利化建设不仅缺乏资金支持，也缺少机制保障，中国应领导共建国家，在体制机制建设、基础设施建设、海关边境管理等方面进行贸易便利化改善，协调各国经济与政治力量，消除贸易障碍；盛斌和靳晨鑫（2019）利用 OECD 的贸易便利化指标，对"一带一路"共建国家分指标、分区域进行了贸易便利化水平分析，指出共建国家贸易便利化改革的优先领域是基础设施投资与建设、边境管理协调和"单一窗口"建设合作。

第三节 全球价值链的相关研究

全球价值链是指为实现商品或服务价值而连接生产、销售、回收处理等过程的全球性跨企业网络组织，涉及从原料采购和运输、半成品和成品的生产和分销，直至最终消费和回收处理的整个过程。具体来讲，包括企业在价值链上进行的设计、产品开发、生产制造、营销、交货、消费、售后服务、最后循环利用等全部增值活动，全球价值链就是上述所有活动的组织与价值分配。全球价值链分工与贸易对传统的贸易统计方法提出了挑战，学者从贸易增加值分解和生产增加值分解两个视角构建了全球价值链的量化方法和统计指标（全球价值链的量化方法放在下一章介绍），基于全球价值链的量化，学者对全球价值链分工的现状和影响因素展开了丰富的研究。

一　全球价值链的现状测算与影响因素检验

（一）测算与分析贸易现状

Hummels 等（2001）计算了 OECD 十个国家和四个新兴国家的垂直专业化分工水平，并认为 1970—1990 年，这些国家的垂直专业化分工水平增长了将近 30%，同时这些国家的出口增长有 30% 是由垂直专业化出口带来的。同样，Daudin 等（2009）的测算表明，2004 年国际贸易中 27% 的比重是垂直专业化贸易。Baldwin 和 Lopez-Gonzalez（2015）用 HIY 方法测算并分析了全球增加值贸易的发展与演变特征，并对中国的增加值贸易给予了特殊关注。Koopman 等（2012）利用 KWW 方法对中国的总出口进行了研究，考虑加工贸易之后，中国总出口的国内增加值占比较低，尤其是技术复杂型部门的国内增加值占比只有 30% 左右。Dean 等（2008）应用 HIY 和 KWW 两种方法的测算表明，2002 年中国总出口的垂直专业化分工水平为 25%—46%，个别生产部门高达 52%—95%。参与全球价值链分工不仅改变了中国出口的增加值构成，中国出口的产业结构也发生了变化，农业和轻工业的比重显著降低，而机械设备的出口增长很大程度上来自加工贸易（Amiti and Freund，2010）。Koopman 等（2014）从增加值的视角构建了新显示性比较优势指数，可以反映一国产业在增加值贸易中的国际竞争力。Johnson 和 Noguera（2017）利用 VAX 指标的测算表明，1970—2009 年，总出口的国内增加值占比在全球范围内降低了 10 个百分点，而制造业下降了 20 个百分点，在经济高速增长的国家、邻近的贸易伙伴国之间、签订 FTA 的国家之间下降得更加明显。Johnson（2014）总结了增加值贸易的五大事实，认为总出口和增加值出口之间的差距很大且一直在增加，制造业贸易的差距大于服务业，不同国家之间的差距不同，不同贸易伙伴之间的差距不同，这种差异随时间的变化也是不均衡的。

刘遵义等（2007）不仅用 HIY 方法对中美两国的垂直专业化水平进

行测算，还对中美两国出口对增加值和就业的拉动效应进行了比较分析，研究表明中国总出口对增加值的拉动效应明显偏低，但是对就业的拉动效应大于美国。刘维林（2015）对 KWW 方法进行了改进，分别测算了中国出口中的国外产品附加值和国外服务附加值，并研究了其对中国出口技术复杂度的影响。魏龙和王磊（2016）利用新显示性比较优势指数，对中国与"一带一路"共建国家的国际竞争力进行了比较分析。基于五分法和九分法，樊茂清和黄薇（2014）对中国的总进口和总出口同时进行增加值分解，总结了中国贸易产业结构的演进特征；闫云凤（2015）对中日韩三国的增加值出口结构进行了比较分析；李昕（2012）在增加值视角下重新测算了中国的贸易顺差等。贸易分解下的全球价值链位置指数和参与程度指数（GVC‐Position 和 GVC‐Participation）也得到了广泛应用，王厚双等（2015）用它们测算并分析了金砖国家和其他六国服务业在全球价值链中的地位；王岚（2014）则对中国制造业的国际分工地位进行了比较研究；刘琳（2015）分析了中国参与全球价值链的特征和演变趋势；王岚和李宏艳（2015）根据这两个指标构建了综合反映全球价值链获利能力的全球价值链地位指数，并对中国制造业融入全球价值链的路径进行了归纳总结。应用 WWZ 方法，学者分别对电器和光电设备产业贸易（王直等，2015）、中俄双边贸易（唐文浩和黎峰，2017）、中欧双边贸易（刘会政和宗喆，2018）、中美贸易摩擦的非对称贸易效应（张志明和杜明威，2018）等进行了双边/产业层面的贸易增加值分解。也有研究应用了 WWYZ 方法，如邵军和刘嘉伟（2018）核算了中国与亚太主要经济体真实和名义贸易盈余之间的差距；张会清和翟孝强（2018）对中国在全球价值链中的参与度、位置和竞争力进行了国际比较；董虹蔚和孔庆峰（2018）进一步构建了区域价值链参与度和位置指标，对金砖国家区域价值链合作的经济基础进行了分析。此外，VAX 指标、上游度指数（Upstreamness）和 Stehrer 模型也被应用在中国参与全球价值链特征与演变趋势的研究中（罗长远和张军，2014；程大中，2015；陈继勇等，2016）。

（二）全球价值链影响的实证检验

基于增加值贸易核算，学者从多角度展开了全球价值链视角下的经验研究。Orefice 和 Rocha（2014）探讨了一体化深入发展和全球价值链生产之间的双向关系，平均来讲，签订更深入的一体化协定增加了约 35%

的成员方之间的全球价值链分工与贸易。Wang 等（2017b）检验了全球价值链生产对金融危机的影响，认为全球价值链生产位置显著影响了产业受金融危机冲击的程度，越是位于全球价值链上游的产业受金融危机的影响越小。基于 Hausmann 等（2007）的成本发现模型，刘维林等（2014）从理论和实证两个方面检验了产业参与全球价值链生产对出口技术复杂度的促进作用，认为进口服务附加值对出口技术复杂度的促进作用大于进口产品附加值。刘琳和盛斌（2017）进一步证明了研发投入和良好的商业环境会对这种促进作用产生正向影响。王学君和潘江（2017）以 WTO 对中国出口的影响为例，证实了贸易自由化对增加值贸易的促进作用。此外，全球价值链分工与贸易还可以降低关税水平（顾振华和沈瑶，2017），在贸易摩擦的发生频率和持续时间上分别起催化剂和润滑剂的作用（余振等，2018），扩大高技术劳动者和低技术劳动者就业差距并缩小中技术劳动者和低技术劳动者就业差距（吴云霞和马野驰，2018），提高制造业产能利用率（刘磊等，2018）等。而在全球价值链分工与贸易的影响因素上，得到检验的有：FDI 促进出口国内附加值增加（唐宜红和张鹏杨，2017），对华反倾销措施抑制中国参与全球价值链及位置攀升（王孝松等，2017），服务中间产品投入有助于制造业增加值出口和全球价值链位置提升（罗军，2018；郑休休和赵忠秀，2018），国际技术转移可以提高中国的全球价值链分工地位（乔翠霞等，2023）等。

（三）全球价值链对企业生产与组织的影响

微观方法的主要思路是，通过识别一国出口企业在出口生产中使用的进口中间投入品，来衡量企业参与全球价值链的程度，并估算出口企业的国内增加值率。Ng 和 Yeats（1999）利用各国海关部门的中间产品进口数据，在《国际贸易标准分类》（SITC）编码和《按大类经济类别分类》（BEC）编码之间进行数据匹配，从而计算中间产品进口占总产出的比重。Upward 等（2013）、Kee 和 Tang（2016）则直接利用海关贸易数据库和工业企业数据库的数据计算企业直接进口和间接进口的中间产品占总产出的比重，认为 2003—2006 年中国企业出口的国内增加值从 53%增加到 60%，加工贸易的国内增加值占比上升是主要原因。Tang 等（2014）的测算表明，2007—2010 年，中国所有类型企业的出口国内增加值占比都增加了。Chor 等（2021）测算了中国企业的上游度，并检验了企业所有权、生产力、资本和技术密集度对企业上游度的影响。Feng 等

（2016）研究了中国企业出口与进口中间产品之间的关系，认为中间产品进口中嵌入技术和质量带来产品升级，可以帮助中国企业提高出口深度和出口广度，来自 OECD 的进口中间产品的促进效应更大。基于上述微观方法，张杰等（2013）进一步在国内增加值中剔除了进口设备等资本品的折旧，对中国出口的国内增加值率进行了估算。微观方法可以与异质性企业理论相结合，研究嵌入全球价值链影响中国企业生产率、创新与研发、成本加成等的作用机理（刘洪钟和齐震，2012；吕越等，2017；王猛和姜照君，2017；盛斌和陈帅，2017）；或者对企业出口国内增加值的影响因素进行实证检验（洪静等，2017；张鹏杨和唐宜红，2018；马述忠等，2017）；也可以应用在国家层面，如李建军和孙慧（2016）测算了"丝绸之路经济带"沿线 38 个国家的出口中进口中间投入品所占的比重，并以此来衡量各国的全球价值链嵌入度。微观测算方法较为简单直接，但是这种方法只能对全球价值链中的货物贸易进行研究，并且无法准确识别企业间接进口中间产品和进口中间产品的真正价值来源。

二　社会网络分析方法在全球价值链研究中的应用

社会网络分析方法原是社会学研究方法，用来分析人与人之间、组织与组织之间相互交流和接触而形成的纽带关系（Grabher，1993），现在在统计学、管理学和经济学等多学科领域都得到了广泛应用。国际贸易的网络研究是把每个国家作为网络节点，国家之间的双边贸易流量作为节点的连线而构成贸易网络（International Trade Network，ITN）。Snyder 和 Kick（1979）最早应用社会网络分析方法构建了国际贸易网络，探讨国际贸易关系的复杂结构。Wilhite（2001）对国际贸易网络进行研究，发现国家双边贸易的独立选择，最终使国家贸易网络的演化具有小世界特征，而 Serrano 和 Boguna（2003）认为，除了小世界特征，国际贸易网络还具有无标度分布、高集聚性等复杂网络特征。

社会网络分析方法的这种贸易研究思路与全球价值链分析具有较好的契合性和互补性，两者从不同的视角分析个体与个体之间的联系，但是目前将社会网络分析方法应用于全球价值链研究的文献并不多见。Ferrarini（2013）利用 BACI 数据库，构建了 2006 年和 2007 年的全球产品分工网络，Zhu 等（2015）利用 WIOD 数据库构建了全球价值网络（Global Value Net，GVN），并研究了增加值贸易网络特征。国内学者王彦芳和陈淑梅（2017）测算并分析了中国制造业增加值出口网络格局，孙天阳等

（2018）进一步利用 WWZ 方法，构建了制造业全球价值链网络，并对其影响因素进行了研究，但是其影响因素中没有考虑到贸易便利化因素。同样，王博等（2019）构建了"一带一路"共建国家制造业增加值贸易网络，并分析了地理距离、贸易协定关系、经济距离、经济规模和人口差异对增加值贸易网络特征的影响，也没有考虑贸易便利化因素。杜运苏和彭冬冬（2018）则检验了制造业服务化对全球增加值贸易网络地位提升的促进作用。姚星等（2019）构建了国际服务贸易增加值网络，并分析了其结构特征和演化过程，认为德国和美国在服务贸易网络中处于核心地位，离岸服务外包有助于服务业增加值贸易网络地位的提升（许和连等，2018）。

三　全球价值链中的贸易便利化研究

虽然全球价值链视角下的贸易研究已经非常丰富，但是关注贸易便利化对全球价值链影响的文献却非常少，只有很少的文献从侧面分析了贸易便利化对全球价值链分工与贸易的促进作用。Baldwin 和 Venables（2013）认为全球生产分割取决于国际成本的区别和摩擦，在蛛网形价值链和蛇形价值链中，生产分割成本对国际生产分工的影响呈现不同的特征。由于制造业生产依赖上游产品和机器设备的进口，贸易便利化带来的运输成本和时间成本会通过上下游生产联系严重影响产品的及时性和国际竞争力（Liu and Yue，2013）。Heokman 和 Shepherd（2015）认为贸易便利化降低了货物贸易的整体成本，从而带来福利收益，所有类型的企业都会获得收益，即使是初级价值链参与者。而全球价值链联系也会影响贸易便利化，Blanchard 等（2016）检验了双边关税、临时性贸易壁垒和增加值贸易之间的关系，从理论和实践上都证明了全球价值链影响了国家贸易政策。Ferrantino（2012）、Diakanatoni 等（2017）则都强调了贸易便利化在全球价值链中的级联效应，即在全球价值链中，贸易便利化会对每一个生产环节的分离产生影响，这种影响沿着价值链生产过程被累积，就算只针对某一生产环节的贸易政策改变，也会通过上下游生产联系影响到整个价值链生产。在国内，只有刘斌等（2018）研究了贸易便利化与出口后返回增加值的影响，他们认为，贸易便利化会带来生产外包的增加，从而对出口后返回增加值产生正向影响；刘斌等（2019）的实证研究表明，贸易便利化显著促进了一国/产业的全球价值链参与程度，有助于全球价值链的组织和发展；林梦瑶和张中元

（2019）则认为，贸易伙伴方物流基础设施质量的提高，有助于中国制造业参与全球价值链。

第四节　本章小结

对现有文献进行梳理与总结，发现贸易便利化和全球价值链两个领域的研究都已经非常丰富：一方面，随着贸易便利化概念的不断扩展，贸易便利化的量化方法逐渐丰富与完善，传统贸易视角下贸易便利化对贸易的促进效应、作用机制和福利效应都得到了检验；另一方面，全球价值链概念和理论得到高度重视，学者不仅应用增加值核算方法深入、细致地剖析了全球价值链分工与贸易的特征，也应用相关指标对全球价值链的影响因素进行了实证检验。然而，在全球价值链视角下研究贸易便利化影响的文献却非常少，仅是从贸易成本的方面侧面讨论了贸易便利化对国际生产分割的影响，没有进一步深入分析与检验贸易便利化对增加值贸易的影响。此外，将社会网络分析方法应用在增加值贸易的研究中是近几年才出现的，还没有文章应用此方法研究贸易便利化对增加值贸易网络的影响。因此，基于现有文献，在贸易便利化与全球价值链这一交叉领域，本书可以做出以下补充研究。

第一，将全球价值链分工、贸易便利化和其他成本因素纳入同一个理论框架，从理论上分析贸易便利化对增加值贸易的影响。以往对贸易便利化的理论分析都是基于传统贸易视角下的贸易成本影响，在全球价值链视角下，贸易便利化的影响不是通过简单的贸易成本，而是更为复杂的生产分割成本；贸易便利化对贸易的影响不再是一次作用，而是在整条价值链上累积；贸易便利化不仅对增加值贸易流量产生影响，也会影响增加值贸易的价值构成和增加值贸易的网络特征。通过扩展 Baldwin 和 Venables（2013）的蛛网形价值链和蛇形价值链模型，可以对贸易便利化在全球价值链中影响的变化进行深入的理论解释。

第二，构建时间连续的面板数据，对全球价值链视角下贸易便利化对增加值贸易流量和增加值贸易价值结构的影响进行实证检验。虽然传统贸易视角下贸易便利化的贸易促进效应已经达成了普遍共识，但是全球价值链视角下对增加值贸易流量的促进作用却缺乏检验。由于国际生产分工和中间产品贸易，贸易便利化不仅可以促进双边增加值贸易流量，还改变了出口产品的增加值结构。本书将首先检验贸易便利化对增加值贸易流量的影响，然后检验贸易便利化对增加值贸易价值结构的影响并进一步探讨其影响渠道和影响的异质性。

第三，应用社会网络分析方法，研究贸易便利化对增加值贸易网络的影响。虽然社会网络分析方法在国际贸易研究中的应用由来已久，但是将社会网络分析方法应用到增加值贸易研究的文章还比较少，更没有文章将社会网络分析方法应用到贸易便利化对增加值贸易影响的研究中。全球生产分割形成了国家之间复杂的增加值贸易网络关系，社会网络分析方法为构建增加值贸易网络、量化增加值贸易网络特征提供了可能。本书将在微观个体、中观社团和宏观整体三个层面，研究贸易便利化对增加值贸易网络的影响。

第三章　全球价值链的量化方法

第一节　引言

全球价值链的概念最早由 Krugman（1995）提出，他指出，产品的生产越来越倾向于将其不同的生产阶段分布在不同的国家，每个国家只获得一小部分增加值，因此这种生产模式将会大大提高国际贸易的潜力。Gereffi 等（2006）在梳理其他学者对全球价值链概念的阐述后，从组织规模、地理分布和生产主体三个角度界定全球价值链，认为其是一个产品从研发设计到组装、销售和售后服务的全部价值活动，在全球范围内由不同国家的企业协调组织生产，分别实现其部分增加值的过程。总的来说，全球价值链指各个国家（或地区）在产品生产线上的不同阶段进行生产，每一阶段所创造的增加值被累加，沿着全球生产网络传递的价值增值过程。随着价值链分工与贸易在全球范围的普及，学者为了实现对全球价值链更为深入和科学的研究，在微观层面和中宏观层面分别构建了全球价值链的量化方法，并不断完善。

在微观层面，从产品和产业的角度分解全球价值链的分工和价值分配，量化方法较为简单和直接。在中宏观层面，中间产品贸易是全球价值链的标志性产物，增加值随着中间产品贸易在国家之间反复、多次流动，传统贸易统计将全部产品价值计入总出口，而忽略了产品价值构成的真正来源，无法准确反映一国出口的真实收益，也模糊了真实的双边贸易关系（王岚，2013）。基于对传统贸易统计方法不足的认识，学者构建了多种增加值贸易统计方法，如 Johnson 和 Noguera（2012a）运用跨国投入产出表计算跨国之间的产出转移，并结合投入产出系数计算出口的本地附加值，他们将增加值出口占总出口的比重定义为 VAX 指标（Value

Added to Export）（J&N 方法）；Fally（2011）、Antràs 等（2012）应用一国投入产出表，分别构建了衡量全球价值链位置的上游度指标（Upstre-amness），衡量一国各产业生产与最终产品之间的距离；Stehrer 等（2012）和 Stehrer（2012）将一国进出口同时纳入世界投入产出框架，从最终消费品的视角将转移贸易和折返贸易纳入世界投入产出模型统一测算，构建了多国双边附加值贸易统计模型（Stehrer 模型）。除了上述方法，目前应用最多并得到广泛认可的全球价值链核算方法，主要分为贸易的增加值分解和生产的增加值分解两类，下面分别对微观层面和中宏观层面的全球价值链量化方法进行详细的介绍。

第二节　微观层面的增加值核算方法

从产品和产业的角度研究全球价值链的生产模式和价值分配是最为直观的方法，其中最典型的是 Kraemer 等（2011）对苹果公司 iPad 和 iPhone 全球价值链生产的追踪与分析。iPhone 在美国的苹果公司进行产品的研发与设计，由韩国的 LG 和三星提供显示器和储存器芯片，美国的博通、欧洲的意法半导体、日本的 AKM、中国台湾的鸿海等公司提供其他主要零部件，最后在中国组装之后再出口给苹果公司。按照传统的贸易统计方法，中国组装的 iPhone 将按照出厂价计入中国的出口总额，但事实上，一部 iPhone 的总价值中，只有 1.8% 的增加值来自中国，将近60% 的价值由美国苹果公司占有，并且苹果公司对整个价值链的分配具有绝对的控制权，可以自由选择零部件供应商。类似地，Ali - Yrkko 等（2011）和 Dedrick 等（2010）分别对芬兰诺基亚 N95 手机、美国苹果 iPod 和笔记本电脑的全球价值链生产进行研究，将其产品的总价值按照全球生产链进行分解，他们均得出相同的结论：虽然诺基亚和苹果公司将其产品的零部件生产分配到全世界的各个地区，但是它们仍然获得整个产品价值的大部分，中国凭借低廉的劳动力优势成为最终产品的组装地，在整个产品生产链中贡献的增加值微乎其微。在产业层面，Gereffi（1999）分析了亚洲服装产业贸易模式的转变和产业升级，认为亚洲凭借劳动力的比较优势参与服装产业的全球价值链生产，在跨国生产协作中通过机器设备等学习先进的生产技术和管理技术，逐步实现从劳动密集型生产活动向贴牌生产（Original Equipment Manufacturing, OEM）和自主品牌制造（Original Brand Name Manufacturing, OBM）的转变，从而实现了产业升级与经济发展。以电子产品为例，我们可以将全球价值链的供应模式用图 3-1 表示。

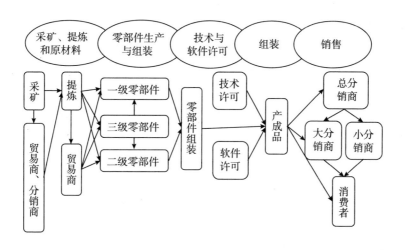

图 3-1　电子产品的标准化价值链

在理论上，学者从驱动机制、控制结构、对产业升级的影响等方面深化了对全球价值链的理论认识，全球价值链组织与生产的理论机理逐渐成熟。Gereffi（1999）基于组织者的差异，将全球价值链分为生产者驱动的全球生产网络和采购者驱动的全球采购网络。生产者驱动的商品价值链通常是由大的生产商主导并协调价值链生产，在全球范围内寻找合适的前向关联和后向关联的供应商，较多发生在汽车、计算机、重型机械等资本和技术密集型的产业。采购者驱动的商品价值链是由零售商、品牌专营商、品牌制造商主导，在众多的出口国家中组织分散的全球生产网络，较多发生在服装、玩具等劳动密集型的产业，生产则分布在第三世界的发展中国家。Humphrey 和 Schmitz（2002）将全球价值链协调生产的模式分为四种，即无隶属关系、纯粹贸易的市场型关系，厂商之间能力互补、互惠合作的网络型关系，主导厂商对生产链条间接控制的准等级型关系，主导厂商取得所有权并直接控制生产链条的等级型关系，并分别讨论了这四种生产模式对全球价值链参与国产业结构升级的影响。

Gereffi 等（2006）在此基础上根据交易的复杂性、交易种类的可识别性和对供应链基础的控制能力，对网络型关系和准等级型关系进一步细分，将全球价值链的控制模式归纳为等级型、控制型、关系型、模块型和市场型五种，它们的协调性和力量不对称逐级递减。Gereffi 和 Lee（2012）利用全球价值链控制的五种模式分析了全球价值链是如何改变国际贸易模式和参与国产业结构的，他们指出参与全球价值链和构建全球价值链对国内产业结构升级的影响是不同的。Baldwin 和 Venables（2013）认为参与全球价值链可以使一个国家更容易、更快速地实现工业化，但是这种工业化对进一步产业结构升级的意义却不大。

此外，也有学者从公司治理的角度研究跨国公司在全球范围内组织生产的策略选择，如 Acemoglu 和 Helpman（2007）利用公司的不完全合约化模型（Incomplete-Contracting Models），将生产技术视为公司的中间投入品，证明了公司的非合约化活动越多，先进技术被采纳得越少，当中间产品之间存在较大的互补性时，这一影响的作用将更大，并将这个模型扩展为一般均衡模型研究产业结构和国家间比较优势的变化。Antràs 和 Chor（2012）将价值链生产过程视为一个序贯的过程，在每一个生产阶段，厂商与一个特定的供应商签订合约以采购一种阶段特定的投入品。当生产阶段的投入品之间是足够相近的替代品时，最优的选择是外包上游生产阶段和合并下游生产阶段；而如果生产阶段的投入品之间是足够强的替代品，最优的选择是早期生产阶段的合并和后期生产阶段可能的外包。因此，跨国公司在组织全球价值链生产模式时，间接地影响了该公司的技术水平和投资水平。

第三节　贸易活动的增加值核算方法

贸易活动的增加值核算方法主要包括 Hummels 等（2001）创建的 HIY 方法和由美国国际贸易委员会经济学家 Robert Koopman、Zhi Wang 及亚洲开发银行首席经济学家 Shang-Jin Wei 等主导构建的 KWW 方法、五分法、九分法、WWZ 方法等（总称 KWW 核算体系）。上述方法的具体情况参见表 3-1。

表 3-1   HIY 方法与 KWW 核算体系的比较

方法	主要贡献	数据基础	前提假设	关联视角	分解对象
HIY方法	VSS 指数，衡量垂直专业化分工程度	一国投入产出表	假设1、假设2	—	总出口
KWW方法	区分加工贸易生产部门和国内生产部门，构造了 TVSS 指数	一国投入产出表	放松假设1	—	总出口
五分法	将一国总出口分为五部分，并构造了 GVC 位置指数和嵌入程度指数	国家间投入产出表	放松假设2	前向关联	总出口
九分法	将一国总出口分为九部分，分离出纯重复计算项	国家间投入产出表	放松假设2	前向关联	总出口
WWZ方法	提出双边/产业层面贸易流量的分解方法	国家间投入产出表	放松假设2	前向后向	双边/产业出口

资料来源：笔者根据相关文献总结。

一 HIY 方法

Hummels 等（2001）最早运用一国投入产出表构建了垂直专业化分工（Vertical Specialization Share，VSS）指数，即一国（或地区）出口总额中进口的国外增加值所占的比重，成为衡量一国（或地区）参与 GVC 程度的主要指标之一。Hummels 等认为垂直专业化分工应具备三个条件：（1）一个产品的生产需要很多道工序；（2）两个以上国家提供了这个产品的增加值；（3）至少有一个国家使用了进口投入品，并将一部分产品出口。因此，一国参与垂直专业化分工的重点是该国在生产出口产品时使用了进口的中间投入品。Hummels 等定义 k 国 i 部门的垂直专业化分工总额（VS_{ki}）为总出口中的进口中间投入品。而 k 国垂直专业化分工指数（VSS_k）既可以定义为该国垂直专业化分工总额（VS_k）占总出口的比重，也可以定义为 k 国所有部门 VS_{ki} 占该部门出口总额比重的加权平均数，两种方法的计算结果相同。用 VS_k 表示 k 国垂直专业化分工总额，X_k 表示 k 国的总出口额，X_{ki} 表示 k 国 i 部门的出口额，则 k 国的垂直专业化分工指数可以表示为：

$$VSS_k = \frac{VS_k}{X_k} = \frac{\sum_i VS_{ki}}{\sum_i X_{ki}} = \frac{\sum_i (VS_{ki}/X_{ki}) X_{ki}}{\sum_i X_{ki}} = \sum_i \left[\left(\frac{X_{ki}}{X_k} \right) \left(\frac{VS_{ki}}{X_{ki}} \right) \right] \quad (3-1)$$

VSS 指数可以通过投入产出表来计算，假设 k 国共有 n 个生产部门，u 是 n 维列向量 $[1, 1, 1, \cdots]'$，A^M 是进口系数矩阵，I 是单位矩阵，AD 是国内系数矩阵，X 是 n 维出口列向量，X_k 是该国总出口，则利用投入产出表计算 VSS 指数的一般方法可以表示为：

$$VSS_k = uA^M [I - A^D]^{-1} X / X_k \qquad (3-2)$$

HIY 方法对 VSS 指数的测算隐含了两个重要的假设：假设 1，国内消费品生产部门和出口生产部门使用的进口中间投入品比重相同；假设 2，所有的进口中间产品完全来源于国外增加值，即不存在国内增加值出口后又返回国内的情况。随着 GVC 分工的深入发展，一国出口生产部门，尤其是加工贸易生产部门，使用的进口中间投入品比重远大于普通生产部门，而且存在中间产品在国家间的反复多次流动。因此，Hummels 等（2001）虽然开创了产业层面的贸易增加值核算方法，但是其前提假设过于严苛，不能准确地衡量一国参与 GVC 分工的程度。

二　KWW 方法

在 HIY 方法的基础上，Koopman 等（2012）放松假设 1，将一国的生产部门分为两大类：国内消费品生产部门（D）和出口品生产部门（P）（也可解释为加工贸易生产部门），如表 3-2 所示。该方法利用一国投入产出表，分别测算国内消费品生产部门和加工贸易生产部门总产出中进口中间产品的投入比例（Foreign Value Share，FVS），即两个部门的 VSS 值，按照两个部门出口占总出口的比重进行加权平均，可得到整个国家总出口中的国外增加值比重（TVSS）。

表 3-2　　　　　　　　　区分加工贸易的投入产出表

投入	产出	中间产品		最终产品	总产出或总进口
		国内生产 D	加工贸易 P		
国内投入	国内生产 D	$A^{DD}(X-E^P)$	$A^{DP}E^P$	$Y^D - E^P$	$X - E^P$
	加工贸易 P			E^P	E^P

续表

产出 投入	中间产品		最终产品	总产出或总进口
	国内生产 D	加工贸易 P		
国外投入	$A^{MD}(X-E^P)$	$A^{MP}E^P$	Y^M	M
生产的增加值	$A_v^D(X-E^P)$	$A_v^P E^P$		
总产出	$X-E^P$	E^P		

资料来源：笔者根据相关文献编制。

表 3-2 中，A^{DD}、A^{DP} 分别表示国内产品生产和加工贸易生产中使用的国内中间产品投入系数矩阵，A^{MD}、A^{MP} 分别表示国内产品生产和加工贸易生产中使用的国外中间产品投入系数矩阵，Y^D、Y^M 分别表示国内生产的最终产品和进口的最终产品，X、E^P 分别表示总产出和加工贸易的总产出，M 表示总进口，A_v^D、A_v^P 分别表示两个部门生产的增加值系数矩阵。国内消费品生产部门和加工贸易生产部门的 VSS 指数可以表示为①：

$$\begin{bmatrix} VSS^D \\ VSS^P \end{bmatrix}^T = \begin{bmatrix} uA^{MD}(I-A^{DD})^{-1} \\ uA^{MD}(I-A^{DD})^{-1}A^{DP}+uA^{MP} \end{bmatrix}^T \tag{3-3}$$

按照两个部门出口占总出口的比重进行加权平均，得到整个国家总出口中的国外增加值比重（TVSS）。用 te 表示一国的总出口，则 TVSS 为：

$$TVSS = uA^{MD}[I-A^{DD}]^{-1}\frac{E-E^P}{te} + u(A^{MD}[I-A^{DD}]^{-1}A^{DP}+A^{MP})\frac{E^P}{te} \tag{3-4}$$

三　五分法

放松 HIY 方法的第二个假设，Koopman 等（2011）利用国家间投入产出表（见表 3-3），将总出口中的国内增加值进一步分解，从而可以区分国内增加值的不同去向。其中，X_r 表示 r 国的总产出，Y_{rs} 表示 s 国对 r 国最终产品的需求，Z_{rs} 表示 s 国对 r 国中间产品的需求，W_r 表示 r 国的生产增加值。用 A_{rs} 表示 r 国中间产品在 s 国生产中的投入系数矩阵，X_{rs} 表示从 r 国流向 s 国的产出。

---

① 式（3-3）中，u 仍然表示 n 维列向量 $[1,1,1,\cdots]'$。

表 3-3 国家间投入产出表

投入＼产出		中间产品				最终产品				总产出
		国家 1	国家 2	⋯	国家 G	国家 1	国家 2	⋯	国家 G	
中间产品投入	国家 1	Z_{11}	Z_{12}	⋯	Z_{1G}	Y_{11}	Y_{12}	⋯	Y_{1G}	X_1
	国家 2	Z_{21}	Z_{22}	⋯	Z_{2G}	Y_{21}	Y_{22}	⋯	Y_{2G}	X_2
	⋯	⋯	⋯	⋯	⋯	⋯	⋯	⋯	⋯	⋯
	国家 G	Z_{G1}	Z_{G2}		Z_{GG}	Y_{G1}	Y_{G2}		Y_{GG}	X_G
生产增加值		W_1	W_2	⋯	W_G					
总产出		X_1	X_2	⋯	X_G					

资料来源：笔者根据相关文献编制。

国家的总产出矩阵 $X = [X_1, X_2, X_3, \cdots]'$ 可以分解为：

$$\begin{bmatrix} X_1 \\ \vdots \\ X_G \end{bmatrix} = \begin{bmatrix} A_{11} & \cdots & A_{1n} \\ \vdots & \cdots & \vdots \\ A_{G1} & \cdots & A_{GG} \end{bmatrix} \begin{bmatrix} X_1 \\ \vdots \\ X_G \end{bmatrix} + \begin{bmatrix} \sum_r Y_{1r} \\ \vdots \\ \sum_r Y_{Gr} \end{bmatrix} \tag{3-5}$$

即 $X = AX + Y$。变形后得到 $X = BY$：

$$\begin{bmatrix} X_{11} & \cdots & X_{1G} \\ \vdots & \cdots & \vdots \\ X_{G1} & \cdots & X_{GG} \end{bmatrix} = \begin{bmatrix} I - A_{11} & \cdots & -A_{1G} \\ \vdots & \cdots & \vdots \\ -A_{G1} & \cdots & I - A_{GG} \end{bmatrix}^{-1} \begin{bmatrix} Y_{11} & \cdots & Y_{1G} \\ \vdots & \cdots & \vdots \\ Y_{G1} & \cdots & Y_{GG} \end{bmatrix}$$

$$= \begin{bmatrix} B_{11} & \cdots & B_{1G} \\ \vdots & \cdots & \vdots \\ B_{G1} & \cdots & B_{GG} \end{bmatrix} \begin{bmatrix} Y_{11} & \cdots & Y_{1G} \\ \vdots & \cdots & \vdots \\ Y_{G1} & \cdots & Y_{GG} \end{bmatrix} \tag{3-6}$$

其中，B_{rs} 表示里昂惕夫逆矩阵，其含义为，s 国生产一单位最终产品对 r 国产出的需求矩阵（Leontief, 1936）。具体来说，当 s 国生产 1 美元最终产品时，s 国国内的要素投入（劳动力和资本）创造了直接国内增加值，国内中间投入品创造了间接国内增加值，国外中间投入品创造了国外增加值，而国内中间投入品和国外中间投入品的生产中，又包含了各个国家创造的增加值，这一过程不断继续，B_{rs} 可以追溯到 s 国一单位最终产品生产的各个阶段对 r 国产出的总需求。定义 V_r 表示 r 国总产出中生产的增加值比重，即用 1 减去来自各个国家的中间产品投入比重，则

将矩阵 V 称为直接增加值系数矩阵:

$$V = \begin{bmatrix} V_1 & 0 & \cdots & 0 \\ 0 & V_2 & \cdots & 0 \\ \vdots & \vdots & & \vdots \\ 0 & 0 & \cdots & V_G \end{bmatrix} \tag{3-7}$$

将直接增加值系数矩阵 V 与里昂惕夫逆矩阵 B 结合在一起,得到增加值系数矩阵(Value-Added Share,VAS),其第 (r,s) 元素表示从 r 国流向 s 国的增加值系数。用增加值系数矩阵可以对总出口进行分解,归纳后该方法将总出口分解为五项:最终产品出口中的国内增加值(FDV)、最终在进口国消费了的中间产品出口中的国内增加值(INDV)、经进口国加工后又出口了的中间产品出口中的国内增加值(TDV)、经进口国加工后又返回本国的中间产品出口中的国内增加值(RDV)、总出口中的国外增加值(FV)。

$$
\begin{aligned}
E_{r*} &= DV_r + FV_r \\
&= \underbrace{V_r B_{rr} \sum_{s \neq r} Y_{rs}}_{\text{FDV}} + \underbrace{V_r B_{rr} \sum_{s \neq r} A_{rs} X_{ss}}_{\text{INDV}} + \underbrace{V_r B_{rr} \sum_{s \neq r} \sum_{t \neq r,\, s} A_{rs} X_{st}}_{\text{TDV}} \\
&\quad + \underbrace{V_r B_{rr} \sum_{s \neq r} A_{rs} X_{sr}}_{\text{RDV}} + \underbrace{\sum_{s \neq r} V_s B_{sr} E_{r*}}_{\text{FV}}
\end{aligned}
\tag{3-8}
$$

基于对一国总出口的分解,Koopman 等(2011)构建了全球价值链位置指数(GVC-Position)和全球价值链参与程度指数(GVC-Participation),分别衡量一国在 GVC 生产中的位置和该国参与 GVC 生产的程度。在 GVC 生产中的位置,反映的是一个国家某产业中间产品出口中的国内增加值(IV=INDV+TDV)与出口中的国外增加值(FV)的比值,该指标越大,表明该产业在 GVC 中越处于上游。取对数形式,r 国 i 产业的 GVC 位置指数可以表示为:

$$GVC\_Position_{ir} = \ln\left(1 + \frac{IV_{ir}}{E_{ir}}\right) - \ln\left(1 + \frac{FV_{ir}}{E_{ir}}\right) \tag{3-9}$$

其中,E_{ir} 代表 r 国 i 产业的总出口。GVC 参与程度指数是一个国家某产业中间产品出口中的国内增加值(IV)和出口中的国外增加值(FV)占该产业总出口的比值,该指标值越大,说明一国某产业的 GVC 参与程度越高。该指数可以表示为:

$$GVC\_Participation_{ir} = \frac{IV_{ir}}{E_{ir}} + \frac{FV_{ir}}{E_{ir}}$$ (3-10)

四 九分法

在五分法的基础上，Koopman 等（2014）将一国的总出口进一步细分为九部分。KPWW 方法和九分法都是基于对里昂惕夫逆矩阵 B 和直接增加值系数矩阵 V 的应用，追溯产品生产各个阶段的价值来源和出口价值的最终归属，因而可以对一国总产出和总出口进行细致分解。如式（3-11）中，对右边矩阵行加总表示一国某产业的增加值如何被下游各国各产业所使用，它是从生产者的角度，追踪与下游国家和产业的前向生产联系。前向生产联系的价值分解可以解释每个国家的 GDP 是如何被使用的，如电子产品部门创造的增加值，可以以最终产品或中间产品的形式直接出口到其他国家，也可以嵌入电脑、家用电器和汽车等产业并出口到其他国家。列加总表示一国某产业的生产来自上游各国各产业的增加值，它是从使用者的角度，追踪与上游国家和产业的后向生产联系。后向生产联系的价值分解可以解释每个国家出口产品的增加值来源，同样是电子产品部门，其出口的价值来自电子部门创造的直接增加值和玻璃、橡胶、金属等其他产业创造的增加值，既有国内增加值，也包括国外增加值。

$$
\begin{aligned}
VBY &= \begin{bmatrix} V_1 & \cdots & 0 \\ \vdots & \cdots & \vdots \\ 0 & \cdots & V_G \end{bmatrix} \begin{bmatrix} X_{11} & \cdots & X_{1G} \\ \vdots & \cdots & \vdots \\ X_{G1} & \cdots & X_{GG} \end{bmatrix} \\
&= \begin{bmatrix} V_1 \sum_s B_{1s} Y_{s1} & \cdots & V_1 \sum_s B_{1s} Y_{sG} \\ \vdots & \cdots & \vdots \\ V_G \sum_s B_{Gs} Y_{s1} & \cdots & V_G \sum_s B_{Gs} Y_{sG} \end{bmatrix}
\end{aligned}
$$ (3-11)

定义 E_{rs} 表示 r 国到 s 国的出口，E_{r*} 表示 r 国的总出口，九分法可以表示为：

$$
\begin{aligned}
uE_{r*} &= \underbrace{V_r \sum_{s \neq r} B_{rr} Y_{rs}}_{a} + \underbrace{V_r \sum_{s \neq r} B_{rs} Y_{ss}}_{b} + \underbrace{V_r \sum_{s \neq r} \sum_{t \neq r,\, s} B_{rs} Y_{st}}_{c} + \underbrace{V_r \sum_{s \neq r} B_{rs} Y_{sr}}_{d} \\
&+ \underbrace{V_r \sum_{s \neq r} B_{rs} A_{sr} (I - A_{rr})^{-1} Y_{rr}}_{e} + \underbrace{V_r \sum_{s \neq r} B_{rs} A_{sr} (I - A_{rr})^{-1} E_{r*}}_{f} + \underbrace{\sum_{t \neq r} \sum_{s \neq r} V_t B_{tr} Y_{rs}}_{g}
\end{aligned}
$$

$$+ \underbrace{\sum_{t \neq r} \sum_{s \neq r} V_t B_{tr} A_{rs} (I - A_{ss})^{-1} Y_{ss}}_{h} + \underbrace{\sum_{s \neq r} V_t B_{tr} A_{rs} \sum_{s \neq r} (I - A_{ss})^{-1} E_{s*}}_{i}$$

$$(3-12)$$

式（3-12）右边的前三项是国内增加值出口，包括最终产品中的国内增加值出口（a）和中间产品中的国内增加值出口，而中间产品中的国内增加值出口又可以分为在进口国消费的部分（b）和经进口国出口到第三国的部分（c）。第 4、第 5 项是出口后又返回的国内增加值，包括通过最终产品返回的国内增加值（d）和通过中间产品返回的国内增加值（e）。第 7、第 8 项是出口中的国外增加值，包括最终产品出口中的国外增加值（g）和中间产品出口中的国外增加值（h）。第 6、第 9 项是纯重复计算项，是中间产品在国家之间的反复多次流动，造成传统贸易统计方法对一国总出口的纯重复计算部分。九分法没有区分前向关联和后向关联的生产联系，这对分解一国总出口没有影响，但不能进一步在分水平上追踪国际生产结构。

五　WWZ 方法

Wang 等（2013）重点从后向关联的角度拓展了九分法的核算框架，提出对分水平（包括国家部门层面、双边层面、双边部门层面）的贸易流量的分解方法。WWZ 方法超越了对里昂惕夫逆矩阵 B 和直接增加值系数矩阵 V 的直接应用，通过引入一国国内里昂惕夫逆矩阵（L），首先对中间产品出口进行增加值分解，从而实现分水平出口流量的增加值分解。用 E_{r*} 表示 r 国的总出口，L_{rr}（L_{ss}）表示 r 国（s 国）国内的里昂惕夫逆矩阵，即 r 国（s 国）生产一单位最终产品或出口品对本国总产出的需求矩阵，$V_r L_{rr}$（$V_s L_{ss}$）是 r 国（s 国）的国内增加值乘子。定义符号"#"为数组元素依次相乘运算（Element-Wisematrix Multiplication Operation），则 s 国到 r 国的总出口 E_{sr} 可以分解为：

a 项是最终产品出口中的国内增加值（DVA-FIN）；b 项是出口到 r 国并在 r 国消费的中间产品中的国内增加值（DVA-INT）；c 项是出口到 r 国但最终在其他国家消费的中间产品中的国内增加值（DVA-INTrex）；d 项是出口后又返回的国内增加值（RDV）；e 项是纯重复计算的国内增加值（DDC）；f 项是最终产品出口中的国外增加值（FVA-FIN）；g 项是中间产品出口中的国外增加值（FVA-INT）；h 项是纯重复计算的国外增加值（FDC）。

$$E_{sr} = \underbrace{(V_s B_{ss})^T \# Y_{sr}}_{a} + \underbrace{(V_s L_{ss})^T \# (A_{sr} B_{rr} Y_{rr})}_{b}$$

$$+ \underbrace{(V_s L_{ss})^T \# \Big[A_{sr} \sum_{t \neq s,\, r}^{G} B_{rt} Y_{tt} + A_{sr} B_{rr} \sum_{t \neq s,\, r}^{G} Y_{rt} + A_{sr} \sum_{t \neq s,\, r}^{G} B_{rt} \sum_{u \neq s,\, t}^{G} Y_{tu} \Big]}_{c}$$

$$+ \underbrace{(V_s L_{ss})^T \# \Big[A_{sr} B_{rr} Y_{rs} + A_{sr} \sum_{t \neq s,\, r}^{G} B_{rt} Y_{ts} + A_{sr} B_{rs} Y_{ss} \Big]}_{d}$$

$$+ \underbrace{\Big[(V_s L_{ss})^T \# (A_{sr} \sum_{t \neq s}^{G} B_{rs} Y_{st}) + (V_s L_{ss} \sum_{t \neq s}^{G} A_{st} B_{ts})^T \# (A_{sr} X_r) \Big]}_{e}$$

$$+ \underbrace{\Big[(V_r B_{rs})^T \# Y_{sr} + (\sum_{t \neq s,\, r}^{} V_t B_{ts})^T \# Y_{sr} \Big]}_{f}$$

$$+ \underbrace{\Big[(V_r B_{rs})^T \# (A_{sr} L_{rr} Y_{rr}) + (\sum_{t \neq s,\, r}^{} V_t B_{ts})^T \# (A_{sr} L_{rr} Y_{rr}) \Big]}_{g}$$

$$+ \underbrace{\Big[(V_r B_{rs})^T \# (A_{sr} L_{rr} E_{r^*}) + (\sum_{t \neq s,\, r}^{G} V_t B_{ts})^T \# (A_{sr} L_{rr} E_{r^*}) \Big]}_{h} \qquad (3\text{-}13)$$

前向生产联系和后向生产联系的区别主要体现在双边国内增加值出口上，其中 $VAX\text{-}F_{sr}$ 是基于前向生产联系的国内增加值出口，衡量的是源于 s 国某一特定部门的增加值，经过价值链分工与生产，通过其他所有部门和国家出口，并最终在 r 国消费。基于前向生产联系的国内增加值出口关注的是一国特定部门生产的增加值是如何被另一国家消费的，是一国特定部门真实的出口价值，即贸易利益。

$$VAX - F_{sr} = \hat{V}_s B_{ss} Y_{sr} + \hat{V}_s B_{sr} Y_{rr} + \hat{V}_s \sum_{t \neq s,\, r}^{G} B_{st} Y_{tr} \quad ① \qquad (3\text{-}14)$$

$VAX\text{-}B_{sr}$ 是基于后向生产联系的国内增加值出口，衡量的是源于 s 国所有部门的增加值，经过价值链分工与生产，通过某一特定部门出口到 r 国并消费。$VAX\text{-}F_{sr}$ 只关注增加值由哪一个部门生产并最终出口，而 $VAX\text{-}B_{sr}$ 只关注出口前本国价值链生产上的最后一个部门，因此，$VAX\text{-}B_{sr}$ 可以反映 s 国某一特定部门的价值链分工地位，通过某一部门出口的国内增加值越多，说明该部门的国内价值链越长。

---

① 式中，$\hat{V}_s$ 是 s 国直接增加值系数矩阵 V_s 的对角阵。

$$VAX - B_{sr} = (V_s B_{ss})^T \# Y_{sr} + (V_s L_{ss})^T \# (A_{sr} B_{rr} Y_{rr})$$

$$+ (V_s L_{ss})^T \# \left[A_{sr} \sum_{t \neq s, r}^{G} B_{rt} Y_{tr} + \sum_{t \neq s, r}^{G} A_{st} B_{tt} Y_{tr} + \sum_{t \neq s, t}^{G} \sum_{r u \neq s, t}^{G} A_{st} B_{tu} Y_{ur} \right]$$

$$(3-15)$$

另外，式（3-13）中的前三项定义为 $VAX\text{-}G_{sr}$，它衡量的是源于 s 国所有部门的增加值，经价值链分工与生产，通过某一特定部门出口到 r 国并在国外消费。$VAX\text{-}G_{sr}$ 与 $VAX\text{-}B_{sr}$ 的区别仅在于最后一项，$VAX\text{-}G_{sr}$ 并不要求出口的增加值必须在 r 国消费，而是要求出口的增加值要么在 r 国消费，要么经 r 国再出口并最终在国外消费。这里就凸显了区别 $VAX\text{-}F_{sr}$ 和 $VAX\text{-}B_{sr}$ 的意义，$VAX\text{-}G_{sr}$ 是 E_{sr} 的一部分，但是不完全由进口国 r 国消费，从消费的角度来讲，$VAX\text{-}F_{sr}$ 和 $VAX\text{-}B_{sr}$ 更能准确衡量双边贸易中的贸易利益。

第四节　生产活动的增加值核算方法

无论是 HIY 方法还是五分法和九分法，都是从贸易的视角，通过研究一国出口的增加值构成来判断该国参与全球价值链分工的程度和位置，Wang 等（2017a，b）对此进行了突破性的改进，从生产的视角出发，将一国总生产活动分解为不同的类型，衡量不同生产活动的生产长度，并构建了全球价值链参与程度指数和生产位置指数（GVCPt 和 GVCPs），实现了对一国参与全球价值链分工的科学量化。Wang 等（2017a）按照增加值是否跨国流动，以及增加值跨国流动的用途将一国总生产活动分为纯国内生产活动、传统贸易生产活动、GVC 生产活动三类，而 GVC 生产活动又可以根据增加值跨国流动的次数分为简单 GVC 生产活动和复杂GVC 生产活动。假设一个 G 国家 N 部门的世界经济体，用 A^D（A^F）表示国内（国外）投入系数矩阵，Y^D（Y^F）表示国内（国外）最终产品需求矩阵，E 表示总出口矩阵，则总产出矩阵 X 可以分解为：

$$X = AX + Y = A^D X + Y^D + A^F X + Y^F = A^D X + Y^D + E \tag{3-16}$$

引入国内生产的里昂惕夫逆矩阵 L 和世界生产的里昂惕夫逆矩阵 B，并在等式两边同时乘以增加值矩阵 V，可以将式（3-16）变换为：

$$X = (I - A^D)^{-1} Y^D + (I - A^D)^{-1} E = L Y^D + L Y^F + L A^F X \tag{3-17}$$

$$\hat{V}B\hat{Y} = \hat{V}L\hat{Y}^D + \hat{V}L\hat{Y}^F + \hat{V}LA^F B\hat{Y}$$
$$= \hat{V}L\hat{Y}^D + \hat{V}L\hat{Y}^F + \hat{V}LA^F L\hat{Y}^D + \hat{V}LA^F (B\hat{Y} - L\hat{Y}^D) \qquad (3-18)$$

$\hat{V}B\hat{Y}$ 矩阵是对一国总增加值生产的完整分解，其中第 (s, i) 行 (r, j) 列的元素表示 s 国 i 部门嵌入 r 国 j 部门最终产品中的增加值。$\hat{V}B\hat{Y}$ 矩阵的行加总是基于前向生产联系，解释一国某产业生产的增加值是如何被下游国家/产业所应用的；而列加总是基于后向生产联系，解释一国某产业的生产都嵌入了哪些上游国家/产业所生产的增加值。式（3-18）将一国的增加值生产活动分为四种：$\hat{V}L\hat{Y}^D$ 表示纯国内生产活动（D），即本国生产的增加值不涉及跨国流动，在国内生产并消费。$\hat{V}L\hat{Y}^F$ 表示传统贸易生产活动（RT），即本国生产的增加值嵌入最终产品出口，增加值跨国流动一次，且增加值跨国流动是为了消费。$\hat{V}LA^F L\hat{Y}^D$ 表示简单 GVC 生产活动（GVC-S），即本国生产的增加值嵌入中间产品出口，增加值为了生产而跨国流动一次，最终在直接进口国消费，不存在再出口的生产活动。$\hat{V}LA^F (B\hat{Y} - L\hat{Y}^D)$ 表示复杂 GVC 生产活动（GVC-C），即本国生产的增加值嵌入中间产品出口，出口的增加值被进口国用来生产出口品，增加值跨国流动至少两次。

根据总生产活动的分解，可以构造 GVC 参与程度指数（GVCPt），反映一国生产参与 GVC 分工的程度，即 GVC 生产活动占总生产活动的比重，区分前向生产联系和后向生产联系，可得到 GVC 前向参与程度指数（GVCPt-F）和 GVC 后向参与程度指数（GVCPt-B）：

$$GVCPt\text{-}F = \frac{\hat{V}LA^F LY^D + \hat{V}LA^F (BY - LY^D)}{\hat{V}BY} \qquad (3-19)$$

$$GVCPt\text{-}B = \frac{VLA^F L\hat{Y}^D + VLA^F (B\hat{Y} - L\hat{Y}^D)}{VB\hat{Y}} \qquad (3-20)$$

随着价值链分工方式的深化，产品的生产环节被不断细分，生产长度延长并分配在不同的国家/部门，同一增加值被各个国家/部门的 GDP 重复核算（Wang et al.，2017b）。假设某一产品的生产一共有四个生产环节，第一生产环节的增加值被重复计算了四次（$4Va_1$），第二环节的增加值被重复计算了三次（$3Va_2$），依次类推，该产品总共生产的增加值为 $Va_1 + Va_2 + Va_3 + Va_4$，而重复计算的引致总产出为 $4Va_1 + 3Va_2 + 2Va_3 + Va_4$。生产长度（PL）衡量的是一个产品生产链的复杂程度，用产品生产的引致总产出除以生产的增加值，可得到该产品生产的增加值被计入总产出的平均次数①，生产的增加值被重复计算的次数越多，生产长度越长。在国家层面，前向生产长度（PL-F）衡量的是一个国家生产的增加值到最终消费品的生产距离；后向生产长度（PL-B）衡量的是从初始投入到一国生产的平均距离。

$$PL\text{-}F = \frac{\hat{V}BBY}{\hat{V}BY}, \quad PL\text{-}B = \frac{VBB\hat{Y}}{VB\hat{Y}} \tag{3-21}$$

前向生产长度与后向生产长度的比值即一国总生产活动的价值链位置（Ps），生产位置指数越大，该国生产活动越位于价值链生产的上游环节（Wang et al.，2017b）。将 GVC 生产活动分离出来，可以得到该国在全球价值链生产中的位置（GVCPs）：

$$Ps = \frac{PL\text{-}F}{PL\text{-}B} \tag{3-22}$$

$$GVCPs = \frac{PL\text{-}F\text{-}GVC^{②}}{PL\text{-}B\text{-}GVC} \tag{3-23}$$

第五节　本章小结

随着全球价值链的概念和理论不断发展，全球价值链的量化方法也得到了扩展和完善。从 HIY 方法到 WWZ 方法，贸易活动的增加值核算方法对一国总出口、双边总出口进行了增加值分解，将其分解成最终产品形式的本国增加值出口、中间产品形式的本国增加值出口、最终产品形式的国外增加值出口、中间产品形式的国外增加值出口、出口后又返回的增加值和重复计算项等部分，追溯并识别贸易增加值的真正来源和去处。而生产活动的增加值核算方法则对一国总生产进行分解，得到纯国内生产、传统贸易生产、简单 GVC 生产和复杂 GVC 生产四项内容，并可以衡量不同生产活动的生产长度。

全球价值链量化方法的不断发展与改善，极大地丰富了全球价值链的量化研究，学者不仅应用增加值核算方法深入、细致地剖析了全球价

---

① $PL = (4Va_1 + 3Va_2 + 2Va_3 + Va_4)/(Va_1 + Va_2 + Va_3 + Va_4)$。

② GVC 生产长度是 GVC 生产活动增加值计入总产出的平均次数，操作过程通过 MATLAB 软件编码实现。

值链分工与贸易的特征,也应用相关指标对全球价值链的影响因素进行了实证检验。本书的研究主要是应用贸易增加值分解的九分法和 WWZ 方法,以及生产的增加值分解方法,从总出口、双边/产业出口、总生产等多种视角进行测算与分析,全面阐述全球价值链分工与贸易的特征和演变趋势。在已有研究中,每一种增加值核算方法都得到了广泛应用,但是鲜有文章同时应用九分法、WWZ 方法和 WWYZ 方法,同时对总出口、双边/产业出口、总生产进行增加值分解与解析。本书下一章不仅分析全球增加值贸易的整体特征、区分前向生产联系和后向生产联系以进行双边/产业层面的贸易分解,还从生产的视角更深入地分析增加值贸易背后的生产分割特征。

第四章　全球价值链分工与贸易的发展现状

第一节　引言

第三次科技革命带来国际贸易成本的大幅度降低，国际贸易体制也为复杂的跨国生产协作提供了制度保障，20 世纪 90 年代以来，全球价值链分工逐渐取代传统的产品分工模式，跨国公司在全球范围内统一配置生产资源以实现生产利润的最大化。全球价值链分工的实质是生产环节的分工，一个产品生产的各个环节被分配在不同的国家，下游生产总是依赖上游中间产品的供应，因此，全球价值链分工带来双边贸易的突飞猛进，也造成了重复计算的问题。根据 UNCTAD（2013）的测算，2010年世界各国（或地区）平均全球价值链参与率已经超过 50%，出口额中约有 1/4 是进口中间投入品带来的国外增加值，1/4 是以中间产品的形式出口后再出口的国内增加值，全球价值链已经成为国际分工与生产的重要组织形式，贸易便利化对双边贸易的影响，很大程度上是通过全球价值链分工与贸易实现的。因此，在研究贸易便利化对增加值贸易的影响之前，有必要利用上一章的全球价值链核算方法，全面、深入地测算并分析全球增加值贸易的特征和发展趋势。

在学者不断提出和完善全球价值链核算方法的同时，UNCTAD-Eora数据库、OECD 数据库、IDE-JETRO 数据库和 GTAP 数据库等都编制并公开了世界上不同国家（或地区）间的投入产出表，为贸易增加值的核算提供了数据基础，其中，应用最为广泛并得到普遍认可的是，欧盟支持的 11 个机构联合体共同维护的 WIOD 数据库，其报告了 2000—2014 年世界上 43 个国家（或地区）与 ROW［Rest of the World，世界上其他国家（或地区）]间的投入产出表，其涵盖的 43 个国家（或地区）和 56 个产业及分类详见附录。据此，本章将对全球价值链生产与贸易的现状进行测算与分析，具体包括：（1）对全球增加值贸易进行分解解析，依次用传统贸易统计方法、KPWW 方法和 WWZ 方法等对 2000—2014 年全球增加值贸易的特征进行测算与分析，用数据描绘全球增加值贸易发展的标准化事实，以及各国出口价值的构成；（2）以中美双边贸易为例，对双边/产业层面的贸易进行增加值分解，在增加值统计口径下，重新衡量中美产业层面的贸易顺差及变动趋势，深入研究中美双边贸易产业结构及获利能力；（3）应用 WWYZ 方法，对各国参与全球价值链分工与生产的特征进行测算与分析，从生产的角度更加深入地分析各国参与全球价值链的程度和位置，描述各国所在价值链生产的碎片化特征。本章的研究将抽象的理论具体化，清晰地描述近十年全球生产与贸易的发展特征，有助于理解全球价值链分工的特征事实和演变趋势，也是后文实证分析的数据基础。

第二节　全球贸易的增加值构成

一　最终产品贸易与中间产品贸易

在全球价值链分工中，国际生产分割的直接影响是产生了中间产品贸易，中间产品贸易是全球价值链生产与分割的标志性产物。图 4-1 汇报了 2000—2014 年全球贸易的发展趋势。在传统贸易统计下，全球贸易总额从 2000 年的 71181.90 亿美元增加到了 2014 年的 206485.63 亿美元，平均年增速 7.90%，虽然 2009 年全球贸易受国际金融危机的影响下降严重，但是全球贸易的恢复较快，2010 年相比 2009 年增加了 19.38%。2000—2014 年，中间产品贸易占全球贸易总额的比值始终大于最终产品贸易占比，且其差距有逐年扩大的趋势，2000 年中间产品贸易占比 59.72%，最终产品贸易占比 40.28%，2014 年中间产品贸易占比增加到 64.60%，而最终产品贸易占比下降到了 35.40%，在这一期间国际金融危机对中间产品贸易增加的影响非常小。这说明，至少从 2000 年开始，全球价值链分工与贸易就成了全球贸易的主流趋势，国际金融危机并没有阻碍全球化进程的发展，全球价值链分工与贸易在一定程度上具有不可逆性。正是由于全球价值链分工与贸易的蓬勃发展、中间产品贸易的比重不断增加，传统贸易统计方法的贸易核算存在大量重复统计，不能反映一国出口的真实贸易利益和全球贸易的真实水平。如图 4-1 所示，用增加值贸易统计方法核算的全球增加值贸易总额远远小于传统视角下的全球贸易总额，2000 年全球增加值贸易总额为 55425.14 亿美元，占传统贸易总额的 77.86%，2014 年全球增加值贸易总额增加到 153809.07 亿美元，占传统贸易总额的比重却下降为 74.49%，随着全球价值链分工与贸易的不断深化，增加值贸易统计与传统贸易统计之间的差额呈扩大趋势。

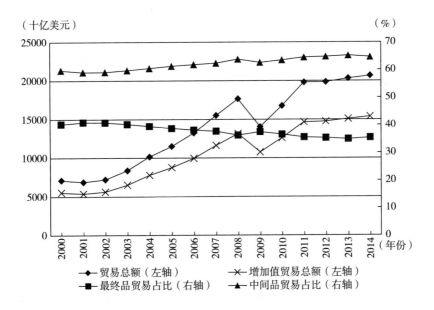

图 4-1　2000—2014 年全球贸易的发展趋势

注：笔者根据 WIOTs 基础数据测算。

　　具体到国家（或地区）层面，每个国家（或地区）的增加值贸易发展趋势都不相同，具体如表 4-1 所示。所有国家（或地区）的增加值出口在 2000—2014 年都经历了快速增长，增长倍数 0—19 不等，保加利亚（BGR）的增加值出口在 2000—2014 年增加了 18.40 倍，而日本（JPN）只增加了 0.34 倍。由于全球生产分工和中间产品贸易的发展，大多数国家（或地区）的增加值出口的比重在 2000—2014 年呈下降趋势，下降幅度 0—15% 不等，只有少数国家（或地区）的增加值出口占比在 2000—2014 年上升了，如澳大利亚（AUS）、加拿大（CAN）、塞浦路斯（CYP）、印度尼西亚（IDN）和俄罗斯（RUS），这些国家多为能源、资源的输出国和初级产品出口国。增加值出口占比下降幅度较大的国家有捷克（CZE）、希腊（GRC）、日本（JPN）、立陶宛（LTU）、卢森堡（LUX）、荷兰（NLD）和土耳其（TUR），说明这些国家的生产分工和贸易受全球价值链的影响较大，中间产品生产和出口大量取代原有的传统贸易，导致增加值出口的占比大幅度下降。

表 4-1　2000 年与 2014 年 43 国（或地区）与 ROW 的增加值出口

单位：%、十亿美元

	2000 年			2014 年	
国家（或地区）	增加值出口	占总出口比重	国家（或地区）	增加值出口	占总出口比重
AUS	77.22	84.89	AUS	246.47	85.83
AUT	52.00	71.29	AUT	134.74	63.86
BEL	92.89	62.41	BEL	206.66	53.96
BGR	1.01	68.78	BGR	19.59	61.81
BRA	56.91	88.35	BRA	235.55	87.16
CAN	213.93	71.50	CAN	426.99	75.77
CHE	90.87	76.89	CHE	262.59	74.48
CHN	218.26	83.32	CHN	2016.71	83.15
CYP	2.17	67.45	CYP	6.72	71.94
CZE	19.03	68.49	CZE	87.29	54.02
DEU	450.82	76.98	DEU	1208.78	71.85
DNK	47.37	68.71	DNK	106.38	62.47
ESP	108.95	74.17	ESP	267.91	68.87
EST	1.31	64.46	EST	10.33	56.55
FIN	37.33	73.95	FIN	65.27	64.97
FRA	269.95	75.74	FRA	549.11	72.28
GBR	311.25	82.10	GBR	606.83	80.74
GRC	14.01	81.00	GRC	39.15	69.58
HRV	5.63	75.54	HRV	16.91	72.68
HUN	14.59	52.22	HUN	56.04	48.13
IDN	57.23	81.58	IDN	174.26	82.74
IND	53.87	86.82	IND	292.92	79.28
IRL	48.32	59.04	IRL	133.07	50.65

续表

2000 年			2014 年		
国家（或地区）	增加值出口	占总出口比重	国家（或地区）	增加值出口	占总出口比重
ITA	215. 88	80. 66	ITA	433. 36	73. 63
JPN	464. 77	90. 29	JPN	624. 66	76. 41
KOR	134. 07	69. 93	KOR	452. 17	64. 79
LTU	2. 42	76. 94	LTU	21. 04	64. 29
LUX	11. 77	44. 42	LUX	40. 23	33. 96
LVA	1. 56	76. 08	LVA	10. 15	68. 98
MEX	115. 06	67. 33	MEX	244. 64	66. 44
MLT	1. 31	42. 17	MLT	4. 63	34. 51
NLD	147. 45	74. 03	NLD	363. 16	63. 15
NOR	65. 99	86. 64	NOR	156. 07	82. 96
POL	34. 32	75. 30	POL	173. 73	69. 04
PRT	15. 96	72. 14	PRT	52. 75	68. 84
ROU	8. 65	74. 95	ROU	56. 92	73. 31
RUS	88. 70	90. 53	RUS	456. 06	92. 36
SVK	4. 66	61. 69	SVK	42. 59	51. 86
SVN	4. 76	66. 96	SVN	19. 30	62. 63
SWE	78. 50	71. 68	SWE	167. 58	71. 20
TUR	57. 54	83. 77	TUR	178. 51	71. 47
TWN	106. 09	62. 07	TWN	215. 19	58. 17
USA	828. 37	89. 40	USA	1679. 38	87. 15
ROW	909. 76	72. 76	ROW	2818. 52	73. 53

注：笔者根据 WIOTs 基础数据测算。

二　出口的增加值构成

增加值贸易不仅可以反映真实的贸易价值，还可以通过对总出口的深入分解反映全球价值链分工与贸易中的复杂价值流动。Koopman 等（2014）构建的增加值贸易核算体系将一国总出口细分为九部分，包括最终产品中的国内增加值出口（a）、中间产品中的国内增加值出口（b 和 c）、出口后又返回的国内增加值（d 和 e）、出口中的国外增加值（g 和 h）以及纯重复计算项（f 和 i）。根据九分法，表 4-2 对全球贸易的增加

值构成进行了分解。在一国总出口的增加值构成中，a+b+c 是出口中的国
内增加值，且出口的国内增加值最终在国外消费了，而 d+e 是出口后又
返回的国内增加值，因此，a+b+c 反映的是一国总出口的真实贸易利益。
2000 年全球总出口中 a+b+c 占比为 75.31%，而 2014 年下降为 71.99%，
其中最终产品中的国内增加值出口（a）占比从 2000 年的 31.11%下降为
2014 年的 26.49%，而简单分工中的中间产品增加值出口（b）占比从
2000 年的 36.50%增加到 2014 年的 37.78%，复杂分工中的中间产品增加
值出口（c）占比经历了一个先上升后下降的过程，从 2000 年的 7.70%
变为 2014 年的 7.72%。这反映了全球价值链分工中的两个现象：第一，
世界各国参与全球价值链分工与生产的程度不断加深，出口中有越来越
多的进口增加值，本国增加值占比下降；第二，世界各国的增加值出口
越来越多地以中间产品出口的形式实现，但是复杂分工中的中间产品增
加值出口占比变化不大，最终产品贸易的增加值出口占比下降明显。

表 4-2　　　　　　　　　2000—2014 年全球贸易的增加值构成

单位：%、十亿美元

年份	a	b	c	d+e	g+h	f+i	贸易总额
2000	31.11	36.50	7.70	2.55	16.79	5.35	7118.19
2001	31.69	36.21	7.81	2.47	16.64	5.18	6893.20
2002	31.63	36.25	7.89	2.38	16.67	5.17	7218.84
2003	31.01	36.46	7.95	2.29	16.86	5.43	8390.64
2004	30.03	36.20	8.22	2.26	17.35	5.95	10165.69
2005	29.33	36.50	8.17	2.24	17.52	6.23	11504.49
2006	28.56	36.11	8.34	2.29	17.92	6.79	13237.54
2007	28.12	36.19	8.35	2.24	18.08	7.02	15511.50
2008	26.84	37.07	8.24	2.28	18.34	7.22	17650.54
2009	28.52	38.16	7.80	2.16	17.31	6.04	14040.23
2010	27.32	37.39	8.05	2.31	18.00	6.92	16761.20
2011	26.18	37.30	8.16	2.36	18.47	7.53	19795.24
2012	26.15	37.79	7.91	2.47	18.31	7.37	19834.31
2013	26.00	38.17	7.69	2.44	18.24	7.45	20299.61
2014	26.49	37.78	7.72	2.51	18.16	7.35	20648.56

注：笔者根据 WIOTs 基础数据测算。

出口后又返回的国内增加值（d 和 e）、出口中的国外增加值（g 和 h）以及纯重复计算项（f 和 i）都是全球价值链分工的产物。其中，出口后又返回的国内增加值（d 和 e）反映的是一种复杂全球价值链生产，主要通过生产外包的形式实现，一国返回的出口增加值越多，该国在全球价值链分工与贸易中的位置越位于上游，2000—2014 年世界各国出口后又返回的国内增加值经历了一个先下降后上升的过程，整体变化不大。出口中的国外增加值（g 和 h）是由进口中间产品形成的，全球贸易中的国外增加值占比持续增加，由 2000 年的 16.79% 增加到 2014 年的 18.16%，受国际金融危机的影响较小。纯重复计算项（f 和 i）是增加值多次跨国流动而形成的，反映了全球价值链中的复杂分工与贸易，其占比由 2000 年的 5.35% 增加到了 2014 年的 7.35%，增长幅度较大。在贸易总额持续增长的背景下，出口后又返回的国内增加值（d 和 e）、出口中的国外增加值（g 和 h）以及纯重复计算项（f 和 i）的占比显著增长，说明 2000—2014 年全球价值链分工在不断深化，从贸易角度衡量的全球价值链参与度从 2000 年的 60.99% 增加到了 2014 年的 63.66%。[①]

表 4-2 反映的是全球贸易的增加值构成，但是具体到每个国家（或地区）的情况都会有所不同，如表 4-3 所示。2014 年，中国（CHN）以最终产品形式的增加值出口（a）占比最高，占出口总值的 42.05%，说明中国依然是世界上最大的制造业加工贸易大国，其次是印度（IND），最终产品增加值出口的占比为 35.42%。俄罗斯（RUS）以中间产品形式的增加值出口（b 和 c）占比最高，超过总出口价值的 80%，其次是澳大利亚（AUS）、挪威（NOR）、巴西（BRA）和印度尼西亚（IDN），中间产品形式的增加值出口占比超过总出口价值的 60%，这些国家由于输出能源、资源和初级产品而位于全球价值链分工的上游。相反，本国（或地区）增加值出口占比越低的国家（或地区），国外增加值占比越高，2014 年总出口中国外增加值（g 和 h）占比最高的是马耳他（MLT）和卢森堡（LUX），国外增加值占比约为 50%，其次是爱尔兰（IRL）、匈牙利（HUN）和斯洛伐克（SVK），这些都是欧盟内经济体量较小的国家，融入高度经济一体化组织而经济总量较小，所以融入全球价值链生产与贸

---

① 根据 Koopman 等（2014）的定义，贸易角度的全球价值链参与度是中间产品增加值出口（b 和 c）与国外增加值出口（g+h）之和占总出口的比重。

易的程度最高。出口后又返回的国内增加值（d 和 e）和纯重复计算项（f 和 i）是贸易增加值在国家（或地区）之间反复多次流动的产物，其占比越高，参与全球价值链分工与生产的程度越高，有比利时（BEL）、捷克（CZE）、匈牙利（HUN）、卢森堡（LUX）和斯洛伐克（SVK）等。

表4-3　　2014 年 43 国（或地区）与 ROW 的总出口增加值构成

单位：%、十亿美元

国家（或地区）	a	b	c	d+e	g+h	f+i	出口总额
AUS	13.56	62.24	9.39	0.64	10.08	4.09	287.16
AUT	22.98	30.09	10.38	0.41	23.24	12.90	211.00
BEL	18.89	27.55	7.17	0.34	30.81	15.24	383.01
BGR	19.28	33.74	8.73	0.06	25.51	12.68	31.70
BRA	22.22	54.76	9.68	0.49	9.69	3.16	270.26
CAN	21.27	48.17	5.29	1.03	20.29	3.94	563.51
CHE	30.76	35.45	7.94	0.33	19.96	5.57	352.57
CHN	42.05	32.30	6.36	2.43	12.69	4.16	2425.46
CYP	22.33	38.83	10.72	0.06	17.14	10.91	9.35
CZE	20.18	23.80	9.80	0.25	30.34	15.63	161.57
DEU	31.58	30.33	7.86	2.08	19.22	8.92	1682.25
DNK	27.96	27.73	6.59	0.19	28.99	8.54	170.29
ESP	32.30	28.89	7.18	0.50	23.02	8.11	389.01
EST	16.44	32.64	7.37	0.09	30.77	12.69	18.27
FIN	20.70	35.21	8.84	0.22	24.01	11.02	100.45
FRA	30.11	32.28	8.66	1.23	19.96	7.76	759.65
GBR	28.92	40.95	9.47	1.40	13.70	5.56	751.60
GRC	23.18	38.87	7.42	0.11	22.61	7.81	56.26
HRV	27.55	36.14	8.87	0.12	19.36	7.96	23.27
HUN	18.88	21.10	8.03	0.12	35.84	16.03	116.45
IDN	20.27	52.83	9.11	0.54	13.15	4.10	210.60
IND	35.42	36.69	6.75	0.41	15.78	4.93	369.46
IRL	20.48	25.08	4.99	0.09	39.39	9.96	262.75
ITA	34.01	29.58	9.31	0.73	18.94	7.43	588.59
JPN	32.13	35.28	8.02	0.98	17.19	6.41	817.51

续表

国家（或地区）	a	b	c	d+e	g+h	f+i	出口总额
KOR	25.45	31.06	7.89	0.38	26.03	9.19	697.94
LTU	24.96	31.97	7.23	0.13	24.90	10.81	32.72
LUX	10.43	19.36	4.15	0.03	49.29	16.75	118.44
LVA	21.62	38.41	8.80	0.16	21.87	9.14	14.72
MEX	29.23	32.37	4.32	0.54	29.70	3.86	368.19
MLT	17.71	13.57	3.22	0.01	51.53	13.96	13.42
NLD	17.01	36.17	9.41	0.56	23.84	13.01	575.07
NOR	12.03	58.10	12.32	0.51	10.88	6.16	188.13
POL	27.56	29.89	11.10	0.49	20.82	10.14	251.64
PRT	24.84	35.43	8.35	0.21	22.42	8.74	76.63
ROU	24.10	37.36	11.64	0.20	18.17	8.53	77.65
RUS	7.86	70.41	13.20	0.89	4.86	2.78	493.79
SVK	20.59	22.82	8.29	0.17	33.75	14.38	82.12
SVN	23.79	29.03	9.71	0.09	25.29	12.08	30.81
SWE	25.67	35.42	9.58	0.53	19.81	8.99	235.35
TUR	33.57	29.96	7.68	0.25	22.02	6.51	249.78
TWN	13.92	33.94	10.08	0.23	28.08	13.75	369.92
USA	30.39	42.23	8.17	6.36	8.84	4.02	1927.09
ROW	17.49	43.82	6.13	6.09	17.88	8.59	3833.15

注：笔者根据 WIOTs 基础数据测算。

表 4-4 单独汇报了 2000—2014 年中国总出口的增加值构成。中国的出口总额从 2000 年的 2619.4 亿美元增加到 2014 年的 24254.6 亿美元，平均年增速 17.23%，远远超过全球贸易 7.90% 的平均年增速，中国出口占全球贸易的比重也从 2000 年的 3.68% 增加到了 2014 年的 11.75%。2014 年中国出口中的国内增加值（a+b+c）占比为 80.71%，超过全球平均值 71.98%，而且中国的增加值出口主要是通过最终产品贸易实现，最终产品国内增加值出口（a）占比高达 42.05%，远超过全球平均值 26.49%。2000—2014 年，中国总出口中的最终产品国内增加值（a）占比呈下降趋势，中间产品国内增加值（b 和 c）占比呈上升趋势，国外增加值（g 和 h）占比先上升后下降，出口后又返回的国内增加值（d 和

e）占比显著增加，纯重复计算的增加值（f 和 i）占比呈在波动中上升趋势。

表 4-4　　　　　　　　2000—2014 年中国总出口的增加值构成

单位：%、十亿美元

年份	a	b	c	d+e	g+h	f+i	出口总额
2000	46.03	29.43	6.96	0.91	13.63	3.05	261.94
2001	46.05	29.91	7.06	1.04	12.98	2.95	280.42
2002	44.29	29.88	7.08	1.23	14.09	3.42	345.01
2003	43.28	27.87	6.65	1.35	16.67	4.18	461.97
2004	41.83	26.53	6.60	1.43	18.67	4.94	632.56
2005	42.65	25.87	6.27	1.35	18.88	4.98	806.87
2006	42.54	25.62	6.45	1.41	18.65	5.34	1027.62
2007	42.22	26.16	6.28	1.29	18.76	5.29	1304.80
2008	41.93	27.83	6.54	1.42	17.25	5.04	1540.79
2009	45.48	28.51	6.04	1.63	14.51	3.83	1293.52
2010	42.83	28.46	6.31	1.92	15.77	4.71	1697.75
2011	41.68	29.32	6.59	2.20	15.34	4.87	2037.79
2012	42.56	30.01	6.24	2.31	14.40	4.48	2156.12
2013	41.97	30.81	6.15	2.42	14.09	4.56	2293.01
2014	42.05	32.30	6.36	2.43	12.69	4.16	2425.46

注：笔者根据 WIOTs 基础数据测算。

　　这反映了中国出口贸易发展的三大事实：第一，中国在全球价值链生产与贸易中的上游参与度增加，带动全球价值链整体参与度上升，但是中国在全球价值链中的位置仍然偏向于下游；第二，中国的外包生产增长显著，是全球价值链上游参与度提升的表现之一；第三，中国的外贸发展方式发生了转变，由加工贸易驱动向产业升级驱动演变。同样，不同产业价值链的组织与生产模式相差较大，产业出口的增加值构成也会有较大差异，如初级产业的全球价值链参与度会相对较低，而复杂制造业的全球价值链参与度会相对较高。表 4-5 以计算机、电子及光学产品为例，分析复杂制造业的全球价值链生产特征。

表 4-5　　2000—2014 年计算机、电子及光学产品贸易的增加值构成

单位：%、十亿美元

年份	a	b	c	d+e	g+h	f+i	贸易总额
2000	34.80	22.93	10.39	4.09	20.64	7.15	517.84
2001	36.30	22.69	10.51	3.66	20.09	6.75	427.49
2002	35.88	22.57	10.80	3.59	20.36	6.82	447.08
2003	35.45	22.46	10.92	3.54	20.49	7.13	520.32
2004	34.81	21.92	11.46	3.33	20.84	7.65	641.38
2005	35.49	21.66	11.45	3.16	20.58	7.66	686.37
2006	34.10	20.96	12.00	3.12	21.27	8.54	783.71
2007	32.69	22.32	12.10	2.91	21.41	8.58	842.24
2008	33.33	22.75	11.92	2.81	21.07	8.11	865.39
2009	34.84	23.42	11.24	3.05	20.38	7.07	712.43
2010	33.32	23.42	11.28	3.14	20.77	8.07	905.92
2011	33.82	23.28	11.11	3.00	20.53	8.24	985.77
2012	34.64	23.48	10.67	3.17	20.12	7.92	998.09
2013	31.54	26.39	10.23	3.08	20.39	8.36	1024.80
2014	31.26	26.95	10.18	3.03	20.33	8.25	1058.05

注：笔者根据 WIOTs 基础数据测算。

2000 年计算机、电子及光学产品的贸易总额为 5178.4 亿美元，2014 年增长到 10580.5 亿美元，平均年增速 5.24%，落后于全球贸易的平均年增速。计算机、电子及光学产品全球价值链生产与贸易的特征主要体现在复杂分工中，2014 年中间产品出口的国内增加值转口到第三国（c）的占比为 10.18%，远远超过全球平均水平（7.72%），出口后又返回的国内增加值（d 和 e）、出口中的国外增加值（g 和 h）、纯重复计算的增加值（f 和 i）占比分别为 3.03%、20.33%、8.25%，也都超过了世界平均水平（分别为 2.51%、18.16%、7.35%）。从发展趋势上看，2000—2014 年最终产品中的国内增加值出口（a）占比呈下降趋势，中间产品中的国内增加值出口（b 和 c）占比呈上升趋势，出口后又返回的国内增加值（d 和 e）占比呈下降趋势，出口中的国外增加值（g 和 h）占比在波动中略有下降，纯重复计算项（f 和 i）占比呈上升趋势。这表明，计算机、电子及光学产品的全球价值链分工与生产仍然在不断深化中，国际金融危机并没有对这种复杂分工与贸易模式产生影响。

第三节　双边贸易的增加值构成

WWZ 方法是对九分法的改进（Wang et al. , 2013），首先，该方法提出了在双边/产业层面对贸易流进行增加值分解的核算框架；其次，区分了前向生产联系（VAX-F）和后向生产联系（VAX-B），区分了通过双边直接贸易实现的增加值出口（VAX-G）和通过全球价值链实现的增加值出口（VAX-F/VAX-B）。因此，应用该方法进行双边/产业层面的增加值贸易核算，可以区分双边直接贸易中实现的贸易顺（逆）差和通过全球价值链实现的贸易顺（逆）差，可以通过前向生产联系和后向生产联系的区别分析不同产业的全球价值链生产特征。接下来，本节以中美双边贸易为例，应用 WWZ 方法进行双边增加值贸易的分解。图 4-2 汇报了中美双边贸易中的总出口（export$_{China}$、export$_{USA}$）、直接贸易中的增加值出口（VAX-G$_{China}$、VAX-G$_{USA}$）和通过全球价值链实现的增加值出口（VAX-F/VAX-B$_{China}$、VAX-F/VAX-B$_{USA}$）。

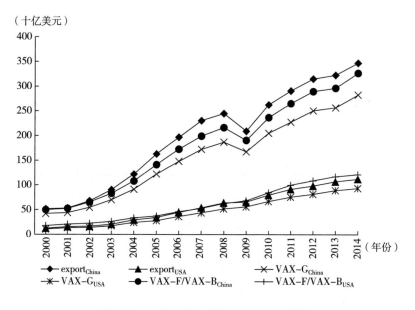

图 4-2　三种统计方式下的中美双边贸易

注：笔者根据 WIOTs 基础数据测算。

2000—2014 年，中国对美国的总出口始终大于增加值出口，增加值视角下中国贸易利益严重缩水，且差距有逐年扩大的趋势（export$_{China}$ > VAX-F/VAX-B$_{China}$ > VAX-G$_{China}$）。虽然中国通过全球价值链实现的增加值出口大于双边直接贸易中的增加值出口，但是增加值视角下的真实贸易利益还是小于对美国的总出口。相反，美国对中国的总出口与增加值出口之间的差距较小，除了 2007 年和 2008 年，美国对中国的总出口总是小于通过全球价值链实现的增加值出口，在正常的经贸状态下，有较多的美国增加值嵌入其他国家的出口并在中国消费，美国实现的真实贸易利益大于对中国的总出口（VAX-F/VAX-B$_{USA}$ > export$_{USA}$ > VAX-G$_{USA}$）。在全球价值链分工中，中国作为加工贸易大国，利用来自发达国家的零部件完成产品生产的最后工序，或者引进发达国家的先进技术与生产设备，实现零部件的代加工，其出口产品中包含的本国增加值较小，尤其是在中美双边贸易中，由于两国技术差距，中国自主研发生产的产品很难打入美国市场，造成了出口总额与增加值出口之间的差距。而美国在全球价值链分工与生产中占据了价值曲线的高附加值环节，其出口产品中包含的本国增加值较多，并向世界其他国家出口关键零部件、技术服务和金融服务等，将本国增加值嵌入其他国家的出口，因此可以对中国实现更多的贸易利益。美国在全球价值链分工中的位置高于中国，贸易获利能力也远高于中国，传统贸易统计高估了中国在全球价值链中的获利能力，并低估了美国的获利能力。

三种统计方式下，中国均实现了正的贸易顺差，且存在明显的增长趋势，但是增加值顺差远远小于总出口顺差，通过全球价值链实现的增加值顺差高于双边贸易中的增加值顺差。以 2014 年为例，美国统计的对华货物贸易逆差为 3626.21 亿美元，服务贸易顺差为 294.07 亿美元，但是根据 WIOTs 进行的测算，2014 年中美双边贸易中的增加值顺差只有 1895.81 亿美元，通过全球价值链实现的增加值顺差为 2051.41 亿美元。在全球价值链分工中，即使美国通过加征关税的方式减少从中国的直接进口，依然会有中国增加值通过其他国家间接流入美国。表 4-6、表 4-7 测算了中美在双边贸易中出口的价值构成，可以更加深入地反映全球价值链分工对两国贸易的影响。

表4-6　　　　　　　　　中国对美国总出口的价值构成　　　单位：%、十亿美元

年份	VAX-G			RDV	FVA		DDC+FDC	出口总额
	a	b	c	d	f1+g1	f2+g2	e+h	
2000	58.07	20.15	3.40	0.09	1.59	15.74	0.97	51.58
2001	59.15	20.50	3.12	0.11	1.47	14.84	0.83	53.13
2002	58.38	19.43	2.79	0.11	1.67	16.75	0.86	67.66
2003	56.63	18.35	2.55	0.11	1.79	19.58	0.98	90.37
2004	53.83	18.32	2.66	0.14	1.98	21.91	1.17	122.15
2005	54.45	17.80	2.68	0.14	1.83	21.90	1.20	163.12
2006	53.74	18.46	3.03	0.17	1.92	21.33	1.35	196.93
2007	54.18	17.47	3.18	0.18	1.94	21.65	1.41	230.42
2008	53.00	19.58	3.83	0.23	1.74	20.12	1.50	244.71
2009	59.25	17.93	2.95	0.22	1.54	17.16	0.95	209.15
2010	56.81	18.07	3.21	0.26	1.53	18.90	1.21	262.70
2011	55.21	19.25	3.73	0.32	1.37	18.71	1.41	291.02
2012	56.46	19.39	3.66	0.33	1.29	17.60	1.28	315.16
2013	51.79	23.43	4.35	0.42	1.20	17.00	1.80	322.79
2014	51.76	25.05	4.67	0.46	1.11	15.24	1.71	347.31

注：笔者根据WIOTs基础数据测算。

WWZ方法对双边/产业层面的贸易增加值分解依然可以归纳为最终产品中的国内增加值出口（a）、中间产品中的国内增加值出口（b和c）、出口后又返回的国内增加值（d）、出口中的国外增加值（f和g）以及纯重复计算项（e和h）几部分。2000—2014年，在中国对美国的出口中，国内增加值出口整体呈现先下降后上升的趋势。中国最初通过加工贸易的方式参与全球价值链生产，国内增加值占比较低，在此过程中，中国不断引进外资、技术、设备和管理经验，支持国内自主研发生产，尤其是在2008年国际金融危机之后，中国在对外贸易中的获利能力提高，表现为出口中的国内增加值占比上升。具体来看，在国内增加值出口中，最终产品中的国内增加值出口（a）呈下降趋势，而中间产品中的国内增加值出口（b）呈上升趋势，越来越多的国内增加值经美国再出口到世界其他国家（c）。随着中美之间价值链分工的细化，中国所实现的贸易利

益越来越集中于中间产品出口，价值链中的分工地位逐渐提升。相反，中国对美国出口中的国外增加值整体呈现先上升后下降的趋势，其中美国增加值（f1+g1）在国际金融危机后下降趋势明显。出口后又返回的国内增加值和纯重复计算项是中间产品贸易在国家之间多次进行的产物，它们都呈现明显的上升趋势，相比其他价值成分，受国际金融危机的影响较小，在一定程度上反映了全球价值链分工与贸易的不可逆性。

表4-7　　　　　　　　美国对中国总出口的价值构成　　　单位：%、十亿美元

年份	VAX-G			RDV	FVA		DDC+FDC	出口总额
	a	b	c	d	f1+g1	f2+g2	e+h	
2000	39.24	36.83	8.96	3.03	0.31	9.49	2.14	12.47
2001	43.67	34.12	8.32	2.63	0.33	9.12	1.81	15.53
2002	41.01	34.96	9.73	3.36	0.38	8.55	2.01	16.39
2003	35.13	37.09	12.41	4.12	0.41	8.31	2.53	20.45
2004	31.27	36.94	14.54	4.71	0.50	8.82	3.21	29.30
2005	33.81	33.62	14.52	4.78	0.60	9.19	3.48	34.19
2006	33.28	31.78	15.94	4.91	0.70	9.51	3.87	44.84
2007	28.44	35.10	17.72	4.99	0.71	9.04	4.00	53.93
2008	26.52	37.48	16.96	4.22	0.83	9.94	4.05	63.81
2009	31.25	40.97	13.01	3.22	0.70	8.46	2.39	65.67
2010	31.08	40.03	12.76	3.06	0.86	9.52	2.70	79.55
2011	30.39	40.56	11.83	2.59	0.99	10.82	2.81	91.47
2012	32.25	40.26	10.58	2.36	1.04	10.98	2.53	98.09
2013	32.82	40.33	10.17	2.12	1.28	10.88	2.41	106.88
2014	34.18	39.35	9.80	2.15	1.43	10.80	2.27	112.05

注：笔者根据WIOTs基础数据测算。

在美国对中国的出口中，国内增加值占比始终超过80%，美国在中美双边贸易中的获利能力超过中国。一方面，美国对中国的中间产品增加值出口已经超过最终产品增加值出口；另一方面，美国出口后又返回的国内增加值占比远远超过中国，反映了中美两国在价值链分工中地位

的差异，美国在全球价值链生产中位于更加上游的环节。美国对中国出口中的国外增加值整体呈现上升趋势，其中中国增加值（g1+h1）显著提高。从中美双边贸易的增加值构成来看，中国正在逐步实现全球价值链分工地位的攀升和贸易获利能力的提升，在这个过程中，中美贸易地位发生了小幅度的"此消彼长"，但美国的分工地位和获利能力仍远超中国，西方国家大肆宣扬的"中国威胁论"并没有现实依据。

进一步对中美双边产业层面的贸易数据进行分析，可以发现，中美贸易顺差从 2000 年的 391.06 亿美元增加到了 2014 年的 2352.59 亿美元，但是总顺差构成的产业结构变化不大。为了简化分析，参照国际标准行业分类准则（ISIC Rev.4）对 56 个产业进行合并处理，在产业合并之后，一共对 36 个产业部门进行具体分析。① 产生顺差较多的产业有木材加工及木、竹、藤、棕、草制品业，电器设备制造业，机器和设备的维修与安装，机器和设备制造业，金属制造业，计算机、电子产品及光学产品，非金属矿物制品业，交通工具制造业等；产生逆差较多的产业有牧林渔矿，家具及其他制造业，计算机编程、咨询及相关服务、信息服务，金融保险服务，公共服务业，运输业等。图 4-3、图 4-4 分别展示了 2000 年和 2014 年中美两国双边贸易中的 VAX-F 和 VAX-B 是如何变化的。

图 4-3 左右分别是中国和美国在双边贸易中实现的 VAX-F，其中深色条形是 2000 年的 VAX-F，浅色条形是 2014 年相对于 2000 年增加的 VAX-F，两列条形相加即 2014 年的 VAX-F。除了中国的广告和市场研究，两国各产业在 2000 年和 2014 年均实现了 VAX-F 的正增长。VAX-F 是基于前向生产联系的增加值出口，牧林渔矿作为初级产业，为其他下游产业提供生产的原材料，通过其他产业实现了较多的增加值出口，因此

---

① WIOD 数据库涵盖的 56 个产业及其要素密集度见附表 2。进行的产业合并具体为：畜牧业、狩猎，林业、伐木业，渔业、水产业，矿业、采石业四个产业都是初级产品和制造业，合并为"牧林渔矿"；造纸及纸制品，印刷业及复制业两个产业合并为"造纸及印刷业"；基础金属制造业、复杂金属制造业合并为"金属制造业"；汽车、拖车制造业，其他交通工具合并为"交通工具制造业"；电煤光气的供给，水的处理和供给，污水处理、废旧材料回收加工合并为"电煤光气水及污染处理"；汽车、摩托车的批发零售及维修，批发，零售合并为"批发零售"；内陆运输、管道运输，水路运输，航空运输，仓储及运输辅助业，邮政及快递业合并为"运输业"；金融服务，保险及养老金，金融保险的辅助服务合并为"金融保险服务"；公共管理、国防和社会保险，教育，卫生和社会工作，其他公共服务，境外组织及团体活动合并为"公共服务业"。

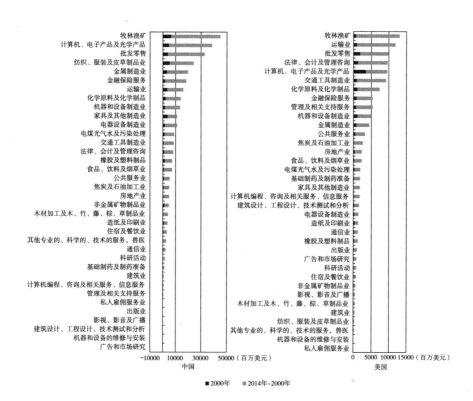

图 4-3　2000 年和 2014 年中美在双边贸易中各产业 VAX-F 的变化

注：笔者根据 WIOTs 基础数据测算。

在中美两国都是 VAX-F 最多的产业。除了牧林渔矿，中美两国 VAX-F 的产业结构存在明显的差异。在中国，在 VAX-F 前十位的产业中，只有批发零售、金融保险服务和运输业三个服务业，分别排在第三位、第六位和第七位，其他产业均为制造业。而在美国，在 VAX-F 前十位的产业中，运输业，批发零售，法律、会计及管理咨询，金融保险服务和管理及相关支持服务分别排在第二位、第三位、第四位、第八位和第九位。中国进入 VAX-F 前十位的制造业有计算机、电子产品及光学产品，纺织、服装及皮草制品业，金属制造业，化学原料及化学制品，机器和设备制造业，家具及其他制造业，除纺织、服装及皮草制品业，金属制造业和家具及其他制造业，其他三个均为知识密集型制造业。总体来看，在中美双边贸易中，中国服务业获得的贸易利益远不及制造业和美国服务业，而中国在参与全球价值链分工的过程中，配合国内经济改革与发展，制造业内部的贸易产业结构得到了优化，贸易利益越来越集中于知识密集型制造业，尤其是计算机、电子产品及光学产品，不仅在中美双边贸易中获得了丰厚的贸易利益，在全球范围内也具有一定的比较优势。

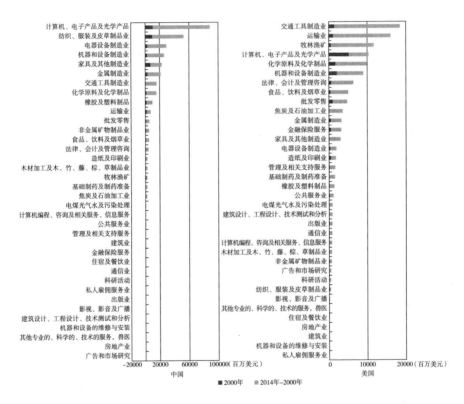

图4-4　2000年和2014年中美在双边贸易中各产业 VAX-B 的变化

注：笔者根据 WIOTs 基础数据测算。

图4-4左右分别是中国和美国在双边贸易中实现的 VAX-B，是源于中国/美国各个产业部门的增加值嵌入某一特定产业实现的增加值出口，其呈现出的特点与 VAX-F 具有较大差异。如牧林渔矿，2014年中国向美国的 VAX-F 出口是449.99亿美元，VAX-B 出口只有25.88亿美元，而美国对中国的牧林渔矿 VAX-F 出口和 VAX-B 出口都名列前茅。虽然中国的牧林渔矿通过嵌入其他产业实现了较多的增加值出口，但是作为最终产品，其出口的竞争力远不如美国，这也反映了中国是农业大国，而美国是农业强国的经济现实。作为后向生产联系的增加值出口，VAX-B

更能反映各产业作为直接出口品的出口竞争力，中国 VAX-B 呈现出下游产业排名在前、上游产业排名在后，制造业排名在前、服务业排名在后的特征。相比较而言，即使是 VAX-B，美国的运输业，法律、会计及管理咨询，批发零售，金融保险服务等服务业也在双边贸易中获得了不菲的贸易利益，而且美国制造业和服务业之间的贸易利益差距远远小于中国，在图 4-4 中表现为，中国 VAX-B 的产业分布呈现"断尾"特征，而美国的 VAX-B 产业分布呈现"拖尾"特征。

第四节　全球价值链分工与生产的发展

一　全球价值链生产的参与度

仅从贸易角度进行全球价值链分工的测算具有一定的片面性，Wang 等（2017a，b）从生产的角度构建了衡量一国参与全球价值链生产的方法。其中，Wang 等（2017a）按照增加值是否跨国流动以及增加值跨国流动的用途将一国总生产活动分为纯国内生产活动（D）、传统贸易生产活动（RT）、全球价值链生产活动（GVC）三类，而全球价值链生产活动又可以根据增加值跨国流动的次数分为简单全球价值链生产活动（GVC-S）和复杂全球价值链生产活动（GVC-C）。全球价值链生产活动占总生产的比重被定义为全球价值链参与度（GVCPt），衡量一国/产业参与全球价值链生产的程度，根据生产联系视角的不同，还可以进一步区分为前向全球价值链参与度（GVCPt-F）和后向全球价值链参与度（GVCPt-B）。当对全球生产活动进行加总时，前向全球价值链参与度和后向全球价值链参与度相等。图 4-5 汇报了 2000—2014 年全球价值链参与度。

2000—2014 年，GVC 参与度约从 0.10 增加到了 0.13，其中受国际金融危机和欧洲债务危机的影响，在 2009 年和 2012 年有所下降。GVC 参与度是 GVC-S 参与度和 GVC-C 参与度的和，后两者基本保持相同的变动趋势，GVC-S 参与度约从 2000 年的 0.07 增加到了 2014 年的 0.08，而GVC-C 参与度约从 2000 年的 0.04 增加到了 2014 年的 0.05，但是 GVC-S 参与度明显大于 GVC-C 参与度。这说明，全球价值链分工与生产在世界范围内不断深化，但是仍然以简单分工与生产为主，随着国际生产分

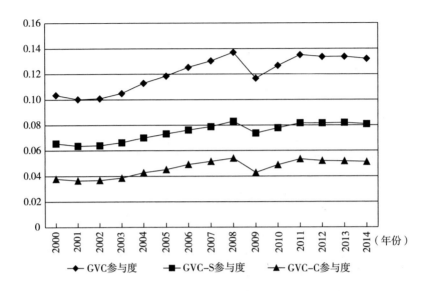

图 4-5 2000—2014 年全球价值链参与度

注：笔者根据 WIOTs 基础数据测算。

割成本的降低，全球价值链分工与生产还存在较大的发展空间。在生产
与贸易全球化的发展进程中，每个国家（或地区）参与全球价值链生产
的程度和变动趋势有所不同，在前向价值链生产和后向价值链生产中的
表现形式也不同，如表 4-8、表 4-9 所示。

表 4-8 2000 年和 2014 年 43 国（或地区）与 ROW 的前向全球价值链参与度

前向	2000 年			2014 年		
	GVC	GVC-S	GVC-C	GVC	GVC-S	GVC-C
AUS	0.15	0.10	0.05	0.15	0.10	0.05
AUT	0.18	0.11	0.07	0.21	0.11	0.10
BEL	0.24	0.14	0.10	0.27	0.15	0.12
BGR	0.06	0.04	0.02	0.26	0.15	0.10
BRA	0.06	0.04	0.02	0.08	0.05	0.03
CAN	0.19	0.15	0.04	0.18	0.14	0.04
CHE	0.21	0.13	0.08	0.22	0.14	0.08
CHN	0.08	0.05	0.03	0.10	0.06	0.04

续表

前向	2000 年			2014 年		
	GVC	GVC-S	GVC-C	GVC	GVC-S	GVC-C
CYP	0.14	0.10	0.04	0.21	0.11	0.10
CZE	0.21	0.13	0.08	0.28	0.13	0.14
DEU	0.14	0.08	0.06	0.19	0.11	0.08
DNK	0.16	0.10	0.06	0.19	0.11	0.07
ESP	0.10	0.07	0.04	0.11	0.07	0.04
EST	0.17	0.10	0.07	0.30	0.18	0.12
FIN	0.20	0.12	0.08	0.18	0.10	0.08
FRA	0.12	0.07	0.05	0.12	0.07	0.05
GBR	0.13	0.08	0.05	0.14	0.08	0.06
GRC	0.07	0.05	0.03	0.12	0.08	0.04
HRV	0.18	0.12	0.06	0.21	0.12	0.08
HUN	0.18	0.11	0.07	0.27	0.14	0.13
IDN	0.21	0.15	0.07	0.15	0.10	0.05
IND	0.06	0.04	0.02	0.08	0.05	0.03
IRL	0.28	0.19	0.09	0.34	0.22	0.11
ITA	0.10	0.06	0.04	0.12	0.06	0.05
JPN	0.05	0.03	0.02	0.08	0.05	0.03
KOR	0.14	0.09	0.06	0.20	0.12	0.08
LTU	0.13	0.08	0.05	0.28	0.17	0.11
LUX	0.42	0.27	0.15	0.46	0.29	0.17
LVA	0.15	0.09	0.06	0.24	0.14	0.10
MEX	0.08	0.06	0.02	0.11	0.08	0.03
MLT	0.21	0.13	0.08	0.23	0.14	0.09
NLD	0.24	0.14	0.09	0.32	0.18	0.15
NOR	0.33	0.20	0.13	0.28	0.16	0.12
POL	0.12	0.07	0.05	0.20	0.10	0.10
PRT	0.08	0.05	0.03	0.16	0.10	0.06
ROU	0.16	0.10	0.06	0.20	0.11	0.09
RUS	0.33	0.20	0.12	0.24	0.14	0.10
SVK	0.15	0.08	0.07	0.26	0.14	0.13

前向	2000 年			2014 年		
	GVC	GVC-S	GVC-C	GVC	GVC-S	GVC-C
SVN	0.14	0.08	0.06	0.26	0.14	0.12
SWE	0.19	0.11	0.08	0.20	0.11	0.09
TUR	0.10	0.06	0.04	0.13	0.08	0.05
TWN	0.20	0.12	0.08	0.31	0.18	0.13
USA	0.05	0.03	0.02	0.06	0.04	0.03
ROW	0.21	0.15	0.06	0.20	0.13	0.07

注：笔者根据 WIOTs 基础数据测算。

从前向生产联系的视角看，参与全球价值链生产程度最高的国家有卢森堡（LUX）、挪威（NOR）、爱尔兰（IRL）、比利时（BEL）等，这些国家同时是北欧和西欧贸易便利化水平较高的国家；而参与全球价值链生产程度最低的国家有巴西（BRA）、印度（IND）、日本（JPN）和美国（USA），它们要么是贸易便利化水平较低的发展中国家，要么是经济体量较大的发达国家，有充分的国内生产能力。2000—2014 年，芬兰（FIN）、加拿大（CAN）、印度尼西亚（IDN）、挪威（NOR）和俄罗斯（RUS）的前向 GVC 参与度下降了，澳大利亚（AUS）和法国（FRA）的前向 GVC 参与度不变，其他国家（或地区）的前向 GVC 参与度都增加了，其中保加利亚（BGR）、塞浦路斯（CYP）、捷克（CZE）、爱沙尼亚（EST）、匈牙利（HUN）、立陶宛（LTU）、拉脱维亚（LVA）、波兰（POL）、斯洛伐克（SVK）和斯洛文尼亚（SVN）等国家的前向 GVC 参与度显著提升，这些国家都在 2004 年正式加入欧盟。在前向 GVC 参与度增加的国家（或地区）中，瑞士（CHE）只有简单 GVC 生产增加了，奥地利（AUT）、捷克（CZE）、英国（GBR）、克罗地亚（HRV）、意大利（ITA）和瑞典（SWE）只有复杂 GVC 生产增加了，其余大多数国家（或地区）的简单 GVC 生产和复杂 GVC 生产同时增加。除了少数国家（或地区），世界各国（或地区）都在深入参与全球价值链生产，简单 GVC 生产和复杂 GVC 生产都在世界范围不断深入发展，参与区域经济一体化对参与全球价值链分工与生产的影响非常大。

表 4-9　2000 年和 2014 年 43 国（或地区）与 ROW 的后向全球价值链参与度

后向	2000 年			2014 年		
	GVC	GVC-S	GVC-C	GVC	GVC-S	GVC-C
AUS	0.10	0.07	0.03	0.10	0.07	0.03
AUT	0.16	0.09	0.07	0.19	0.09	0.10
BEL	0.23	0.10	0.13	0.27	0.12	0.15
BGR	0.21	0.16	0.05	0.26	0.15	0.12
BRA	0.07	0.05	0.02	0.08	0.06	0.02
CAN	0.15	0.08	0.07	0.15	0.10	0.06
CHE	0.15	0.08	0.07	0.17	0.08	0.09
CHN	0.11	0.07	0.05	0.11	0.07	0.04
CYP	0.18	0.11	0.06	0.17	0.10	0.07
CZE	0.22	0.13	0.09	0.30	0.11	0.19
DEU	0.12	0.07	0.06	0.16	0.07	0.09
DNK	0.17	0.08	0.09	0.21	0.09	0.12
ESP	0.15	0.10	0.06	0.13	0.07	0.06
EST	0.24	0.15	0.09	0.27	0.11	0.16
FIN	0.15	0.08	0.07	0.18	0.10	0.08
FRA	0.12	0.07	0.05	0.14	0.08	0.06
GBR	0.12	0.08	0.04	0.13	0.08	0.05
GRC	0.12	0.09	0.03	0.13	0.08	0.05
HRV	0.19	0.12	0.07	0.20	0.11	0.09
HUN	0.30	0.13	0.17	0.34	0.11	0.23
IDN	0.17	0.11	0.06	0.15	0.10	0.05
IND	0.09	0.07	0.02	0.11	0.08	0.04
IRL	0.29	0.11	0.18	0.37	0.12	0.25
ITA	0.12	0.08	0.04	0.13	0.07	0.06
JPN	0.05	0.04	0.01	0.11	0.07	0.03
KOR	0.16	0.10	0.06	0.21	0.11	0.09
LTU	0.16	0.11	0.05	0.22	0.10	0.11
LUX	0.39	0.13	0.27	0.51	0.13	0.39
LVA	0.18	0.12	0.06	0.21	0.11	0.10
MEX	0.15	0.08	0.07	0.16	0.08	0.08

续表

后向	2000 年			2014 年		
	GVC	GVC-S	GVC-C	GVC	GVC-S	GVC-C
MLT	0.38	0.20	0.18	0.45	0.13	0.32
NLD	0.17	0.10	0.07	0.22	0.10	0.12
NOR	0.12	0.07	0.05	0.14	0.09	0.05
POL	0.16	0.11	0.06	0.20	0.10	0.10
PRT	0.17	0.11	0.06	0.16	0.09	0.07
ROU	0.18	0.11	0.06	0.20	0.12	0.08
RUS	0.10	0.07	0.03	0.09	0.06	0.03
SVK	0.23	0.14	0.09	0.32	0.09	0.22
SVN	0.20	0.11	0.09	0.23	0.09	0.14
SWE	0.17	0.09	0.08	0.16	0.08	0.08
TUR	0.12	0.07	0.04	0.15	0.08	0.08
TWN	0.20	0.10	0.10	0.23	0.12	0.11
USA	0.06	0.04	0.02	0.07	0.05	0.02
ROW	0.21	0.14	0.07	0.21	0.15	0.06

注：笔者根据 WIOTs 基础数据测算。

世界各国（或地区）的后向 GVC 参与度与前向 GVC 参与度整体相差不大，前向参与度越高，后向参与度也越高，只有马耳他（MLT）的后向参与度明显大于前向参与度，荷兰（NLD）、挪威（NOR）、俄罗斯（RUS）的前向参与度明显大于后向参与度。2000—2014 年，塞浦路斯（CYP）、西班牙（ESP）、印度尼西亚（IDN）、葡萄牙（PRT）、俄罗斯（RUS）和瑞典（SWE）的后向 GVC 参与度下降了，澳大利亚（AUS）、加拿大（CAN）和中国（CHN）的后向 GVC 参与度没有改变，其他国家（或地区）的后向 GVC 参与度都提高了，但是提高的幅度小于前向 GVC 参与度，只有捷克（CZE）、卢森堡（LUX）、斯洛伐克（SVK）等少数国家的后向 GVC 参与度有较大幅度的提升。值得注意的是，在后向生产联系中，除了巴西（BRA）、加拿大（CAN）、挪威（NOR）和美国（USA）只有简单 GVC 参与度提升了，其他国家（或地区）都是主要通过复杂 GVC 参与度提升而获得整体 GVC 参与度的提升。不管是前向生产联系的 GVC 参与度，还是后向生产联系的 GVC 参与度，都表明了全球价值链在世界范围的发展趋势是持续深入进行的。从贸易角度看，由于中国总出口中包含大量的国外增加值，中国参与全球价值链的程度较高；而从生产角度看，中国总经济体量较大，GVC 生产活动占总生产的比重并不高，但是两者均有提高趋势。全球价值链贸易是由国际生产分割产生的，从生产角度衡量的 GVC 参与度更能反映一国（或地区）参与全球价值链生产与贸易的本质。

二　全球价值链生产的长度与位置

随着价值链分工方式的深化，产品的生产环节被不断细分，生产长度延长并分配在不同的国家/部门，同一增加值被各个国家/部门的 GDP 重复核算（Wang et al., 2017b）。生产长度（PL）衡量的是一个产品生产链的复杂程度，用产品生产的引致总产出除以生产的增加值，即得到该产品生产的增加值被计入总产出的平均次数，生产的增加值被重复计算的次数越多，生产长度越长。在国家层面，前向生产长度（PL-F）衡量的是一个国家生产的增加值到最终消费品的生产距离；后向生产长度（PL-B）衡量的是从初始投入到一国生产的平均距离。同样，当对全球生产活动进行加总时，前向生产长度和后向生产长度相等。图 4-6 汇报了 2000—2014 年世界生产长度的变化趋势。

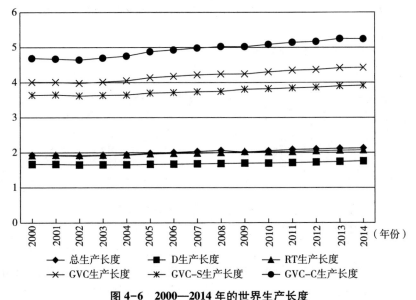

图 4-6　2000—2014 年的世界生产长度

注：笔者根据 WIOTs 基础数据测算。

2000—2014 年，世界总生产长度从 1.93 增加到了 2.13，增长幅度为 0.20，这说明所有生产活动的分工都更加深入、更加精细了。其中，国内生产（D）的生产长度从 2000 年的 1.67 增加到 1.76，增长幅度为 0.09；传统贸易生产（RT）的生产长度从 2000 年的 1.92 增加到 2014 年的 2.07，增长幅度为 0.15；全球价值链生产（GVC）的生产长度从 2000 年的 4.01 增加到 2014 年的 4.43，增长幅度为 0.42；简单全球价值链生产（GVC-S）的生产长度从 2000 年的 3.64 增加到 2014 年的 3.91，增长幅度为 0.27；复杂全球价值链生产（GVC-C）的生产长度从 2000 年的 4.69 增加到 2014 年的 5.24，增长幅度为 0.55。很明显，与贸易相关的生产活动的生产长度大于国内生产，GVC 生产活动的生产长度大于传统贸易的生产长度，复杂 GVC 生产的生产长度大于简单 GVC 生产，而且生产长度越长，在 2000—2014 年的增长幅度也越大，各种生产活动的生产长度始终保持增长趋势，并没有受到国际金融危机的影响而出现下降。进一步，可以将 GVC 生产长度分解为国内生产长度、跨国生产分割次数和国外生产长度三部分，如图 4-7 所示。

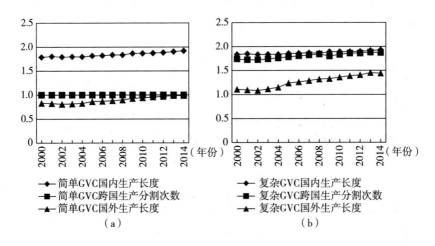

图 4-7　全球价值链生产长度的构成

注：笔者根据 WIOTs 基础数据测算。

图 4-7（a）对简单 GVC 的生产长度进行了分解，简单 GVC 的国内生产长度从 2000 年的 1.79 增加到 2014 年的 1.92，增长幅度为 0.13；简单 GVC 的国外生产长度从 2000 年的 0.83 增加到 2014 年的 0.99，增长幅

度为 0.16；简单 GVC 的跨国生产分割次数始终为 1。图 4-7（b）对复杂
GVC 的生产长度进行了分解，复杂 GVC 的国内生产长度从 2000 年的
1.84 增加到 2014 年的 1.93，增长幅度为 0.09；复杂 GVC 的国外生产长
度从 2000 年的 1.11 增加到 2014 年的 1.44，增长幅度为 0.33；复杂 GVC
的跨国生产分割次数从 2000 年的 1.74 增加到 2014 年的 1.87，增长幅度
为 0.13。简单 GVC 生产和复杂 GVC 生产的国内生产长度相差不大，主要
是复杂 GVC 生产的国外生产长度远远大于简单 GVC 生产，复杂 GVC 的
跨国生产分割次数也增长了。在国家/产业层面，前向生产长度和后向生
产长度不再相等，前向生产长度与后向生产长度的比值即一国总生产活
动的价值链位置（Ps），生产位置指数越大，该国生产活动位于价值链生
产越上游的环节。特别地，用 GVC 生产活动的前向生产长度比后向生产
长度，即一国 GVC 生产的位置，如表 4-10 所示。

表 4-10　2000 年和 2014 年 43 国（或地区）与 ROW 的全球价值链生产位置

	2000 年			2014 年		
	前向生产长度	后向生产长度	GVC 生产位置	前向生产长度	后向生产长度	GVC 生产位置
AUS	4.54	4.32	1.05	5.06	4.65	1.09
AUT	3.91	3.86	1.01	4.16	4.11	1.01
BEL	4.15	3.87	1.07	4.07	3.93	1.04
BGR	4.29	4.18	1.03	4.21	4.33	0.97
BRA	4.35	4.08	1.07	4.61	4.29	1.07
CAN	4.25	4.12	1.03	4.28	4.27	1.00
CHE	4.04	3.96	1.02	4.16	4.08	1.02
CHN	4.74	4.97	0.95	5.47	5.48	1.00
CYP	4.37	3.69	1.19	4.27	3.99	1.07
CZE	4.11	4.10	1.00	4.34	4.20	1.03
DEU	4.38	3.95	1.11	4.39	4.17	1.05
DNK	3.98	3.86	1.03	4.16	3.95	1.05
ESP	4.35	3.96	1.10	4.56	4.41	1.03
EST	4.32	3.98	1.08	4.13	4.06	1.02
FIN	4.54	4.05	1.12	4.74	4.17	1.14
FRA	4.30	4.07	1.06	4.45	4.18	1.07

	2000 年			2014 年		
	前向生产长度	后向生产长度	GVC 生产位置	前向生产长度	后向生产长度	GVC 生产位置
GBR	4.24	3.89	1.09	4.21	4.17	1.01
GRC	4.06	3.77	1.08	4.32	4.04	1.07
HRV	3.86	3.78	1.02	4.03	3.98	1.01
HUN	3.89	3.85	1.01	3.98	3.87	1.03
IDN	4.12	3.84	1.07	4.55	4.45	1.02
IND	4.92	4.16	1.18	4.67	4.62	1.01
IRL	3.99	3.48	1.15	3.74	3.39	1.10
ITA	4.62	4.13	1.12	4.68	4.47	1.05
JPN	4.88	4.33	1.13	5.16	4.74	1.09
KOR	4.65	4.27	1.09	4.96	4.83	1.03
LTU	3.91	3.90	1.00	3.90	3.98	0.98
LUX	3.71	3.47	1.07	3.90	3.41	1.14
LVA	4.52	4.07	1.11	4.54	4.30	1.06
MEX	4.16	3.78	1.10	4.36	3.97	1.10
MLT	3.86	3.60	1.07	4.18	3.96	1.05
NLD	4.08	3.74	1.09	4.14	3.96	1.05
NOR	4.25	3.92	1.08	4.50	4.00	1.12
POL	4.12	3.99	1.03	4.22	4.30	0.98
PRT	4.29	4.09	1.05	4.35	4.29	1.01
ROU	4.32	4.03	1.07	4.32	4.31	1.00
RUS	4.50	4.01	1.12	5.08	4.65	1.09
SVK	4.54	4.24	1.07	4.02	4.24	0.95
SVN	4.32	3.99	1.08	4.20	4.12	1.02
SWE	4.20	3.92	1.07	4.30	4.10	1.05
TUR	4.18	4.16	1.01	4.48	4.43	1.01
TWN	4.37	4.01	1.09	4.60	4.47	1.03
USA	4.39	4.17	1.05	4.45	4.39	1.01
ROW	4.03	3.84	1.05	4.70	4.26	1.10

注：笔者根据 WIOTs 基础数据测算。

　　2014 年，GVC 生产明显位于上游环节的有两类国家，即澳大利亚（AUS）、俄罗斯（RUS）和墨西哥（MEX）等资源和能源输出国，芬兰（FIN）、爱尔兰（IRL）、日本（JPN）、卢森堡（LUX）、挪威（NOR）等以输出上游中间产品为主的发达国家；GVC 生产位于下游环节的有保加利亚（BGR）、中国（CHN）、立陶宛（LTU）、波兰（POL）和斯洛伐克（SVK）等，它们或者是以加工贸易为主或者以承接下游生产环节为主参与 GVC 生产。从发展趋势上看，2000—2014 年，奥地利（AUT）、巴西（BRA）、瑞士（CHE）、墨西哥（MEX）和土耳其（TUR）的 GVC 生产位置没有发生变化，澳大利亚（AUS）、中国（CHN）、捷克（CZE）、丹麦（DNK）、芬兰（FIN）、法国（FRA）、匈牙利（HUN）、卢森堡（LUX）和挪威（NOR）的 GVC 生产向上游移动，其他大部分国家（或地区）的 GVC 生产都是向下游移动。其中，中国（CHN）最初以加工贸易的方式加入全球价值链生产，GVC 生产位置偏向于下游，但是随着中国的资本积累和技术进步，出口产业结构不断改善，中国在全球价值链生产中的位置得到了显著提升。相反，另一发展中大国印度（IND）在 GVC 生产中的位置大幅度向下游转移，其现实原因可能为，印度最初的贸易以初级产业和制造业为主，偏向于 GVC 生产的上游环节，随着加工贸易和复杂制造业的发展，印度越来越偏向于 GVC 生产的下游环节。由于各国（或地区）的资源禀赋和经济发展阶段不同，在劳动密集型、资本密集型和知识密集型产业 GVC 生产中的位置又表现出不同的特征和发展趋势，如表 4-11 所示。

表 4-11　　2000 年和 2014 年 43 国（或地区）与 ROW 的分产业全球价值链生产位置

	2000 年			2014 年		
	纺织、服装及皮草制品业	橡胶及塑料制品业	计算机、电子及光学产品	纺织、服装及皮草制品业	橡胶及塑料制品业	计算机、电子及光学产品
AUS	0.79	1.11	0.92	0.82	1.11	1.02
AUT	0.84	0.90	0.90	0.81	0.89	0.89
BEL	0.82	0.87	0.87	0.80	0.89	0.90
BGR	1.01	1.12	1.01	0.91	0.96	0.87
BRA	0.77	0.99	0.95	0.78	0.98	0.94

	2000 年			2014 年		
	纺织、服装及皮草制品业	橡胶及塑料制品业	计算机、电子及光学产品	纺织、服装及皮草制品业	橡胶及塑料制品业	计算机、电子及光学产品
CAN	0.81	0.85	0.90	0.77	0.81	0.83
CHE	0.87	0.93	0.91	0.84	0.92	0.91
CHN	0.82	0.92	0.85	0.77	0.87	0.86
CYP	1.30	1.23	1.05	1.26	1.01	1.20
CZE	0.87	0.94	0.92	0.80	0.91	0.80
DEU	0.81	0.93	0.86	0.79	0.91	0.82
DNK	0.84	0.93	0.87	0.84	0.91	0.85
ESP	0.82	0.92	0.90	0.80	0.87	0.89
EST	0.82	0.96	0.89	0.82	0.87	0.81
FIN	0.92	0.94	0.98	0.89	0.89	1.00
FRA	0.85	0.96	0.87	0.78	0.92	0.83
GBR	0.79	0.95	0.86	0.87	0.95	0.87
GRC	0.90	1.07	1.21	1.05	1.01	1.21
HRV	0.86	0.96	0.94	0.83	0.89	0.92
HUN	0.83	0.93	0.89	0.83	0.88	0.83
IDN	0.78	0.89	0.81	0.73	0.82	0.85
IND	0.72	0.88	0.96	0.71	0.83	0.87
IRL	0.92	0.93	0.94	0.95	0.94	0.97
ITA	0.80	0.93	0.89	0.79	0.89	0.87
JPN	0.87	0.96	0.85	0.90	0.86	0.86
KOR	0.71	0.80	0.85	0.78	0.81	0.86
LTU	0.82	0.99	0.93	0.83	0.89	0.95
LUX	0.88	0.95	0.95	0.95	0.93	0.93
LVA	0.82	1.01	0.94	0.84	0.89	0.86
MEX	0.89	0.91	0.93	0.85	0.89	0.81
MLT	0.74	0.88	0.89	0.85	0.88	1.00
NLD	0.82	0.90	1.04	0.84	0.91	0.96
NOR	0.97	0.98	0.96	1.07	1.04	0.92
POL	0.79	0.94	0.89	0.82	0.90	0.81

续表

	2000 年			2014 年		
	纺织、服装及皮草制品业	橡胶及塑料制品业	计算机、电子及光学产品	纺织、服装及皮草制品业	橡胶及塑料制品业	计算机、电子及光学产品
PRT	0.83	0.91	0.91	0.78	0.84	0.92
ROU	0.94	1.04	0.80	0.91	0.90	0.84
RUS	1.13	1.28	1.15	0.99	1.25	1.19
SVK	0.84	0.93	0.92	0.85	0.89	0.82
SVN	0.87	0.89	0.95	0.83	0.87	0.89
SWE	0.82	0.96	0.92	0.82	0.88	0.92
TUR	0.78	0.94	1.04	0.78	0.87	0.91
TWN	0.75	0.92	0.87	0.77	0.83	0.90
USA	0.85	0.94	0.85	0.83	0.88	0.83
ROW	0.91	1.12	0.86	0.94	1.08	0.91

注：笔者根据 WIOTs 基础数据测算。

表 4-11 以纺织、服装及皮草制品业，橡胶及塑料制品业，计算机、电子及光学产品为例具体测算了国家（或地区）产业层面的 GVC 生产位置。整体来讲，初级产业和服务业的 GVC 生产位置较高，而纺织、服装及皮草制品业，橡胶及塑料制品业，计算机、电子及光学产品这些制造业的 GVC 生产位置偏向于下游，2014 年世界平均 GVC 生产位置分别为 0.85、0.91、0.91。在纺织、服装及皮草制品业的 GVC 生产中，中国（CHN）、印度尼西亚（IDN）和印度（IND）等劳动密集型国家（或地区）明显位于最下游生产环节，从事服装的最后加工制作，而其他国家（或地区）分别位于上游设计、原材料、装饰品等分工环节。在橡胶及塑料制品业的 GVC 生产中，中国（CHN）、印度尼西亚（IDN）和印度（IND）同样位于最下游生产环节，上游生产环节的国家（或地区）也变化不大。而计算机、电子及光学产品的 GVC 生产呈现不同的特征，各国（或地区）生产位置的差距变小了，生产位置也不再呈现显著的要素密集型特征，反而是美国（USA）、法国（FRA）、德国（DEU）和日本（JPN）等从事最终产品质量检测和包装、分销的发达国家（或地区）偏向于 GVC 生产的下游环节。

第五节　本章小结

　　这一章利用 WIOD 数据库对全球价值链生产分割与贸易的现状进行了全面、深入的测算与分析，主要的工作内容和结论有：（1）利用 WIOD 数据库从贸易的角度对全球价值链分工进行了测算与分析，中间产品贸易占全球贸易的比重不断增加，全球贸易中以中间产品形式实现的增加值出口和国外增加值出口越来越多，不同国家（或地区）增加值贸易的变动趋势不同。中国参与全球价值链的程度不断增加，但是仍然位于下游位置，以最终产品形式实现的增加值出口和国外增加值出口占比较高；计算机、电子及光学产品的生产属于复杂全球价值链分工，以中间产品形式实现的增加值出口、出口后又返回的国内增加值和纯重复计算项的占比较高。（2）以中美为例进行双边/产业层面的贸易增加值分解，发现不同统计方法下的中美贸易顺差相差非常大，中美两国的出口增加值构成有较大差异，中国的分工位置相对于美国位于较下游环节，两国的贸易产业结构也不同，各产业在双边贸易中的获利能力不同。（3）利用 WIOD 数据库从生产的角度对全球价值链分工进行了测算与分析，可以发现，世界整体的全球价值链参与度显著提升了，简单全球价值链参与度大于复杂全球价值链参与度，各国（或地区）的前向参与度和后向参与度相差不大，大多数国家（或地区）的全球价值链参与度都增大了。世界整体的生产长度增长了，其中国内生产活动、传统贸易生产活动和全球价值链生产活动的生产长度在递增，生产长度的增幅也在递增，复杂全球价值链生产长度大于简单全球价值链生产长度，主要是国外生产长度和跨国生产分割次数大于简单全球价值链生产。各国（或地区）在全球价值链生产中的位置不同，生产位置的变动趋势不同，在不同产业中体现出来的位置特征也不同。这一章的测算是对全球价值链分工与贸易发展特征的描述，有助于理解全球价值链分工与贸易的表现形式和演变趋势，也是后文实证检验的数据基础。

第五章　贸易便利化的措施与水平测算

第一节　引言

长期以来，世界贸易组织（WTO）是规范国际经贸规则的多边经济组织，其宗旨是在世界范围内推动贸易自由化（Hoekman and Kostecki，1995；盛斌，2002），在互惠原则、最惠国待遇原则以及关税约束下，WTO 的多边贸易体制极大地推动了贸易自由化和经济全球化进程（Bagwell and Staiger，2016；王孝松等，2017）。然而，随着贸易自由化的调整余地和影响越来越小，贸易便利化和投资便利化在多边、双边和区域贸易体制中的重要性凸显（东艳，2014；王中美，2014），对国际分工与贸易产生更深远的影响（Wilson et al.，2003，2005；沈铭辉，2009；李春顶等，2018；唐宜红和顾丽华，2019）。尤其是自 20 世纪 80 年代以来，经济全球化进入加速阶段，价值链分工与贸易逐渐取代传统贸易，生产环节的分工与中间产品贸易取代传统的产品分工与贸易，国际贸易分工的步骤增多，涉及产品增加值在国家之间反复多次流动，对贸易自由化和贸易便利化的要求更高。贸易自由化和贸易便利化是推动全球价值链分工与贸易的外部因素之一，而反过来，全球价值链分工与增加值贸易又对贸易自由化和贸易便利化提出了更高要求，贸易便利化进程在全球范围内得到推进与深化。

2001 年，WTO 通过第四届部长级会议启动了多哈回合谈判，然而由于各成员在农产品市场准入上的分歧和大国政治经济关系的影响，多年来多哈回合谈判一直在困境中盘桓，举步维艰。即便这样，2013 年 12 月 7 日，在 WTO 第九届部长级会议上，作为多哈回合的第一份成果"巴厘一揽子协定"获得了 WTO 全部成员的通过，成为多哈回合"零"的突破。其中，最重要的内容之一《贸易便利化协定》，目前已经正式生效。除了 WTO 在贸易便利化方面的作用，各国政府也充分意识到贸易便利化对当前国际分工的重要影响，不断推进单边和双边的贸易便利化建设，几乎所有国家间签订的自由贸易协定（Free Trade Agreement，FTA）都包含了推进双边和区域贸易便利化的条款。因此，本章将按照时间线梳理贸易便利化的提出和内涵演变，并据此构建合适的指标体系来量化世界各国的贸易便利化水平并分析其演变趋势。

第二节　贸易便利化内涵与措施的演化

目前，国际上没有对贸易便利化公认的标准定义，但其涵盖的范围有扩大趋势（王中美，2014）。最早对贸易便利化作出界定的是 WTO。1995 年 1 月 1 日，WTO 开始运作，乌拉圭回合一揽子协议正式生效，在 WTO 法律体系中，就包含诸多旨在加强透明度和设定最低贸易程序标准的相关贸易便利化规定，比如，GATT1994 第五条"过境自由"、第七条"海关估价"、第八条"规费和输出入手续"、第九条"原产地标记"、第十条"贸易条例的公布和实施"，以及《海关估价协议》《原地产规则协议》《进口许可程序协议》《装运前检验协议》《技术性贸易壁垒协议》以及《实施动植物卫生检疫措施的协议》中的相关规定，但是并没有正式提出贸易便利化的概念和协议。这些条款虽然都涉及通关程序的简化和透明化，但是表述过于原则和抽象，可操作性不足，并且分散在不同的协议中，相互之间缺乏协调。在同一时期，以货物贸易理事会下属的海关估价委员会、进口许可证委员会、原产地规则委员会、卫生与检疫措施委员会、技术性贸易壁垒委员会为主，包括服务贸易理事会，与贸易有关的知识产权理事会、贸易与发展委员会及有关政府间组织也开始意识到贸易便利化的重要性，越来越多地将贸易便利化列为例会讨论议题，但是未形成有影响的正式文件。

2001 年 11 月，WTO 启动多哈回合谈判（第四届部长级会议），在这次会议上，许多发达国家认为对贸易便利化的解释和分析工作已经完成，要求开启贸易便利化议题的谈判，并最终正式将贸易便利化列入了谈判议程。① 此后，2002 年和 2003 年，WTO 货物贸易委员会陆续召开了六次会议继续贸易便利化议题的分析和解释，澄清和改进 GATT1994 关于贸易便利化的相关方面；确定各成员尤其是发展中成员和最不发达成员贸易便利化的优先权；讨论技术援助和能力建设问题。2003 年 9 月，在 WTO 第五届部长级会议（坎昆会议）上，包括贸易便利化在内的"新加坡议题"成为会议上争论的焦点，由于发达国家和发展中国家之间的严重分歧，坎昆会议以失败告终，没能在贸易便利化方面达成任何协议。2004 年 8 月，在日内瓦召开的 WTO 总理事会会议上，各成员经过为期两周的艰苦谈判，最终达成《多哈回合贸易谈判框架协议》，明确表示将根据附件 D 所列模式开始进行贸易便利化谈判。然而，2006 年 7 月，在日内瓦贸易谈判委员会非正式会议上，由于与会六方②在农产品的市场准入、农产品的国内支持、非农产品的市场准入三个核心议题上的分歧无法弥合，多哈回合全球贸易谈判终止，而多哈回合下的贸易便利化谈判也陷入僵局。③

直到 2013 年 12 月 7 日，在 WTO 第九届部长级会议上，作为多哈回合的第一份成果"巴厘一揽子协定"获得了 WTO 全部成员的通过，成为多哈回合"零的"突破。其中，最重要的成果是《贸易便利化协定》，其就成员在信息的公布与获得、货物放行与清关程序、与进出口相关的规费和费用、边境机构合作与海关合作、与进出口和过境相关的手续、受海关监管的进境货物的移动、过境自由、沟通与协商机制等方面的贸易便利化措施进行了具体的规定。

在 WTO 的多边贸易体制之外，亚太经济合作组织（APEC）、经济合作与发展组织（OECD）、联合国欧洲经济委员会（UNECE）都对贸易便利化进行了定义，并部分推进了各国的贸易便利化建设。尤其是自 20 世纪 90 年代以来，伴随经济全球化的加速推进，区域性贸易协定（Regional Trade Agreements，RTAs）大量涌现，除推进贸易便利化之外，这些协定都在不同程度上推进了区域范围内的贸易便利化建设。比如 2020 年 11 月签署的《区域全面经济伙伴关系协定》（Regional Comprehensive Economic Partnership，RCEP），一共 20 章内容，第四章单独

---

① WTO, Draft Consolidated Negotiating Text of Trade Facilitation, http://www.wto.org/.

② 美国、欧盟、日本、澳大利亚、巴西和印度。

③ WTO, Trade Facilitation: A Background Note by the Secretariat, G/C/W/80, Geneva.

对海关程序和贸易便利化进行了规定，详细阐述了成员在透明度、咨询点、海关程序、装运前检验、抵达前处理、预裁定、货物放行、信息技术的应用、经认定的经营者、风险管理、快运货物、后续稽查、放行时间、审查和上诉、海关合作、磋商和联络点等方面需要履行的贸易便利化义务。RCEP 的第十章投资、第十一章知识产权、第十二章电子商务等，对更多的境内贸易便利化合作进行了规定，以适应当前价值链分工与贸易的需要。不难看出，当前的贸易便利化建设机制逐渐多元化，内涵不断扩展，从海关程序到境内制度环境，与国际分工方式呈交互式演变，共同发展。

第三节　贸易便利化水平的测算

一　综合指标体系法测算贸易便利化水平

国内外学者对贸易便利化指标体系的构建一般沿用 Wilson 等（2003）的基本思想，在港口效率、海关环境、制度环境和电子商务四大指标基础上不断引入新的因素，构建国家贸易便利化指标体系。在全球价值链分工与贸易中，这四大指标依然是贸易便利化的主要构成因素，但是它们对贸易影响的方式产生了变化，物流运输和海关制度等边境障碍会因价值链累积效应变得更加重要，政府规制和金融与信息服务等境内障碍的影响也因外包生产而更加突出。一方面，政府规制和金融与信息服务会对生产环节的成本优势产生影响，进而影响一国参与全球价值链生产的程度和形式；另一方面，政府的政策协调和信息服务决定了全球价值链中与上下游生产环节沟通、协调生产的成本，是生产分割成本的重要影响因素之一。因此，本书构建的贸易便利化指标体系同样选取了港口效率与运输质量（T）、海关与边境管理（C）、政府规制（R）和金融与电子商务（F）四个一级指标，二级指标的构成主要考虑了三方面内容：（1）《贸易便利化协定》中对贸易便利化的规定内容；（2）全球价值链分工与生产对贸易便利化的要求；（3）数据的连续性和度量标准的统一性。最终确定的指标体系如表5-1所示。

表 5-1　　　　　　　　　贸易便利化指标体系的构成

一级指标	二级指标		得分范围
港口效率与运输质量	公路质量	T1	1—7
	铁路设施质量	T2	1—7
	港口设施质量	T3	1—7
	航空设施质量	T4	1—7
海关与边境管理	非常规支付和贿赂	C1	1—7
	贸易壁垒的盛行程度	C2	1—7
	海关程序的负担	C3	1—7/1—5
政府规制	知识产权保护	R1	1—7
	政府管制的负担	R2	1—7
	法律解决争端的有效性	R3	1—7
	政府制定政策的透明度	R4	1—7
	犯罪与暴力的商业成本	R5	1—7
金融与电子商务	金融服务的便利性	F1	1—7
	金融服务的成本	F2	1—7
	互联网使用率	F3	0—100

注：15 个二级指标均来自《全球竞争力报告》，个别缺失数据通过五年移动平均法估算，互联网使用率的得分通过公式 $-6\times\left(\dfrac{\text{Max}-X}{\text{Max}-\text{Min}}\right)+7$ 标准化为 1—7。

在贸易便利化指标的数据处理上，文献中一般通过算术平均法、熵值法或主成分分析法等统计方法计算各指标的权重，从而得到一国的综合贸易便利化指数（李波和杨先明，2018；刘斌等，2018；孔庆峰和董虹蔚，2015）。其中，主成分分析法的优点是，从相关性较高的二级便利化指标中提取主要信息，既可以保证综合指标对贸易便利化水平的解释，又可以保证主成分之间的相互独立性。从 2008—2018 年《全球竞争力报告》中提取相关数据，对上述指标体系进行主成分分析，贸易便利化体系的综合评价指标（TFI）可以表示为：

$$TFI = 0.068T1+0.062T2+0.076T3+0.071T4+0.079C1+0.058C2$$
$$+0.082C3+0.078R1+0.047R2+0.065R3+0.067R4+0.068R5$$
$$+0.058F1+0.056F2+0.064F3 \qquad (5-1)$$

　　根据式（5-1），对 WIOD 数据库中的 42 个国家的贸易便利化进行测算①，最终得到 2008—2018 年的连续数据，为了表格的简化，仅报告其中五年的贸易便利化指数和排名，见表 5-2。

表 5-2　　　　　　　　　2008—2018 年 42 国贸易便利化指数

国家	2008 年	排名	2012 年	排名	2014 年	排名	2016 年	排名	2018 年	排名
FIN	5.91	1	6.08	1	6.02	1	6.01	1	5.96	1
CHE	5.82	2	5.81	3	5.69	3	5.79	2	5.82	2
NLD	5.62	6	5.83	2	5.73	2	5.79	3	5.74	3
JPN	5.26	13	5.23	14	5.43	6	5.53	7	5.66	4
LUX	5.57	7	5.73	4	5.68	4	5.62	4	5.55	5
SWE	5.78	4	5.61	5	5.38	8	5.58	5	5.49	6
GBR	5.09	16	5.52	6	5.44	5	5.54	6	5.48	7
DEU	5.62	5	5.49	7	5.34	10	5.35	9	5.45	8
USA	5.26	14	5.00	17	5.17	15	5.32	12	5.44	9
DNK	5.81	3	5.33	9	5.21	14	5.33	10	5.34	10
NOR	5.48	10	5.23	13	5.40	7	5.42	8	5.32	11
CAN	5.53	8	5.43	8	5.37	9	5.33	11	5.23	12
AUT	5.53	9	5.33	10	5.24	11	5.26	14	5.20	13
AUS	5.19	15	5.23	15	5.05	16	5.07	18	5.14	14
BEL	5.27	12	5.28	11	5.23	13	5.29	13	5.09	15
EST	4.94	19	4.89	20	4.93	18	5.13	17	5.08	16
FRA	5.39	11	5.27	12	5.04	17	5.19	16	5.03	17
IRL	4.70	21	5.13	16	5.23	12	5.25	15	4.99	18
ESP	4.65	22	4.92	18	4.74	21	4.81	19	4.79	19
PRT	4.71	20	4.80	22	4.85	19	4.73	20	4.79	20
KOR	5.00	18	4.72	23	4.48	24	4.69	22	4.79	21
CYP	5.05	17	4.91	19	4.84	20	4.48	25	4.67	22
MLT	4.63	23	4.81	21	4.72	22	4.73	21	4.63	23
LVA	4.22	26	4.34	27	4.53	23	4.39	28	4.50	24

---

　　① WIOD 数据库中包含 43 个国家（或地区），由于中国台湾的数据不完整，将其在样本中剔除。

国家	2008 年	排名	2012 年	排名	2014 年	排名	2016 年	排名	2018 年	排名
LTU	4.36	25	4.47	25	4.47	25	4.55	23	4.48	25
CZE	4.17	27	4.36	26	4.32	27	4.52	24	4.47	26
CHN	4.14	28	4.29	28	4.38	26	4.48	26	4.46	27
SVN	4.52	24	4.49	24	4.30	28	4.40	27	4.39	28
POL	3.51	38	3.93	34	4.08	32	4.21	30	4.32	29
IND	3.90	33	3.95	33	3.79	37	4.35	29	4.30	30
TUR	3.79	35	4.26	29	4.27	29	4.20	31	4.26	31
IDN	3.55	37	3.80	38	4.00	35	3.99	36	4.16	32
HUN	4.00	31	4.10	30	4.11	30	4.01	34	4.12	33
SVK	4.12	29	4.08	31	4.03	33	4.04	33	4.06	34
RUS	3.33	41	3.38	41	3.78	38	3.86	38	4.05	35
ITA	3.82	34	3.88	35	3.81	36	3.99	35	4.05	36
HRV	3.91	32	3.97	32	4.08	31	4.05	32	4.04	37
GRC	4.00	30	3.84	37	4.01	34	3.91	37	3.99	38
ROU	3.62	36	3.24	42	3.64	41	3.66	41	3.98	39
MEX	3.46	39	3.87	36	3.74	40	3.84	39	3.84	40
BGR	3.46	40	3.48	39	3.75	39	3.72	40	3.82	41
BRA	3.21	42	3.41	40	3.32	42	3.22	42	3.44	42

注：笔者根据《全球竞争力报告》基础数据测算。

2008—2018 年，42 个国家的贸易便利化指数有小幅度的波动，各国之间的排名变化并不大，贸易便利化水平最高的是芬兰（FIN），年平均贸易便利化指数高达 6.00，贸易便利化水平最低的是巴西（BRA），年平均贸易便利化指数只有 3.34，可见发达国家和发展中国家之间贸易便利化水平相差非常大。但是相比于发达国家，发展中国家贸易便利化水平的增速较快，如金砖四国的贸易便利化水平都得到了显著提升，但是受发达国家和发展中国家贸易便利化水平"断层"的影响，发展中国家的贸易便利化水平在改善之后仍明显落后。中国（CHN）的贸易便利化指数从 2008 年的 4.14 增长到 2018 年的 4.46，但是一直在第 27 名左右徘徊，还有较大的进步空间。

为了进一步揭示贸易便利化水平的地域特征，将 42 个国家分为 13 个地区①，分别测算各地区贸易便利化指数的均值，见表 5-3。北欧的社会福利型国家的贸易便利化水平最高，2018 年平均得分为 5.53，但是在 2008—2018 年呈波动下降趋势；西欧发达国家 2018 年的贸易便利化平均得分为 5.31，仅次于北欧；大洋洲（澳大利亚）的贸易便利化水平较高，2018 年得分为 5.14；其他地区贸易便利化得分均低于 5。亚洲除了东亚地区，东南亚、南亚、北亚和西亚的贸易便利化水平都较低，欧洲的南欧、东欧和中欧虽然贸易便利化水平显著低于北欧和西欧，但是相对于亚洲的大部分地区还是明显较高。2018 年北美的平均贸易便利化指数为 4.84，主要是墨西哥的贸易便利化水平较低，与加拿大和美国之间的差距非常大。拉丁美洲（巴西）的贸易便利化水平最低，2018 年得分只有 3.44，而且在拉丁美洲，巴西是经济发展相对较好的国家，这足以反映拉丁美洲整体贸易便利化水平偏低。综上所述，各国贸易便利化水平呈现明显的区域特征，各地区之间的贸易便利化得分相差较大，除了北美三国之间贸易便利化水平相差较大，其他地区内部贸易便利化水平都在很小的离差之内。

表 5-3　　　　　　2008—2018 年世界各地区贸易便利化指数

地区	2008 年	2009 年	2010 年	2011 年	2012 年	2013 年	2014 年	2015 年	2016 年	2017 年	2018 年
北欧	5.74	5.76	5.75	5.74	5.56	5.52	5.50	5.55	5.59	5.57	5.53
西欧	5.27	5.36	5.43	5.45	5.46	5.40	5.39	5.45	5.45	5.34	5.31
大洋洲	5.19	5.13	5.28	5.24	5.23	5.02	5.05	5.15	5.07	5.06	5.14
东亚	4.80	4.72	4.71	4.75	4.75	4.76	4.77	4.83	4.90	4.93	4.97
北美	4.75	4.73	4.71	4.73	4.77	4.78	4.76	4.81	4.83	4.87	4.84
中欧	4.68	4.76	4.82	4.76	4.73	4.68	4.69	4.74	4.74	4.77	4.78
东欧	4.51	4.59	4.54	4.50	4.57	4.62	4.64	4.68	4.69	4.65	4.69
西亚	4.42	4.48	4.55	4.53	4.58	4.59	4.55	4.47	4.34	4.39	4.46

---

① 13 个地区的划分为：东亚（中国、日本、韩国）、东南亚（印度尼西亚）、南亚（印度）、北亚（俄罗斯）、西亚（塞浦路斯、土耳其）、南欧（保加利亚、西班牙、希腊、克罗地亚、意大利、马耳他、葡萄牙、罗马尼亚、斯洛文尼亚）、东欧（爱沙尼亚、立陶宛、拉脱维亚）、西欧（比利时、法国、英国、爱尔兰、卢森堡、荷兰）、中欧（奥地利、瑞士、捷克、德国、匈牙利、波兰、斯洛伐克）、北欧（丹麦、芬兰、挪威、瑞典）、北美（加拿大、墨西哥、美国）、大洋洲（澳大利亚）、拉丁美洲（巴西）。

续表

地区	2008 年	2009 年	2010 年	2011 年	2012 年	2013 年	2014 年	2015 年	2016 年	2017 年	2018 年
南亚	3.90	3.94	3.99	3.91	3.95	3.98	3.79	4.03	4.35	4.34	4.30
南欧	4.15	4.16	4.25	4.19	4.16	4.20	4.21	4.23	4.22	4.22	4.28
东南亚	3.55	3.78	3.82	3.73	3.80	3.93	4.00	3.91	3.99	4.16	4.16
北亚	3.33	3.31	3.41	3.33	3.38	3.60	3.78	3.81	3.86	4.00	4.05
拉丁美洲	3.21	3.34	3.49	3.45	3.41	3.41	3.32	3.30	3.22	3.17	3.44

注：笔者根据《全球竞争力报告》基础数据测算。

表 5-4 汇报了 2018 年世界各国港口效率与运输质量（T）、海关与边境管理（C）、政府规制（R）和金融与电子商务（F）四方面的贸易便利化得分及排名。各国港口效率与运输质量、海关与边境管理的平均得分分别为 4.82、4.79，略高于综合指标的平均得分 4.76，但是政府规制平均得分 4.48，显著低于综合评价指标得分，金融与电子商务平均得分 5.12，显著高于综合评价指标得分。这说明，在贸易便利化四个主要构成因素中，政府规制是最薄弱的一环，尤其是发展中国家，在知识产权保护、政府对商业活动的管制、法律的有效性、政策的透明度、犯罪与暴力的商业成本等制度层面还存在较大的改进空间，而发达国家虽然在知识产权保护、法律有效性等方面有良好的制度环境，但是在政府的商业管制等方面却得分不高；相反，金融与电子商务是平均得分最高的，因为随着电子信息技术的快速发展，各国的电子商务环境都得到了显著改善，为国际分工与贸易的信息沟通提供了便利。整体来看，各个国家不同层面的贸易便利化发展具有较大的协同性，如保加利亚（BGR）、德国（DEU）等国家，四个一级指标的得分排名相差很小。有些国家的贸易便利化发展会存在一个相对薄弱的环节，如澳大利亚（AUS）的港口效率与运输质量、西班牙（ESP）的政府规制、瑞士（CHE）的海关与边境管理等，是这些国家进一步提升贸易便利化整体水平的突破口；也有一些国家在某一领域的贸易便利化水平相对较高，如巴西（BRA）的金融与电子商务和意大利（ITA）的海关与边境管理等，但是对整体贸易便利化水平的影响甚微。中国（CHN）的四个一级指标虽然排名具有一定差异，但是得分非常相近，说明中国的贸易便利化发展较为均衡，但整体水平相对落后。

表 5-4　　　　　　　2018 年 42 国贸易便利化一级指标得分及排名

	TFI	排名	T	排名	C	排名	R	排名	F	排名
FIN	5.96	1	5.82	5	5.92	1	5.96	1	6.26	2
CHE	5.82	2	5.92	3	5.38	10	5.81	2	6.24	3
NLD	5.74	3	6.10	1	5.66	2	5.42	4	5.87	7
JPN	5.66	4	6.05	2	5.62	4	5.28	7	5.78	11
LUX	5.55	5	5.01	15	5.47	9	5.65	3	6.32	1
SWE	5.49	6	5.35	11	5.61	5	5.34	5	5.83	8
GBR	5.48	7	5.25	13	5.55	7	5.30	6	6.07	5
DEU	5.45	8	5.47	7	5.51	8	5.19	9	5.80	9
USA	5.44	9	5.83	4	5.24	14	5.10	11	5.70	12
DNK	5.34	10	5.36	10	5.65	3	4.93	14	5.67	13
NOR	5.32	11	4.95	17	5.24	13	5.23	8	6.17	4
CAN	5.23	12	5.02	14	5.20	16	5.02	12	5.98	6
AUT	5.20	13	4.93	18	5.29	12	5.13	10	5.65	14
AUS	5.14	14	4.81	20	5.55	6	4.90	16	5.59	15
BEL	5.09	15	4.97	16	5.18	17	4.75	17	5.80	10
EST	5.08	16	4.92	19	5.23	15	4.90	15	5.45	16
FIN	5.03	17	5.40	9	4.95	18	4.60	18	5.33	17
IRL	4.99	18	4.73	22	5.34	11	4.96	13	5.03	22
ESP	4.79	19	5.45	8	4.82	21	4.08	30	5.03	23
KOR	4.79	20	5.69	6	4.57	26	4.06	31	4.98	24
PRT	4.79	21	5.28	12	4.94	19	4.29	23	4.76	29
CYP	4.67	22	4.81	21	4.65	22	4.48	21	4.82	27
MLT	4.63	23	4.45	28	4.40	30	4.58	19	5.31	18
LVA	4.50	24	4.59	24	4.49	27	4.09	29	5.10	21
LTU	4.48	25	4.60	23	4.37	31	4.19	26	4.96	25
CZE	4.47	26	4.30	36	4.61	24	4.14	28	5.13	20
CHN	4.46	27	4.55	26	4.42	29	4.48	20	4.32	35
SVN	4.39	28	4.34	35	4.83	20	4.17	27	4.36	34
POL	4.32	29	4.34	34	4.62	23	3.78	35	4.90	26
IND	4.30	30	4.58	25	4.19	33	4.42	22	3.78	42
TUR	4.26	31	4.53	27	4.14	35	3.91	32	4.63	30

续表

	TFI	排名	T	排名	C	排名	R	排名	F	排名
IDN	4.16	32	4.44	29	3.85	40	4.26	24	3.90	41
HUN	4.12	33	3.76	40	4.48	28	3.82	34	4.80	28
SVK	4.06	34	3.80	39	3.98	37	3.69	36	5.25	19
ITA	4.05	35	4.42	32	4.57	25	3.30	41	4.20	37
RUS	4.05	36	4.43	30	3.55	41	3.87	33	4.43	32
HRV	4.04	37	4.37	33	4.30	32	3.39	39	4.39	33
GRC	3.99	38	4.42	31	4.16	34	3.48	37	4.05	39
ROU	3.98	39	3.71	41	3.94	38	4.22	25	4.02	40
MEX	3.84	40	4.13	37	3.90	39	3.34	40	4.24	36
BGR	3.82	41	3.88	38	4.02	36	3.47	38	4.12	38
BRA	3.44	42	3.27	42	3.37	42	3.02	42	4.52	31
平均值	4.76		4.82		4.79		4.48		5.12	

注：笔者根据《全球竞争力报告》基础数据测算。

二　OECD 贸易便利化指标

除了世界经济论坛发布的《全球竞争力报告》中的指标，当前学者还主要应用 OECD 编制的贸易便利化指标（TFI-OECD）、世界银行发布的 *Doing Business* 中的营商环境指标和全球物流绩效指数（LPI）等（ESCAP 和 OECD，2017）。其中，OECD 的指标构建参考了《贸易便利化协定》的条款内容，尽可能涵盖贸易便利化的最新范围，构建了一个包含11 个一级指标、97 个二级指标的贸易便利化指标体系，如表5-5 所示。

表 5-5　　　　　　　　OECD 贸易便利化指标体系的构成

一级指标	指标含义	二级指标数目	代表性二级指标
信息可获得性	与海关或边境规章、手续相关的信息公布，以及透明度制度	10	咨询点的设立、贸易信息的发布渠道
贸易商的参与	与贸易商磋商边境政策的制定	4	对公众意见的采纳机制

续表

一级指标	指标含义	二级指标数目	代表性二级指标
预裁定	政府预先公布货物分类方法、原产地规则、估值方法等规则和流程	8	平均签发时间、是否披露撤销或拒绝签发预裁定的动机
上诉程序	上诉程序规则、上诉结果的透明度、公平性、时限性及有效性	8	司法独立性、上诉时效
费用	与进出口税费相关的征收规则	4	依货物价格收费、费用总额排名
单证类手续	文件的协调统一及单证数目、复杂度的降低	6	国际标准或惯例的采用、进出口文件数目
自动化手续	信息通信技术的使用及其效率和风险管理程序	5	风险管理系统的应用、电子数据交换与电子支付
程序性手续	与海关程序操作相关的主要业务	17	单一窗口、装船前检验、抵达前处理
边境机构的内部合作	成员方各边境口岸机构之间的合作	3	监管机构之间的协调与合作程度
边境机构的外部合作	与邻国及第三国之间的合作	4	工作时间的协调、程序和手续的统一
管理与公正性	反映政府管制水平和管理特点的指标	8	海关行为准则、内部审计系统、腐败及贿赂

注：参考 Moïsé 等（2011）、Moïsé 和 Sorescu（2013）。

OECD 通过向政府机构和贸易商发放调查问卷的方式获取数据，邀请它们根据每个指标的现实情况打分，2 代表"最佳表现"，1 代表"中间水平"，0 代表"最差表现"，贸易便利化总指标在 0—22 的区间分布，得分越高的国家的贸易便利化水平越高，各国 TFI-OECD 的得分见表 5-6。OECD 的贸易便利化指标体系与本书构建的贸易便利化指标体系有所不同，在本书的指标体系中，法律与制度、金融与技术服务等软条件所占的比重更大，更加注重价值链分工对贸易便利化的要求。但是从贸易便利化指标的得分与排名来看，测算结果略有不同，但偏差不大，北欧与西欧的发达国家仍然是世界上贸易便利化水平最高的国家，而发展中国家的贸易便利化水平远远落后。

表 5-6　　　　　　　　　2016 年 42 国 TFI-OECD 得分及排名

国家	得分	排名	国家	得分	排名	国家	得分	排名
NLD	20.41	1	AUS	18.99	15	SVK	17.45	29
USA	20.06	2	JPN	18.91	16	HRV	17.30	30
KOR	19.99	3	CAN	18.88	17	CZE	17.00	31
NOR	19.59	4	AUT	18.75	18	BGR	16.40	32
FRA	19.55	5	LTU	18.71	19	MEX	16.35	33
DEU	19.54	6	PRT	18.55	20	GRC	16.33	34
SWE	19.42	7	SVN	18.49	21	TUR	16.31	35
GBR	19.22	8	BEL	18.48	22	HUN	15.88	36
IRL	19.22	9	POL	18.21	23	ROU	15.66	37
LUX	19.19	10	ITA	17.83	24	CHN	14.92	38
DNK	19.18	11	LVA	17.60	25	RUS	14.12	39
FIN	19.17	12	CYP	17.52	26	IND	13.79	40
EST	19.10	13	CHE	17.51	27	BRA	13.60	41
ESP	19.09	14	MLT	17.49	28	IND	12.38	42

资料来源：OECD 贸易便利化数据库。

三　成本法测算贸易便利化水平

考虑到时间成本和经济成本是对贸易便利化整体水平的反映，无论是港口效率与运输质量、金融与电子商务等硬件服务，还是海关与边境管理、政府规制等软件服务，最终都将反映在时间成本和经济成本上，通过世界银行 *Doing Business* 中的进出口时间、进出口成本及进出口文件指标，可以构建 TFI-DB 来衡量一国贸易便利化水平。TFI-DB 的构建有两步：首先将 *Doing Business* 中进口时间、出口时间、进口成本、出口成本、进口文件、出口文件的数据标准化为 1—7，得分越高表示贸易便利化水平越高；然后对六个指标进行简单算术平均，得到各国贸易便利化指标综合得分，见表 5-7。[1]

---

[1] 标准化的方法为 $-6 \times \left(\dfrac{X-\text{Min}}{\text{Max}-\text{Min}} \right) +7$，由于塞浦路斯和马耳他的数据缺失，共得到 40 个国家的 TFI-DB 得分。

表 5-7   2008—2014 年 40 国 TFI-DB 得分及排名

国家	2008 年		2010 年		2012 年		2014 年	
	得分	排名	得分	排名	得分	排名	得分	排名
IRL	6.28	7	6.08	10	6.08	10	6.58	1
FRA	6.07	17	6.53	1	6.53	1	6.53	2
KOR	5.98	18	6.36	2	6.39	2	6.38	3
SWE	6.48	3	6.26	5	6.39	3	6.37	4
CAN	6.43	4	6.22	6	6.22	6	6.33	5
DNK	6.55	2	6.34	4	6.34	5	6.32	6
EST	6.56	1	6.35	3	6.35	4	6.32	6
CHE	6.18	13	5.99	16	5.99	18	6.24	8
AUT	6.20	11	6.02	14	6.02	15	6.22	9
USA	6.28	6	6.09	9	6.09	9	6.20	10
NLD	6.27	8	6.07	11	6.08	11	6.16	11
GBR	6.14	15	6.10	8	6.17	7	6.14	12
DEU	6.23	10	6.04	13	6.04	14	6.11	13
BEL	6.18	13	5.99	16	6.00	16	6.09	14
ESP	5.50	26	5.35	28	5.47	27	6.06	15
JPN	6.11	16	5.91	18	6.04	13	6.01	16
MEX	5.65	23	5.61	22	5.85	19	6.01	16
LUX	6.25	9	6.07	12	6.07	12	6.00	18
NOR	6.36	5	6.15	7	6.15	8	6.00	18
ITA	5.66	22	5.71	21	5.71	22	5.99	20
FIN	6.20	11	6.00	15	6.00	16	5.98	21
LTU	5.68	21	5.55	24	5.60	25	5.93	22
PRT	5.39	30	5.72	20	5.73	21	5.89	23
LVA	5.64	24	5.47	25	5.67	23	5.78	24
POL	5.59	25	5.42	26	5.56	26	5.71	25
BGR	5.31	32	5.13	32	5.35	29	5.61	26
GRC	5.43	29	5.24	30	5.25	31	5.59	27
AUS	5.72	20	5.73	19	5.73	20	5.59	28
ROU	5.78	19	5.60	23	5.60	24	5.56	29
CZE	5.50	27	5.40	27	5.40	28	5.54	30

续表

国家	2008 年		2010 年		2012 年		2014 年	
	得分	排名	得分	排名	得分	排名	得分	排名
SVN	5.11	35	4.95	36	5.13	34	5.36	31
HUN	5.47	28	5.30	29	5.20	32	5.26	32
IND	5.38	31	5.19	31	5.29	30	5.20	33
SVK	4.95	38	4.89	38	5.19	33	5.18	34
BRA	4.99	37	5.06	34	5.04	36	5.12	35
HRV	5.01	36	4.90	37	4.91	38	5.05	36
TUR	5.18	33	5.05	35	5.05	35	5.04	37
CHN	5.16	34	5.10	33	4.98	37	4.98	38
IND	4.75	39	4.66	39	4.69	39	4.26	39
RUS	3.66	40	3.55	40	3.91	40	4.26	40

注：笔者测算。原始数据来源于世界银行 *Doing Business* 报告，塞浦路斯和马耳他数据缺失。

第四节　本章小结

本章在梳理全球贸易便利化进程与贸易便利化概念演变的基础上，基于 WTO《贸易便利化协定》对贸易便利化内涵的最新界定和全球价值链分工与贸易对贸易便利化的要求，构建贸易便利化指标体系，用 2008—2018 年《全球竞争力报告》对 42 个国家的贸易便利化综合指标进行了测算与分析，结果发现北欧和西欧国家的贸易便利化水平最高，其他发达国家次之，发展中国家的贸易便利化水平偏低，各国的贸易便利化水平在 2008—2018 年得到了不同程度的提升。此外，对比 OECD 公开的贸易便利化指标测评结果和成本法测算的贸易便利化水平，发现不同方法的测算结果在国家排名上显示出一定的差异，但是偏离并不大，贸易便利化水平在世界各地区的分布上具有一定的稳定性。在贸易便利化的四个一级指标中，政府规制的平均得分最低，软环境是全球贸易便利化建设继续推进的突破口，将对全球价值链分工与贸易产生更深远的影响。

第六章　贸易便利化对全球价值链
分工影响的理论分析

第一节　引言

传统贸易理论认为贸易成本造成进出口价格之间的裂痕，结果是生产者的出口低于他们的预期，消费者购买的每一种贸易产品也低于他们原本的预期，而且国际贸易的产品范围也更窄。贸易便利化缩小了这一楔子的大小，从而使不同国家的生产者和消费者之间的联系更加密切，并有可能增加出口国的生产者盈余和进口国的消费者盈余。而在全球价值链视角下，国际贸易不能再单纯地解释为生产者和消费者之间的交易，跨国生产分割使中间产品贸易普遍存在，贸易成本沿着价值链生产过程被累积，贸易便利化改善的贸易促进效应在这个过程中被放大，贸易便利化对贸易的真实影响是对增加值贸易流量的影响，而不是对传统贸易流量的影响。另外，国际生产分割随着贸易便利化的改善不断深化，各国参与全球价值链生产的程度和形式都会发生改变，传统贸易向着中间产品贸易转化，中间产品贸易占比不断增加，国际生产分工日益深化，使出口中本国增加值占比降低，国外增加值占比增加。当所有国家的贸易便利化水平都提升时，生产分割成本的普遍降低会增加所有国家之间的增加值贸易往来，改变增加值贸易网络的特征。因此，在全球价值链视角下，贸易便利化对增加值贸易的影响更为复杂，要通过对国际生产分割的影响进行分析。

蛛网形价值链和蛇形价值链由 Baldwin 和 Venables（2013）提出。蛛网形价值链是多个零部件组合成一个产品，既可以是最终产品，也可以是中间产品，是一个分别生产独立零部件再进行组装的生产过程。而蛇形价值链的生产是一个序贯过程，产品生产从上游流向下游，生产过程是确定的，由产品的工学特征决定，在线性生产流程中每个阶段都有增值。在现实生产中，两者是结合在一起的，蛛网形价值链可能附着在蛇形价值链的任何部分上，多条蛇形价值链可能会结合成一个蛛网形价值链（见图6-1）。所有的生产过程都可以由蛛网形价值链和（或）蛇形价值链解释，如电子计算机的生产，从硅原料到芯片再到计算机，整个过程是以蛇形价值链进行生产的，但中间很多零部件的生产却是通过蛛网形价值链进行的。因此，本章接下来将具体阐述传统贸易视角和全球价值链视角下贸易便利化对国际贸易的影响，基于蛛网形价值链和蛇形价值链，考察贸易便利化与其他贸易成本因素对生产分割和国际贸易的影响，并总结两者的共同点，提出理论假说。

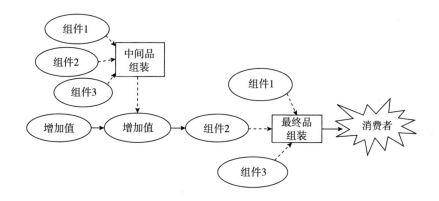

图6-1 蛛网形价值链和蛇形价值链在生产中的结合

第二节 传统贸易理论中的贸易便利化 与国际分工

一 进口国与贸易便利化

贸易便利化与关税是贸易成本的主要构成因素，传统贸易理论对两者的贸易影响具有相似的理论解释。对于进口国而言，贸易便利化降低运输成本，简化通关手续，协助交易双方的沟通，从而提高效率，缩短交易时间，降低交易成本。如图 6-2 所示，给定进口国国内的需求曲线（D_M）和供给曲线（S_M），国内均衡价格为 P_d，高于进口价格 P_M，这里的进口价格是世界价格加上单位进口成本。此时，进口国的进口量为 M，消费者剩余为 c，生产者剩余为 $a+d$。贸易便利化降低了进口成本，使进口国的进口价格从 P_M 降低到 P'_M，进口量增加到 M'，消费者剩余为 $c+a+b$，生产者剩余为 d。因此，贸易便利化可以增加进口量，并使进口国的整体福利增加 b，贸易便利化水平越高，进口价格越低，进口量的增加越多，进口国福利增加也越多。

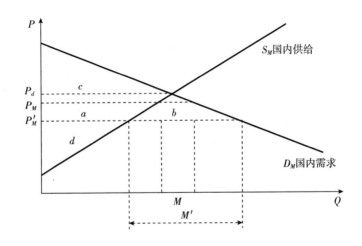

图 6-2　贸易便利化对进口国的影响

二　出口国与贸易便利化

同样，对于出口国而言，贸易便利化通过交通运输、政策协调和信息沟通等功能降低了出口国的出口成本。如图 6-3 所示，给定出口国国内需求曲线（D_X）和供给曲线（S_X），国内均衡价格为 P_d，低于出口价格 P_X，这里的出口价格是世界价格减去单位出口成本。此时，出口国的出口量为 X，消费者剩余为 $e+g$，生产者剩余为 h。贸易便利化降低了出口成本，增加了出口国的利润加成，使出口国的出口价格从 P_X 增加到 P'_X，出口量增加到 X'，消费者剩余为 g，生产者剩余为 $h+e+f$。因此，贸易便利化可以增加出口量，并使出口国的整体福利增加 f，贸易便利化水平越高，出口国可以获得的利润加成越高，出口量的增加越多，出口国福利增加也越多。

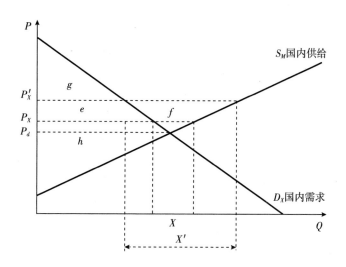

图 6-3　贸易便利化对出口国的影响

　　整体而言，贸易便利化降低了进出口成本，在世界价格不变的条件下，可以提高出口价格，降低进口价格，从而增加国际贸易，并增加贸易双方的国民福利。从宏观经济角度，贸易便利化通过促进国际贸易可以帮助实现全球经济一体化，在适当情况下，贸易可导致国民收入增加、生产率加快增长和贫困减少，促进全球经济平衡发展、稳定增长。

第三节　蛛网形价值链中的贸易便利化与
　　　国际分工

一　模型假设

　　蛛网形价值链的生产相对简单，零部件的生产是相对独立的，最后运输到一个国家（或地区）进行组装。为了使模型容易理解，经济环境尽可能地保持简单。首先进行模型设定。

　　1. 假设有两个国家 N 和 S，所有最终产品的需求在 N 国，因此，所有生产与组装最初都靠近消费地，在 N 国进行。这里，可以将 N 国理解为发达国家，S 国理解为发展中国家，生产分割成本的降低会促使 N 国将劳动密集型生产环节外包。

2. 生产最终产品需要一系列的零部件 $y \in Y$，所有零部件在 N 国的单位生产成本被标准化为 1，S 国的单位生产成本则记为 b（y）。当 $b<1$ 时，S 国的零部件生产具有比较优势，即劳动密集型生产环节；相反，当 $b>1$ 时，N 国的零部件生产具有比较优势，即资本密集型生产环节或者知识密集型生产环节。

3. 由于生产分割成本的广泛存在，生产不能完全按照比较优势进行配置，假设单位生产分割成本为 t。这里，生产分割成本由三部分构成：自然贸易成本（包括双边地理距离、是否接壤、是否内陆国和是否具有共同语言等）、关税及非关税壁垒、贸易便利化，即 $t=t_0+t_{tariff}+t_{TFI}$。

4. 一单位最终产品的生产需要 φ（y）单位的 y 零部件，所有零部件的生产是相互独立的，然后集中在一个国家进行最后组装，在 N 国和 S 国组装的成本分别为 a_N 和 a_S。

二 生产分割的决定

根据假设，当组装发生在 N 国时，零部件在 N 国生产的成本为 1，外包到 S 国生产并出口到 N 国组装的成本为 $b+t$，当 $1 \leqslant b+t$ 时，零部件在 N 国生产，否则外包到 S 国，$b_N=1-t$ 是生产分割的临界值；当组装发生在 S 国时，零部件在 N 国生产并出口到 S 国组装的成本为 $1+t$，在 S 国生产的成本为 b，当 $1+t \leqslant b$ 时，零部件在 N 国生产，否则外包到 S 国，$b_S=1+t$ 是生产分割的临界值。如图 6-4 所示，两条直线将所有零部件 Y 划分为 N、NS、S 三个集合，集合 N 中的零部件在 N 国生产时的成本优势非常强，无论最终组装地在哪国，集合 N 中的零部件都会选择在 N 国生产，集合 S 中的零部件在 S 国生产时的成本优势非常强，总是倾向于在 S 国生产，而集合 NS 中的零部件在 N 国生产或 S 国生产都没有绝对的比较优势，因此与组装捆绑在一起，总是在最终组装地进行生产。

当 $t \geqslant t_1$ 时，只存在集合 NS，产品的生产与组装全部在一个国家进行，不存在生产分割，也就不会出现中间产品贸易；当 $t<t_1$（或 $t<t_2$）时，集合 S（或集合 N）出现，生产分割才会发生，中间产品贸易随着 t 的降低增加，生产分割出现的临界值为 $t_1=1-b_{min}$（或 $t_2=b_{max}-1$），其中 b_{min}、b_{max} 是 S 国生产各个零部件的最小单位成本和最大单位成本。生产分割和中间产品贸易的增加并不是线性的，不仅与 t 相关，还与最终组装地的选择相关。

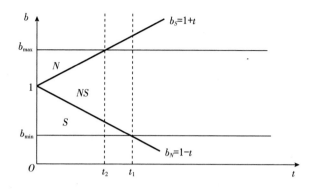

图 6-4 蛛网形价值链的生产分割

理论假说 1a[①]：在蛛网形价值链中，只有生产分割成本降低到一定程度，才会出现零部件生产的外包，即中间产品贸易。随着生产分割成本的降低，中间产品贸易的出现使国家之间的增加值贸易流量增加。

理论假说 3a：在蛛网形价值链中，随着生产分割成本的降低，最终产品不再由一国生产，而是多国合作生产多个零部件，并最后进行组装，最终产品的出口中不仅包含了本国增加值，还嵌入了国外增加值。生产分割成本的降低改变了出口的价值结构，使出口中的国内增加值占比降低。

三 最终组装地的决定

当组装地在 N 国时，产品的总生产成本包括在 N 国生产零部件的成本、在 S 国生产零部件并出口到 N 国的成本和在 N 国的组装成本；当组装地在 S 国时，产品的总生产成本包括在 N 国生产零部件并出口到 S 国的成本、在 S 国生产零部件的成本和在 S 国的组装成本。将 N 国和 S 国组装时的总生产成本分别记为 C_N 和 C_S，则：

$$C_N = a_N + \int_{y \in N \cup NS} \varphi(y) \mathrm{d}y + \int_{y \in S} (b(y) + t) \varphi(y) \mathrm{d}y \tag{6-1}$$

$$C_S = (a_S + t) + \int_{y \in N} (1 + t) \varphi(y) \mathrm{d}y + \int_{y \in S \cup NS} b(y) \varphi(y) \mathrm{d}y \tag{6-2}$$

生产分割成本不仅会影响零部件的生产分配，也会影响产品组装地的选择，最终组装地的选择取决于 $C_N - C_S$，当 $C_N - C_S \leq 0$ 时，组装发生在

---

① 第六章理论分析共得到 7 个理论假说（见本章小结），其中前 5 个理论假说由蛛网形价值链中得到的 5 个理论假说（以 a 标示）和蛇形价值链中得到的 5 个理论假说（以 b 标示）组合而成，对应的排序与本章小结保持一致。

N 国，当 $C_N - C_S > 0$ 时，组装发生在 S 国。

$$C_N - C_S = (a_N - a_S - t) + t\left\{\int_{y \in S} \varphi(y)\,\mathrm{d}y - \int_{y \in N} \varphi(y)\,\mathrm{d}y\right\}$$
$$+ \int_{y \in NS} (1 - b(y))\varphi(y)\,\mathrm{d}y \qquad (6\text{-}3)$$

式（6-3）将决定最终组装地的力量分为三项：首先是 N 国装配的比较优势，当 $a_N - a_S - t \leq 0$ 时，N 国具有组装的比较优势，否则 S 国具有组装优势；第二项是零部件生产分割成本的差异，当最终组装发生在 N 国时，这些成本支付在 S 国生产的零部件上，当最终组装发生在 S 国时，这些成本支付在 N 国生产的零部件上；第三项是集合 NS 中零部件生产成本的差异。任何一项的增加都会成为将最终组装转移到 S 国的动力。最终组装地改变的临界值为：

$$t_3 = \frac{(a_N - a_S) - \int_{y \in NS} (1 - b(y))\varphi(y)\,\mathrm{d}y}{\left\{\int_{y \in S} \varphi(y)\,\mathrm{d}y - \int_{y \in N} \varphi(y)\,\mathrm{d}y\right\} - 1} \qquad (6\text{-}4)$$

理论假说 2a：在蛛网形价值链中，假设 N 国为发达国家，是最终产品的消费地和中间产品生产的外包国，而 S 国为发展中国家，是中间产品生产的承接国，生产分割成本的降低对 N 国和 S 国的影响是不同的，对 S 国增加值出口的影响更大。

理论假说 5a：在蛛网形价值链中，生产分割成本的降低使中间产品和最终产品的生产地发生转移，参与全球价值链生产的程度增大。同时，生产分割成本越低的国家越是倾向于外包下游零部件生产，在全球价值链生产中的位置向上游移动，即生产分割成本的降低可以通过改变一国参与全球价值链生产的程度和位置，对出口的价值结构产生间接影响。

四　生产分割成本降低的影响

上述三项力量相互制约，决定了 t_3 的大小，t_3 可能落在 t_1 的右边，也可能落在 t_2 的左边，或者落在两者之间。

第一种情况，t_3 落在 t_1 的右边，如图 6-5 所示。当 $t \geq t_3$ 时，生产分割成本特别大，零部件的生产和组装全部在 N 国进行，在最终消费地就近生产，节省生产分割成本与贸易成本；当 $t_2 \leq t < t_3$ 时，随着生产分割成本的降低，在 S 国组装的成本降低，最终组装地转移到 S 国，集合 NS 中零部件的生产随着一起转移到 S 国，零部件的生产和组装全部在 S 国进

行，出现大量的最终产品贸易，但是在这一阶段还没有中间产品贸易；当 $t_0 \leqslant t < t_2$ 时，生产分割成本进一步降低，集合 N 中零部件的生产随着生产分割成本的降低逐渐转移到 N 国，以发挥 N 国的生产成本优势，Baldwin 和 Venables（2013）将此现象称为"过度外包的生产回流"，此时，中间产品贸易出现并随着生产分割成本的降低而增加，最终产品贸易和中间产品贸易同时存在。但是由于自然贸易成本始终存在，如双边地理距离不会消失，生产分割成本不可能降到 t_0 以下，N 国和 S 国之间不可能达到完全生产分割的状态。在这种情况下，随着国际生产分割成本的降低，S 国首先以最终产品的形式实现增加值出口，随后出现中间产品形式的增加值出口，其增加值出口先增加后下降；N 国出口出现在 S 国之后，是以中间产品的形式实现增加值出口，其增加值出口呈增长趋势。

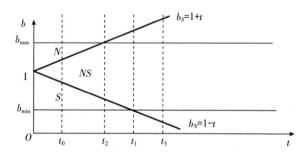

图 6-5　蛛网形价值链的生产分割（$t_3 \geqslant t_1$）

第二种情况，t_3 落在 t_2 的左边，如图 6-6 所示。当 $t \geqslant t_1$ 时，生产分割成本较大，零部件的生产与组装都在消费地 N 国进行，不存在国际贸易；当 $t_3 \leqslant t < t_1$ 时，最终产品的组装仍然在 N 国，但是集合 S 中部分零部件的生产开始转移到 S 国，中间产品贸易出现，并随着生产分割成本的降低而增加；当 $t_0 \leqslant t < t_3$ 时，生产分割成本的不断降低使在 S 国组装具有成本优势，最终组装和集合 NS 中零部件的生产一起外包到 S 国，最终产品贸易大量涌现，中间产品贸易由 S 国出口转为 N 国出口，中间产品贸易量先降低后增加，直到生产分割成本降低到 t_0，中间产品贸易不再增加。在这种情况下，随着国际生产分割成本的不断降低，S 国首先以中间产品的形式实现增加值出口，随后转为以最终产品的形式实现增加值出口，其增加值出口先增加后下降；N 国增加值出口以中间产品的形式实现，呈增加趋势。

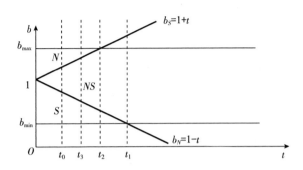

图 6-6　蛛网形价值链的生产分割（$t_3 < t_2$）

第三种情况，t_3 落在 t_1 和 t_2 的中间，如图 6-7 所示。当 $t \geq t_1$ 时，生产分割成本非常大，零部件的生产与组装在最终消费地 N 国进行，不存在国际贸易；当 $t_3 \leq t < t_1$ 时，最终组装仍然在 N 国进行，但集合 S 中部分零部件的生产外包到 S 国，中间产品贸易出现，并随着国际生产分割成本的降低不断增加；当 $t_2 \leq t < t_3$ 时，在 S 国组装产品具有成本优势，最终组装转移到 S 国，集合 NS 中的零部件生产也随之转移到 S 国，此时所有零部件生产和组装都在 S 国，中间产品贸易消失，转变为最终产品贸易；当 $t_0 \leq t < t_2$ 时，随着国际生产分割成本的不断降低，集合 N 中部分零部件的生产转移到 N 国，以发挥 N 国零部件生产的成本优势，中间产品贸易再次出现，由 S 国出口转为 N 国出口，并随着生产分割成本的降低不断增加。在这种情况下，随着国际生产分割成本的不断降低，S 国首先以中间产品的形式实现增加值出口，随后转为以最终产品的形式实现增加值出口，其增加值出口先增加，在保持一定阶段的稳定后出现下降；N 国增加值出口以中间产品的形式实现，呈增加趋势。

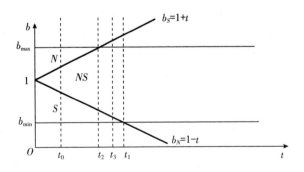

图 6-7　蛛网形价值链的生产分割（$t_2 \leq t_3 < t_1$）

理论假说 4a：在蛛网形价值链中，当最终组装地发生变化时，集合 NS 中的零部件随着最终组装一起转移，出现过度外包；随着生产分割成本的进一步降低，过度外包的零部件生产重新回到具有生产成本优势的国家，即外包回流。当外包回流发生时，出口的本国附加值率转为上升，在生产分割成本的降低中，出口的本国附加值率呈"U"形变化。

第四节　蛇形价值链中的贸易便利化与国际分工

一　模型假设

蛇形价值链的生产相对复杂一些，不同产品生产的复杂程度也会相差很大，下游生产环节总是以所有上游环节的生产为基础，上游环节的生产也会受到下游生产环节的影响。为了容易理解与分析，同样首先进行模型假设：

1. 假设有两个国家 N 和 S，所有最终产品的需求在 N 国，整个产品的序贯生产过程最初在 N 国进行。这里，可以将 N 国理解为发达国家，S 国理解为发展中国家，生产分割成本的降低会促使 N 国将劳动密集型生产环节外包。

2. 生产最终产品需要完成一系列序贯的生产环节，即 $z \in [0, 1]$，其中 0 为生产的最上游环节，1 为生产的最下游环节。所有环节在 N 国生产的单位成本被标准化为 1，而在 S 国生产的单位成本表示为 $c(z)$。当 $c(z) > 1$ 时，生产环节 z 在 N 国生产具有比较优势；相反，当 $c(z) < 1$ 时，生产环节 z 在 S 国生产具有比较优势。

3. 由于生产分割成本的广泛存在，蛇形价值链的生产环节不能完全按照比较优势进行配置，同样假设单位生产分割成本为 t，由自然贸易成本（包括双边地理距离、是否接壤、是否内陆国和是否具有共同语言等）、关税及非关税壁垒和贸易便利化三部分构成，即 $t = t_0 + t_{tariff} + t_{TFI}$。

4. 蛇形价值链产品的生产必须按照既定顺序逐步完成所有生产环节，在上一生产环节完成之后，所有增加值同步转移到下一生产环节。如果连续相邻的两个或多个生产环节具有相同的比较优势位置特征，则称其为一个生产片段，在蛇形价值链的生产中，外包是以生产片段为基本单位的。如果某个片段与其上下游片段在同一国家生产比按照比较优势分离生产的成本更低，那这些相邻片段会组成一个生产阶段。在完全生产分割时，每一个片段都是一个独立的阶段；在不完全生产分割时，一个阶段可以包含多个片段。

二 生产分割的决定

首先考虑生产环节是连续函数的情况，分析生产分割的决定因素。如图 6-8 所示，横轴是产品的序贯生产过程；水平线 1 是在 N 国生产的单位生产成本，也是每个环节在 N 国生产的价值增值；水平线 t 是两国之间的生产分割成本；曲线 $c(z)$ 是每个环节在 S 国生产的单位成本。区间 A、B、C、D、E 是该产品生产过程的五个片段，片段 A、片段 B、片段 C 内的生产环节在 S 国具有成本比较优势，片段 D、片段 E 内的生产环节在 N 国具有成本比较优势，如果不存在生产分割成本，则所有片段按照比较优势进行生产位置的选择。

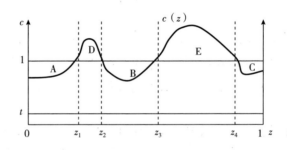

图 6-8 蛇形价值链的生产分割（连续函数）

根据比较优势，片段 A 可以外包到 S 国生产，相比在 N 国生产可以节省的成本为曲线 $c(z)$ 和水平线 1 之间的面积 S_A，但是由于片段 D 在 N 国生产，片段 A 在 S 国生产会产生生产分割成本。因此，只有当 $S_A > t$，生产成本优势足以弥补生产分割成本时，生产者才会将片段 A 单独外包。

片段 B 生产位置的决定要更加复杂一些，生产者要同时考虑生产成本优势和上下游相邻片段的生产位置。根据比较优势，片段 B 应该在 S 国生产，相比在 N 国生产可以节省的成本为曲线 $c(z)$ 和水平线 1 之间的面积 S_B，但是如果片段 D 和片段 E 都在 N 国生产，那么在片段 B 的两端都会产生生产分割成本，只有当 $S_B > 2t$ 时，生产者才会将片段 B

单独外包。

考虑另一种情况，如果将片段 D 留在 N 国生产所节省的成本不足以弥补片段 D 与片段 A 和片段 B 分离的生产分割成本，即 $S_D \leq 2t$，则将片段 D 和片段 A、片段 B 打包外包可能会是有效的，即使单独外包片段 A 或片段 B 可能是无效的。将片段 A、片段 B、片段 D 作为一个整体考虑，如果单独将片段 A 和片段 B 外包到 S 国生产，片段 D 留在 N 国生产，则总收益为生产成本优势减去生产分割成本即 S_A+S_B-2t；如果将片段 D 与片段 A、片段 B 打包外包，则总收益为片段 A 和片段 B 的生产成本优势减去片段 D 的生产成本劣势即 $S_A+S_B-S_D$。仍然可以得出结论，当 $S_D \leq 2t$ 时，生产者会将片段 D 与片段 A 和片段 B 一起外包，形成一个生产阶段，此时过度外包就出现了。

片段 C 与片段 A 相似，外包只会产生一次生产分割成本，当且仅当 $S_C>t$ 时，生产者才会将片段 C 的生产单独外包到 S 国。而片段 E 与片段 D 相似，当 $S_E \leq 2t$ 时，生产者会将片段 E 与片段 B、片段 C 一起外包。

理论假说 1b：在蛇形价值链中，每一片段生产位置的决定主要取决于生产成本优势与生产分割成本的相对大小，生产分割成本的降低使每一片段的生产向具有生产成本优势的国家转移，国家之间的增加值贸易流量增加。

理论假说 2b：在蛇形价值链中，生产分割成本的降低不仅对 N 国和 S 国的影响不同，由于不同产业的价值链组织模式相差较大，生产分割成本的降低对不同产业、不同产品增加值贸易的影响也将存在异质性。

理论假说 3b：在蛇形价值链中，生产分割成本的降低使序贯生产环节分配在不同的国家进行，每一个生产环节与上下游的衔接都涉及一次进口和一次出口，出口价值的构成越来越复杂，本国附加值率降低。

三　生产分割成本降低的影响

从上一小节的分析中，可以得到：（1）生产分割成本的降低带来生产阶段数的增加，即生产的碎片化；（2）生产阶段数增加的直接结果是所有生产阶段的平均规模下降；（3）N 国和 S 国之间的贸易总额增加。为了更加具体地讨论生产分割成本的降低对蛇形价值链产生的影响，本小节将成本曲线 $c(z)$ 简化为离散型，并对 N 国和 S 国在不同片段的比较优势大小进行假设，即 $S_E>2S_A>S_B>S_C>S_D$，如图 6-9 所示。

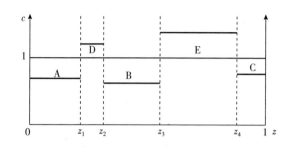

图 6-9 蛇形价值链的生产分割（$S_E > 2S_A > S_B > S_C > S_D$）

当 $t \geqslant S_A$ 时，$2t > S_B > S_C$，由于生产分割成本非常大，片段 A、片段 B、片段 C 虽然在 S 国生产具有成本比较优势，但是成本比较优势不足以弥补生产分割成本，整个产品在 N 国进行生产，此时不存在生产分割和国际贸易。

当 $\frac{S_B}{2} \leqslant t < S_A$ 时，随着生产分割成本的降低，片段 A 在 S 国生产的成本优势足以弥补生产分割成本，片段 A 外包到 S 国生产，中间产品贸易和国际生产分割同时出现，增加值由 S 国流向 N 国。但是此时 $2t \geqslant S_B > S_C$，片段 B 和片段 C 仍然不能满足与上下游生产分离的条件，留在 N 国生产，与片段 D 和片段 E 组成一个生产阶段。

当 $\frac{S_C}{2} \leqslant t < \frac{S_B}{2}$ 时，随着生产分割成本的进一步降低，片段 B 外包生产的收益超过生产分割成本，片段 B 分离到 S 国生产。由于此时 $2t > S_D$，片段 D 留在 N 国生产会与上下游产生两次生产分割成本，大于 N 国生产的成本优势，片段 D 将与片段 A 和片段 B 一起外包到 S 国，出现过度外包。中间产品贸易仍然是由 S 国流向 N 国，但是出口的增加值明显增加了，S 国参与全球价值链生产的程度加深。

当 $\frac{S_D}{2} \leqslant t < \frac{S_C}{2}$ 时，片段 C 在 S 国生产的成本优势超过生产分割成本，片段 C 外包到 S 国生产，此时 $2t \geqslant S_D$，N 国生产的成本优势仍然小于生产分割成本，片段 D 的过度外包并没有消除。而另一片段 E 在 N 国生产的成本优势总是足够大（$S_E > 2t$），不管其上、下游的生产位置在哪里，片段 E 总是留在 N 国生产。片段 C 的外包使最终产品贸易出现，从 S 国流向 N 国的增加值增加，同时出现 N 国向 S 国的中间产品出口。此时，N 和 S 两国参与全球价值链生产的程度增加，蛇形价值链的生产阶段数增加，而生产阶段的平均规模下降，两国增加值出口增加。

当 $t < \frac{S_D}{2}$ 时，生产分割成本非常小，小于片段 D 在 N 国生产的成本优势，片段 D 的生产回流到 N 国，生产过程按照比较优势实现完全分割。随着国际生产分割的深化，N 国和 S 国参与全球价值链生产的程度进一步增加，生产阶段数进一步增加，生产阶段的平均规模进一步下降，两国之间的贸易总量增加。但是由于片段 D 的生产回流，S 国出口的本国增加值事实上减少了，每个国家的出口中都包含大量的国外增加值，生产分割成本的影响存在较大的累积效应。然而，由于自然贸易成本始终存在，如果 $t_0 \geq \frac{S_D}{2}$，则片段 D 小于最小分离尺寸，无论贸易便利化水平如何改善，片段 D 回流到 N 国生产的成本优势都不会超过生产分割成本，片段 D 始终与其上下游片段在同一国家生产。也就是说，地理距离越近的国家之间越容易实现完全生产分割，随着双边地理距离的延长，自然贸易成本增大，全球价值链分工与贸易会受到较大程度的阻碍。

理论假说 4b：在蛇形价值链中，由于生产分割成本的存在，可能会出现某一生产环节与其上下游生产环节一起打包外包的现象，当生产分割成本继续降低时，过度外包的生产环节就会"回流"，可能出现出口中本国增加值占比先下降后上升的情况。

理论假说 5b：在蛇形价值链中，生产分割成本越低，生产环节的分工生产越为细化，一国参与全球价值链生产的程度越高，出口中嵌入的国外增加值越多；另外，生产分割成本越低，越是倾向于外包下游生产环节，越是上游生产环节本国附加值率越高。

第五节　本章小结

这一章分别对传统贸易视角和全球价值链视角下贸易便利化的影响进行了理论分析，在全球价值链分工与生产中，虽然蛛网形价值链和蛇形价值链具有不同的生产分割特征，但是在两种价值链中，成本下降对生产分割和国际贸易的影响也存在共性。在现实中，两种价值链往往是结合在一起进行生产的，生产分割成本在不同的生产环节分别起作用，其影响沿着综合型价值链被累积。贸易便利化是生产分割成本的重要影响因素，不仅可以影响跨境交易、运输的成本，还会影响将生产过程外包带来的管理成本，因此，贸易便利化对全球价值链生产与贸易的影响，可以通过蛛网形价值链和蛇形价值链中生产分割成本的降低来解释。除了前文总结的理论假说 1a—5a 和理论假说 1b—5b，在宏观整体层面，所有产品生产的价值链叠合在一起，形成了国家之间的增加值贸易网络，贸易便利化水平越高的国家，在增加值贸易网络中越处于核心枢纽地位，当贸易便利化水平整体提升时，增加值贸易网络会变得更为密集。因此，本章结论可以总结为七个理论假说：

理论假说 1：在传统贸易中，贸易便利化降低了进出口成本，从而促进了双边进出口贸易。而在全球价值链生产中，生产分割成本阻碍了产品的生产环节按照国家之间的比较优势进行分配，只有生产分割成本降低到一定程度，中间产品贸易才会出现。贸易便利化水平的提高使生产分割成本降低，从而促进国际生产分割和双边中间产品贸易。整体而言，贸易便利化会对双边增加值贸易流量产生正向促进作用。

理论假说 2：在传统贸易中，贸易便利化对最终产品贸易的促进作用具有一般性。而在全球价值链生产中，贸易便利化对发达国家和发展中国家的影响具有异质性，由于不同产业的价值链特征不同，贸易便利化对不同产业出口的影响也存在异质性。另外，贸易便利化对传统贸易和价值链分工与贸易的影响不同，这一点将表现在对最终产品贸易和中间产品贸易影响的异质性上。总而言之，贸易便利化对不同国家、不同产业、不同产品增加值贸易的影响存在异质性。

理论假说 3：在传统贸易中，出口产品的全部价值由本国生产。而在全球价值链生产中，产品的多个生产环节按照比较优势分配到世界各国生产，在最终组装地进行装配，或者按照序贯生产过程移动，因此，出口产品中不仅包含了本国增加值，还包含了进口中间产品的国外增加值。贸易便利化降低生产分割成本，一方面使传统贸易向着全球价值链生产与贸易转化，另一方面有助于全球生产分割向着更加广泛、更加深入的方向发展。贸易便利化这两方面的影响，都会使出口中的本国增加值占比降低，国外增加值占比上升，即贸易便利化改变了增加值贸易的价值结构，对出口本国附加值率具有负向抑制作用。

理论假说4：在蛛网形价值链和蛇形价值链中，当生产分割成本降低到一定程度，都会出现外包回流现象，如果外包的生产环节转移到国内生产，则出口的本国增加值占比会增加，国外增加值占比会降低。在控制住自然贸易成本和关税等非自然贸易成本的基础上，影响外包回流的主要是出口国的贸易便利化水平，因此，当出口国贸易便利化水平的提升达到外包回流的拐点时，贸易便利化对出口本国增加值率的影响就会由负转为正，即贸易便利化对出口本国附加值率呈"U"形影响。

理论假说5：在全球价值链生产中，贸易便利化可以使一国参与国际生产分割与贸易的程度加深，一国越是参与国际生产分工，进口中间产品的比重越大，出口中的本国增加值占比越小。而横向比较发现，贸易便利化水平的提升降低了生产分割成本，使一国更容易将不具有生产优势的环节外包，外包国家在全球价值链生产中的位置提升，一国越是位于全球价值链生产的上游，出口的本国增加值占比越大。也就是说，贸易便利化至少可以通过两种渠道改变增加值贸易的价值构成，即提高一国参与全球价值链生产的程度和提高一国在全球价值链生产中的位置。

理论假说6：现实中的生产过程是蛛网形价值链和蛇形价值链的组合，多种产品的生产价值链交织在一起，形成了全球增加值贸易的复杂网络关系。贸易便利化水平越高的国家，生产分割成本越低，越容易成为多条生产价值链重合的交点，在增加值贸易网络中的贸易能力、控制能力和自由能力就越强。当大多数国家的贸易便利化水平都提高时，国家之间的生产分割不断深化，全球增加值贸易网络的联系向着更加广泛、更加密集、更加集约发展，即贸易便利化可以有效提升一国在增加值贸易网络中的影响力，提高增加值贸易网络的密度。

理论假说7：影响生产分割成本的因素除了贸易便利化，还有地理距离等自然贸易成本和关税等非自然贸易成本，在地理上毗邻的国家，或者签订了自由贸易协定和优惠贸易政策的国家更容易发生国际生产分割与贸易。在全球增加值贸易网络中，会存在若干个群体，群体内国家由于地理距离较近和优惠的贸易政策，增加值贸易联系更为紧密，而群体之间的国家增加值贸易联系则相对稀疏。贸易便利化对不同群体内的国家在增加值贸易网络中影响力的作用不同。

第七章 贸易便利化对增加值贸易流量的影响研究

第一节 引言

近年来，全球经贸局势日趋复杂，贸易自由化进展迟滞，甚至有国家以关税为手段发动贸易战，贸易便利化作为贸易成本的重要影响因素，成为推动全球贸易发展的主要动力之一。贸易便利化可以大大促进双边贸易、出口多样化和经济福利，尽管贸易便利化改善的前期成本可能是巨大的，但好处大大超过了成本（Hoekman and Shepherd，2015）。Francois 等（2005）的研究表明，提高贸易便利化对国民收入的影响，可能是取消全球所有工业品关税影响的两到三倍。Djankov 等（2010）将出口时间作为衡量国家贸易便利化绩效的指标，构建了 98 个国家之间的贸易引力模型，发现贸易便利化是双边贸易的一个重要决定因素，出口时间每耽搁一天，双边贸易就会减少 1%。Moïsé 和 Sorescu（2013）基于一个全面的新的数据集构建贸易便利化指标，认为实施多哈回合谈判的各种因素将会降低发展中国家贸易成本的 14% 左右。国内学者基于中国出口和"一带一路"贸易进行了相关研究，同样认为贸易便利化是决定贸易总成本的重要因素，对贸易流量的影响可能比进口关税更大（孔庆峰和董虹蔚，2015；陈继勇和刘燚爽，2018；唐宜红和顾丽华，2019）。

以上研究基于传统贸易视角，研究了贸易便利化对贸易流量的影响，但是在全球价值链分工背景下，贸易成本降低的级联效应和非线性影响广泛存在，当供应链要求半成品跨越国界超过一次时，供应链中所有环节的贸易成本边际变化的影响要比只有一笔国际交易时大得多（Ma and Assche，2010；Diakantoni et al.，2017）。由于贸易便利化的影响随着全球生产链的延长被累积，传统贸易视角下对贸易便利化影响的估计是累积后的促进效应（Ferrantino，2012），只有将增加值出口从总出口中分离出来，才能检验贸易便利化对一国出口价值的真实影响。从前文的文献综述可以看到，目前研究贸易便利化对增加值贸易影响的文章非常少，本书理论分析中提出的问题并未得到解答。例如，贸易便利化对双边增加值贸易流量的影响有多大，与传统贸易流量的影响有何区别？贸易便利化对不同阶段产品贸易、不同国家之间贸易、不同产业贸易的影响是否存在异质性？贸易便利化改善可以释放多少增加值贸易潜力？因此，本章在理论分析的基础上，利用典型化事实的测算数据，从传统贸易视角和增加值贸易视角两个角度检验贸易便利化的贸易促进作用，分析贸易便利化在全球价值链中的累积效应，并区分中间产品贸易和最终产品贸易、区分发达国家和发展中国家、区分不同要素密集型产业、区分贸易便利化的不同指标进行拓展分析，更加全面、深刻地解析贸易便利化对增加值贸易流量的影响。基于贸易便利化影响增加值流量的经验检验，本章还应用两种不同的方法估算了全球增加值贸易的潜力。

第二节　计量模型与数据

一　计量模型的设定

根据理论假说1，贸易便利化可以降低生产分割成本，对增加值贸易流量具有正向促进作用，这种正向效应作用于每一生产环节的跨国生产分割，因此，将基础计量模型设定为：

$$\ln dva_{ijkt} = \beta_0 + \beta_1 \ln TFI_{it} + \beta_2 \ln TFI_{jt} + \beta X + v_i + v_j + v_k + v_t + \varepsilon_{ijkt} \qquad (7-1)$$

其中，下标 i、j、k 和 t 分别表示出口国、进口国、行业和年份；被解释变量 dva_{ijkt} 是双边/产业层面的增加值出口，为了对比分析，还在基础回归中对传统贸易流量 $export_{ijkt}$ 进行了回归；核心解释变量 TFI_{it} 和 TFI_{jt} 分别为出口国和进口国的贸易便利化指数，β_1 和 β_2 为主要的待估参数；X 是控制变量集，主要包括传统贸易引力变量、贸易国特征变量和产业特征变量；v_i、v_j、v_k 和 v_t 分别表示出口国、进口国、行业和时间固定效应。为了降低异方差，除虚拟变量外，模型中变量均取对数。

二 变量与数据

(一) 控制变量

贸易引力模型是研究国际贸易最常用的模型,比较优势理论、要素禀赋理论和新贸易理论都可以证明贸易引力模型的合理性,此外,贸易引力模型总是可以较好地拟合双边贸易流量,并保持估计参数稳定在一定范围内 (Anderson, 1979; Helpman and Krugman, 1985; Bergstrand, 1989)。双边增加值贸易是双边贸易流量的一部分,从经验角度来看,传统的贸易引力变量也可以对双边增加值贸易进行解释 (Johnson and Noguera, 2012b)。这些变量主要有:出口国和进口国的国内生产总值 (GDP_{it} 和 GDP_{jt})、总人口 (POP_{it} 和 POP_{jt}),是贸易引力模型中必不可少的关键变量,反映两国的出口供给能力和进口需求能力 (Henderson et al., 2002),数据来源于世界银行;贸易双方的地理距离、是否接壤、是否内陆国和是否具有共同语言 ($distance_{ij}$、$border_{ij}$、$landlock_i$ 和 $language_{ij}$),反映两国的自然贸易成本,尤其是地理距离被认为是贸易成本的代理变量 (Shao et al., 2012),数据来源于 CEPII 数据库;贸易双方的简单平均关税 ($tariff_{ijt}$),反映两国的非自然贸易成本,尤其是在全球价值链生产与贸易中,多阶段生产扩大了关税对贸易成本和双边贸易流量的影响 (Yi, 2010),数据来源于世界银行。

贸易国的经济特征变量主要有:外国直接投资净流入 (FDI_{it}),跨国公司的对外直接投资是生产分割和中间产品贸易的直接驱动因素,一国吸引外资越多,参与全球价值链生产的程度越深 (Kneller and Pisu, 2004),数据来源于世界银行;全要素生产率 (TFP_{it}),是影响生产成本的重要因素,因此它的高低会影响生产环节的外包,全要素生产率较高的经济体往往具有更多的返回增加值和再出口增加值 (Kohler, 2002),数据来源于 CEPII 数据库;贸易双方是否签订自由贸易协定 (FTA_{ijt}),自由贸易协定可以大大降低两国的关税和非关税贸易壁垒,并增强两国之间的政策和制度协调,降低贸易争端的发生率和协调成本,促进双边贸易 (Kepaptsoglou et al., 2010),数据来源于 WTO 官网。

出口产业的经济特征变量有:产业要素密集度 (LAB_{ikt} 和 CAP_{ikt}),用要素报酬来反映不同价值链生产环节的要素密集特征,即劳动报酬高的行业具有劳动密集特征,资本报酬高的行业具有资本密集特征 (葛顺奇和罗伟,2015);产业名义总股本 (K_{ikt}),是行业规模的重要体现,它

反映了该行业的经济体量和发展潜力（余振等，2018）。产业数据来源于
WIOD SEA 数据库。

（二）变量的统计特征

WIOTs 是 WIOD 数据库公布的世界投入产出表，包含了 2000—
2014 年世界上 43 个国家（或地区）与 ROW 的 56 个产业的投入产出关
系，应用 Wang 等（2013）在双边/产业层面分解出口增加值的方法，可
以测算世界各国（或地区）之间的双边/产业增加值出口，并可以进一步
细分以中间产品形式衡量的增加值出口和以最终产品形式衡量的增加值出
口（$dva\text{-}in_{ijkt}$ 和 $dva\text{-}fl_{ijkt}$）。由于中国台湾的部分经济变量数据不可得，本
章的样本只包含除中国台湾和 ROW 之外的 42 个国家。考虑到贸易便利化
主要是对货物贸易产生影响，在后续实证检验中，只包含 56 个产业中的
18 个制造业，即附表 2 中产业代码（ISIC Rev.4）为 C10-C12、C13-
C15、C16、C17、C18、C19、C20、C21、C22、C23、C24、C25、C26、
C27、C28、C29、C30、C31-C32 的 18 个产业。同时，兼顾贸易便利化
数据的可得性，最终得到 2008—2014 年 42 个国家 18 个制造业之间的双
边贸易数据，样本总容量为 216972[①]。样本数据的统计特征见表 7-1。

表 7-1　　　　　　　　　　变量的统计特征

变量	样本量	均值	标准差	最小值	最大值
lndva_{ijkt}	216972	1.738	3.065	-19.752	10.506
ln$export_{ijkt}$	216972	1.789	3.901	-18.232	11.579
ln$dva\text{-}in_{ijkt}$	216971	1.223	3.004	-19.760	9.796
ln$dva\text{-}fl_{ijkt}$	216972	0.175	3.440	-26.040	18.918
lnTFI_{it}	216972	1.531	0.166	1.166	1.809
lnTFI_{jt}	216972	1.531	0.166	1.166	1.809
lnGDP_{it}	216972	6.066	1.710	2.143	9.771
lnGDP_{jt}	216972	6.066	1.710	2.143	9.771
lnPOP_{it}	216972	2.898	1.879	-0.893	7.218
lnPOP_{jt}	216972	2.898	1.879	-0.893	7.218

① 42×41×18×7＝216972。

变量	样本量	均值	标准差	最小值	最大值
$\mathrm{ln}distance_{ij}$	216972	7.936	1.108	4.088	9.828
$border_{ij}$	216972	0.063	0.242	0	1
$landlock_i$	216972	0.143	0.350	0	1
$language_{ij}$	216972	0.052	0.223	0	1
$\mathrm{ln}tariff_{ijt}$	216972	1.126	0.984	0	3.088
$\mathrm{ln}FDI_{it}$	200736	2.511	1.776	-4.018	5.832
$\mathrm{ln}TFP_{it}$	216972	7.076	0.653	5.260	8.294
FTA_{ijt}	216972	0.605	0.489	0	1
$\mathrm{ln}LAB_{ikt}$	214307	8.182	3.302	0	19.100
$\mathrm{ln}CAP_{ikt}$	208403	7.914	3.489	0	19.948
$\mathrm{ln}K_{ikt}$	214389	9.471	3.458	0	20.866

注：由 Stata 15.0 统计分析得出。

第三节　贸易便利化影响增加值贸易流量的实证检验

一　基础回归分析

为有效消除多重共线性问题，增强指标选取的科学性和客观性，本书在基准回归中采用逐步回归法，逐步加入贸易引力模型控制变量、贸易国的特征控制变量和出口产业的特征控制变量，以检验贸易便利化对双边/产业层面增加值出口的影响［表7-2第（1）—（4）列］。考虑到国家/产业层面存在未观测到的异质性，用 Hausman 检验判定固定效应模型的适用性，在回归中对出口国固定效应、进口国固定效应和产业固定效应进行了控制，并考虑贸易年份的影响，加入时间固定效应，即在逐步回归中均使用了出口国—进口国—产业—时间多维固定效应。最后检验贸易便利化对双边/产业层面传统出口的影响［表7-2第（5）列］，并与贸易便利化对增加值出口的影响进行对比分析。

表 7-2　　　　　　　贸易便利化对增加值贸易流量的回归结果

	（1）	（2）	（3）	（4）	（5）
$\ln TFI_{it}$	0. 569*** (11. 47)	0. 289*** (6. 30)	0. 359*** (7. 73)	0. 269*** (6. 72)	0. 816*** (8. 63)
$\ln TFI_{jt}$	0. 697*** (13. 59)	0. 293*** (5. 92)	0. 321*** (6. 93)	0. 296*** (7. 51)	0. 425*** (5. 01)
$\ln GDP_{it}$		0. 446*** (25. 11)	0. 480*** (26. 07)	0. 162*** (9. 70)	0. 058 (1. 35)
$\ln GDP_{jt}$		0. 838*** (54. 11)	0. 826*** (57. 01)	0. 829*** (67. 58)	0. 863*** (31. 82)
$\ln POP_{it}$		-2. 740*** (-24. 75)	-3. 038*** (-27. 93)	-2. 770*** (-29. 47)	-4. 182*** (-20. 56)
$\ln POP_{jt}$		-0. 525*** (-5. 04)	-0. 471*** (-4. 85)	-0. 454*** (-5. 25)	-0. 733*** (-3. 87)
$\ln distance_{ij}$		-1. 069*** (-62. 72)	-1. 047*** (-60. 11)	-1. 036*** (-93. 67)	-1. 459*** (-74. 07)
$border_{ij}$		0. 357*** (5. 14)	0. 374*** (5. 36)	0. 398*** (13. 93)	0. 291*** (6. 57)
$landlock_{i}$		-4. 867*** (-32. 61)	-5. 169*** (-32. 20)	-4. 468*** (-33. 29)	-6. 781*** (-23. 88)
$language_{ij}$		0. 172*** (3. 53)	0. 172*** (3. 49)	0. 187*** (6. 36)	0. 268*** (5. 80)
$\ln tariff_{ijt}$		0. 002 (0. 28)	0. 007 (0. 85)	-0. 050*** (-7. 53)	-0. 089*** (-7. 30)
$\ln FDI_{it}$			0. 011*** (9. 79)	0. 004*** (3. 77)	-0. 001 (-0. 53)
$\ln TFP_{it}$			0. 001 (0. 01)	-1. 115*** (-19. 69)	-0. 734*** (-5. 87)
FTA_{ijt}			0. 101*** (8. 09)	0. 084*** (7. 72)	0. 171*** (7. 82)
$\ln LAB_{ikt}$				0. 494*** (54. 03)	0. 505*** (21. 42)
$\ln CAP_{ikt}$				0. 243*** (56. 90)	0. 144*** (20. 72)
$\ln K_{ikt}$				0. 145*** (17. 97)	0. 262*** (13. 51)

续表

	（1）	（2）	（3）	（4）	（5）
常数项	-0.078 （-0.52）	14.035*** （29.82）	14.224*** （19.82）	15.770*** （27.03）	21.937*** （18.62）
固定效应	Y	Y	Y	Y	Y
观测值	216972	216972	200736	192864	192864
R^2	0.614	0.663	0.654	0.895	0.748

注：括号内报告了对应的 t 统计量；***表示在 1% 的显著性水平上显著。

关注表 7-2 的第（1）—（4）列，在不考虑控制变量和逐步加入控制变量的回归中，出口国和进口国贸易便利化的回归系数都显著为正，且两者的大小相近。这说明，在全球价值链中，普遍存在进口后再出口和出口后返回增加值，因此，进口国贸易便利化水平与出口国贸易便利化水平对双边/产业增加值出口的影响同样重要。贸易双方的贸易便利化可以显著促进双边增加值贸易流量，且基本稳健，本书的理论假说 1 得到验证。以第（4）列的回归结果为准进行分析。出口国贸易便利化水平每增加 1%，双边增加值出口将增加 0.269%，而进口国贸易便利化水平每增加 1%，双边增加值出口将增加 0.296%。对比其他生产分割成本的构成因素，贸易便利化对增加值贸易流量的影响大于关税和共同语言，小于双边地理距离、是否接壤、出口国是否内陆国等自然贸易成本因素。关税水平每降低 1%，双边增加值出口将增加 0.050%，远远小于贸易便利化的影响；贸易双方具有共同语言可以带来双边增加值贸易流量增加 0.187%，也小于贸易便利化的影响；双边地理距离每缩短 1%，双边增加值出口将增加 1.036%，出口国为内陆国将使双边增加值出口减少 4.468%，这两个因素的影响远远大于贸易便利化；两国接壤可以带来双边增加值出口增加 0.398%，高于贸易便利化的影响。随着贸易自由化进程在全球范围的深入推进，全球平均关税水平持续下降，2016 年全球平均关税水平已经降至 4% 左右，而且在全球价值链生产中，一国为了增加出口会采取出口退税、关税减免等优惠政策，关税对增加值出口的影响非常低。相比而言，贸易便利化与自然贸易成本因素（双边地理距离、是否接壤、出口国是否内陆国、是否具有共同语言）在任何跨境生产环节都不会消失，它们对增加值贸易流量的影响远远大于关税。

其他控制变量的回归结果基本符合理论预期并显著，国家经济体量越大，双边增加值出口流量越大，以第（4）列的回归结果为准进行分析，出口国 GDP 和进口国 GDP 每增加 1%，双边总出口将分别增加 0.162% 和 0.829%，进口国 GDP 对双边增加值贸易流量的影响更大。值得注意的是，传统贸易理论认为，总人口可以反映一国的劳动力和消费体量，人口增加使生产力和消费需求增加从而促进国际贸易，而在生产的分工与分割中，总人口是国内生产分工的基础，总人口的增加也会促进国内分工的深化从而减少国际贸易，因此其对双边增加值贸易流量影响的方向具有不确定性。在本章的回归结果中，总人口对双边贸易的影响显著为负，出口国总人口和进口国总人口每增加 1%，双边增加值出口将分别减少 2.770% 和 0.454%，出口国总人口对双边增加值贸易流量的影响更大。这说明，在全球价值链中，中间产品贸易逐渐取代最终产品贸易，增加值贸易流量受最终需求的影响变小，受国际生产分割的影响变大，总人口通过刺激最终需求形成的正向影响小于总人口通过国内分工深化形成的负向影响。经验数据表明，外资企业在全球价值链中具有更强的上下游生产联系和出口倾向，出口国吸引外资每增加 1%，双边增加值出口将增加 0.004%。双边 FTA 的签订往往给予成员方更为优惠、便捷的贸易政策，降低双边贸易的制度成本，签订 FTA 可以使双边增加值贸易流量增加 0.084%。在本章的回归结果中，出口国全要素生产率对增加值出口的影响显著为负，可能的原因为，发达国家总是倾向于将低技术生产环节外包，发展中国家承接大量劳动密集环节的生产并出口，但这些国家的生产率往往偏低而高度依赖于低端出口。在产业层面，产业劳动报酬、产业资本报酬和产业名义总股本对双边总出口的影响均显著为正，其弹性影响分别为 0.494%、0.243% 和 0.145%。

表 7-2 第（5）列汇报了贸易便利化对双边传统出口的影响，出口国和进口国贸易便利化水平对双边传统出口的影响显著为正，出口国贸易便利化水平和进口国贸易便利化水平每增加 1%，双边传统出口将分别增加 0.816% 和 0.425%。与第（4）列的回归进行对比分析，很明显，贸易便利化对双边传统出口的影响大于对双边增加值出口的影响，在全球价值链生产与贸易的过程中，同一生产阶段的增加值往往会被累加统计，一国总出口中不仅包含本国增加值，还包含其他各国嵌入的国外增加值，贸易便利化对这些国外增加值的流入和再出口都会产生影响，因此，贸

易便利化对传统双边出口的促进效应更大。具体来看，出口的国外增加值在流入和再出口的过程中，至少受到出口国贸易便利化的两次影响，贸易便利化在全球价值链中的累积效应主要体现在出口国上，进口国贸易便利化的累积效应非常小。

除了进出口国的贸易便利化，两国之间的其他生产分割成本因素对传统出口和增加值出口的影响也存在一定的差异性。地理距离每降低1%，双边传统出口增加1.459%，是对双边增加值出口影响的1.408倍；出口国为内陆国可以使双边传统出口减少6.781%，是对双边增加值出口影响的1.518倍；贸易双方具有共同语言可以使双边传统出口增加0.268%，是对双边增加值出口影响的1.433倍；双边关税每降低1%，双边传统出口增加0.089%，是对双边增加值出口影响的1.780倍。对传统出口的影响，贸易便利化仍然大于关税，但是小于自然贸易成本影响因素，国际生产分割涉及跨国投资与管理，地理距离、是否接壤、共同语言和贸易便利化等因素不仅在增加值跨国流动时产生成本，也会影响生产和管理的成本，直接影响国际生产分割的程度，从而影响国际贸易流量。其他控制变量对双边传统出口的影响与对双边增加值出口的影响基本一致，进口国GDP每增加1%，双边传统出口将增加0.863%；出口国和进口国总人口每增加1%，双边传统出口将分别减少4.182%和0.733%；出口国全要素生产率每增加1%，双边传统出口将减少0.734%；双边签订FTA可以使传统出口增加0.171%；产业劳动报酬、产业资本报酬和产业名义总股本每增加1%，双边传统出口将分别增加0.505%、0.144%和0.262%。

二　稳健性检验

(一) 内生性处理与不同估计方法的检验

首先，考虑到贸易流量的增加也会反向促进贸易便利化水平的提升，即模型可能存在内生性，使用解释变量滞后一期作工具变量的二阶段最小二乘法 (2SLS) 以检验贸易便利化对双边增加值出口的影响 [表7-3第 (1) 列]。其中，Durbin-Wu-Hausman检验结果拒绝基础回归模型没有内生性的原假设，Kleibergen-Paap rk LM统计量和Klerbergen-Paap rk Wald F统计量的检验结果表明不存在工具变量识别不足和弱工具变量问题。其次，由于面板数据可能存在组间异方差、组内自相关与组间同期相关等问题，本章用Wald检验的LR统计量和Wooldridge检验的F统计量检验了组间异方差和组内自相关的存在性。为此，应用"混合OLS+稳健

标准误"（OLS+r）[表 7-3 第（2）列] 和可行性广义最小二乘法
（FGLS）[表 7-3 第（3）列] 进行回归分析，两种方法分别在保证稳健
性和有效性的基础上解决了上述问题。考虑到可行性广义最小二乘法的
可操作性，在 FGLS 回归中使用的是在国家层面对产业加总后的数据。如
表 7-3 所示，应用不同的估计方法进行回归，出口国和进口国贸易便利
化对双边增加值出口的影响都显著为正，表明贸易便利化对增加值贸易
流量的正向促进效应具有稳健性。进一步观察控制变量的回归结果，除
了"混合 OLS+稳健标准误"回归中的吸引外资水平和 FGLS 回归中的
进口国总人口的系数不显著以外，所有回归中的控制变量系数方向都与
基础回归一致，且通过显著性水平检验，本章选取的控制变量也具有高
度的稳健性。

表 7-3　　　　　　　不同估计方法对增加值贸易流量的检验

	（1） 2SLS	（2） OLS+r	（3） FGLS
$\ln TFI_{it}$	0.530*** (7.68)	0.222*** (2.92)	0.269*** (4.01)
$\ln TFI_{jt}$	0.152* (1.77)	0.214*** (2.92)	0.188*** (2.98)
$\ln GDP_{it}$	0.339*** (18.03)	0.136*** (3.95)	0.361*** (12.45)
$\ln GDP_{jt}$	0.851*** (59.46)	0.850*** (37.90)	0.710*** (34.46)
$\ln POP_{it}$	-3.785*** (-33.23)	-2.318*** (-14.34)	-2.649*** (-15.69)
$\ln POP_{jt}$	-1.040*** (-10.37)	-0.500*** (-3.32)	-0.030 (-0.18)
$\ln distance_{ij}$	-1.036*** (-93.14)	-0.970*** (-189.48)	-0.986*** (-95.43)
$border_{ij}$	0.397*** (13.89)	0.438*** (36.95)	0.338*** (17.91)
$landlock_i$	-5.624*** (-33.81)	-3.770*** (-17.74)	-4.368*** (-18.98)

续表

	（1） 2SLS	（2） OLS+r	（3） FGLS
$language_{ij}$	0.188*** （6.40）	0.225*** （19.29）	0.185*** （8.40）
$\ln tariff_{ijt}$	-0.057*** （-8.30）	-0.194*** （-39.82）	-0.094*** （-11.00）
$\ln FDI_{it}$	0.002*** （1.79）	0.000 （0.19）	0.004*** （3.19）
$\ln TFP_{it}$	-1.544*** （-22.22）	-1.280*** （-11.69）	-0.231** （-2.48）
FTA_{ijt}	0.068*** （6.20）	0.170*** （18.09）	0.124*** （7.88）
$\ln LAB_{ikt}$	0.505*** （51.27）	0.527*** （93.19）	0.067* （1.82）
$\ln CAP_{ikt}$	0.245*** （50.50）	0.393*** （101.20）	0.070*** （19.50）
$\ln K_{ikt}$	0.159*** （19.21）	0.108*** （25.94）	0.151*** （4.51）
常数项	22.165*** （29.573）	14.396*** （13.94）	14.073*** （14.74）
固定效应	Y	Y	Y
观测值	163672	192864	11145
R^2	0.896	0.898	NA
Durbin-Wu-Hausman 检验	913.260 [0.000]		
Kleibergen-Paap rk LM 统计量	31000 [0.000]		
Klerbergen-Paap rk Wald F 统计量	49000 {7.030}		
Wald LR 统计量		5.4E+33 [0.000]	1.9E+6 [0.000]
Wooldridge F 统计量		1225.958 [0.000]	130.126 [0.000]

注：小括号内报告了对应的 t 统计量；*、**、*** 分别表示在 10%、5%、1%的显著性水平上显著；中括号内报告了对应统计量的 P 值；大括号内报告了 Stock-Yogo 检验在 10%水平上的临界值。

（二）指标替换的检验

用上一章介绍的 OECD 贸易便利化指标和成本法测算的贸易便利化水平进行指标替换的稳健性检验，结果见表7-4。应用不同的贸易便利化指标进行回归，出口国和进口国贸易便利化对双边增加值出口的影响都显著为正，表明贸易便利化对增加值贸易流量的正向促进效应不受贸易便利化衡量方法的影响，具有稳健性。在控制变量的回归结果中，除了进口国总人口的系数不显著以外，所有回归中的控制变量系数方向都与基础回归一致，且通过显著性水平检验，同样证明了控制变量对增加值贸易流量影响的稳健性。

表 7-4　　　　　　指标替换对增加值贸易流量的检验

	（1） TFI-OECD	（2） TFI-DB
$\ln TFI_{it}$	0.063* (1.68)	0.374*** (7.45)
$\ln TFI_{jt}$	0.043* (1.65)	0.412*** (8.43)
$\ln GDP_{it}$	0.152*** (9.22)	0.134*** (8.29)
$\ln GDP_{jt}$	0.842*** (68.67)	0.814*** (68.77)
$\ln POP_{it}$	-2.758*** (-29.34)	-2.601*** (-27.59)
$\ln POP_{jt}$	-0.503*** (-5.84)	-0.134 (-1.41)
$\ln distance_{ij}$	-1.037*** (-93.66)	-1.045*** (-94.94)
$border_{ij}$	0.398*** (13.93)	0.412*** (14.74)
$landlock_i$	-4.489*** (-33.39)	-4.247*** (-30.94)
$language_{ij}$	0.188*** (6.42)	0.105*** (3.87)

续表

	(1) TFI-OECD	(2) TFI-DB
$\ln tariff_{ijt}$	-0.054^{***} (-8.11)	-0.041^{***} (-6.15)
$\ln FDI_{it}$	0.004^{***} (4.49)	0.007^{***} (8.17)
$\ln TFP_{it}$	-1.049^{***} (-18.88)	-1.039^{***} (-18.62)
FTA_{ijt}	0.075^{***} (6.85)	0.077^{***} (7.46)
$\ln LAB_{ikt}$	0.498^{***} (54.44)	0.512^{***} (54.35)
$\ln CAP_{ikt}$	0.243^{***} (56.74)	0.237^{***} (53.09)
$\ln K_{ikt}$	0.146^{***} (18.02)	0.148^{***} (17.61)
常数项	15.963^{***} (26.96)	13.533^{***} (22.36)
固定效应	Y	Y
观测值	192864	176943
R^2	0.895	0.888

注：括号内报告了对应的 t 统计量；*、***分别表示在 10%、1%的显著性水平上显著。

第四节 贸易便利化影响增加值贸易流量的差异性检验

一 区分中间产品和最终产品的检验

根据理论假说 2，贸易便利化对不同贸易的影响存在异质性。中间产品贸易是全球价值链分工的产物和标志特征，主要包括：为了生产的进口（Importing to Producing，I2P），指所有为了生产而进行的中间产品进口；为了出口的进口（Importing to Export，I2E），进口的中间产品被用来生产出口品，更加接近全球价值链的概念；再进口和再出口（Reimporting and Reexporting），I2E 贸易在国家之间反复进行便形成了再进口和再出口（Baldwin and Lopez，2015）。中间产品贸易涉及增加值在国家之间反复多次流动，对贸易便利化改善带来的成本降低更为敏感。最终产品贸易是为了满足消费需求而进行的生产与交换，贸易便利化对最终产品贸易存在两方面的影响：一方面，贸易便利化降低贸易成本，对最终产品贸易具有正向促进作用；另一方面，贸易便利化降低生产分割成本，随着国际分工的深化，最终产品贸易逐渐被中间产品贸易取代，最终产品出口中的本国增加值占比也会降低，对最终产品贸易具有负向抑制作用。因此，有必要对最终产品贸易和中间产品贸易分别进行回归，按照 Koopman 等（2014）的分解方法，可以将增加值出口分解为中间产品贸易中的增加值出口和最终产品贸易中的增加值出口，回归结果如表 7-5 所示。

表 7-5　　　　对中间产品和最终产品增加值贸易流量的检验

	（1） 中间产品增加值出口	（2） 最终产品增加值出口
$\ln TFI_{it}$	0. 209 *** （5. 64）	-0. 818 *** （-7. 68）
$\ln TFI_{jt}$	0. 238 *** （6. 37）	-0. 631 *** （-5. 59）
$\ln GDP_{it}$	0. 215 *** （13. 66）	2. 136 *** （39. 11）
$\ln GDP_{jt}$	0. 772 *** （68. 56）	1. 123 *** （38. 18）
$\ln POP_{it}$	-2. 518 *** （-29. 95）	-8. 814 *** （-41. 97）
$\ln POP_{jt}$	-0. 313 *** （-4. 21）	-1. 312 *** （-8. 13）
$\ln distance_{ij}$	-0. 966 *** （-93. 33）	-0. 961 *** （-73. 65）
$border_{ij}$	0. 361 *** （13. 28）	0. 322 *** （10. 77）
$landlock_i$	-4. 034 *** （-33. 76）	-12. 235 *** （-45. 65）

续表

	(1) 中间产品增加值出口	(2) 最终产品增加值出口
$language_{ij}$	0.121*** (4.27)	0.261*** (8.51)
$\ln tariff_{ij}$	-0.024*** (-3.86)	-0.209*** (-18.14)
$\ln FDI_{it}$	0.004*** (4.90)	-0.070*** (-20.76)
$\ln TFP_{it}$	-1.041*** (-20.76)	-8.030*** (-50.40)
FTA_{ijt}	0.091*** (11.16)	0.105*** (4.80)
$\ln LAB_{ikt}$	0.492*** (60.07)	0.519*** (37.58)
$\ln CAP_{ikt}$	0.230*** (54.85)	0.307*** (40.69)
$\ln K_{ikt}$	0.141*** (18.84)	0.051*** (4.75)
常数项	12.637*** (24.56)	75.112*** (51.97)
固定效应	Y	Y
观测值	192864	192864
R^2	0.905	0.669

注：括号内报告了对应的 t 统计量；***表示在1%的显著性水平上显著。

考察贸易便利化对中间产品增加值出口的影响，出口国贸易便利化水平和进口国贸易便利化水平每提升1%，分别可以使中间产品增加值出口增长0.209%和0.238%，且在1%的显著性水平上显著，贸易便利化显著促进了中间产品增加值贸易。相反，贸易便利化对最终产品增加值出口的影响显著为负，出口国贸易便利化水平和进口国贸易便利化水平每增加1%，最终产品增加值出口将分别减少0.818%和0.631%。贸易便利化的改善使国际生产分割不断深化，最终产品出口在总出口中的占比不断下降，最终产品出口中的国内增加值占比也呈下降趋势，贸易便利化对最终产品增加值出口的负向抑制作用超过了正向促进作用。类似地，出口国吸引外资水平有利于出口国参与国际生产分割，生产资源配置由最终产品生产部门向中间产品生产部门转移，对中间产品增加值出口的影响显著为正，对最终产品增加值出口的影响显著为负。其他控制变量对中间产品增加值出口和最终产品增加值出口的影响同向。整体来讲，贸易便利化对中间产品增加值贸易流量和最终产品增加值贸易流量的影响完全相反，贸易便利化主要是通过中间产品贸易促进增加值出口，不利于最终产品增加值出口。

二　不同国家的分样本检验

考虑到不同发展程度国家之间的贸易具有异质性，按照国际货币基金组织（IMF）的标准将 42 个样本国家分为发达国家和发展中国家[①]，这样，总样本可以分为发达国家之间的贸易、发展中国家之间的贸易、发达国家向发展中国家的出口、发展中国家向发达国家的出口四个子样本，分样本回归结果见表7-6。

表 7-6　　　　　　　　　　对不同国家增加值贸易流量的检验

	（1） 发达—发达	（2） 发展中—发展中	（3） 发达—发展中	（4） 发展中—发达
$\ln TFI_{it}$	0.675*** （9.35）	0.173* （1.70）	0.562*** （6.71）	0.342*** （4.02）
$\ln TFI_{jt}$	0.104* （1.65）	0.606*** （6.16）	0.779*** （10.35）	0.068 （0.72）
$\ln GDP_{it}$	0.612*** （19.24）	0.048 （1.24）	0.534*** （14.19）	0.043 （1.39）
$\ln GDP_{jt}$	0.938*** （36.66）	0.757*** （28.77）	0.802*** （42.68）	0.763*** （22.66）
$\ln POP_{it}$	-3.612*** （-24.26）	-1.841*** （-6.66）	-3.663*** （-20.06）	-1.681*** （-8.16）
$\ln POP_{jt}$	-0.506*** （-3.77）	0.631*** （2.47）	-0.833*** （-4.71）	-0.797*** （-4.86）
$\ln distance_{ij}$	-0.923*** （-56.12）	-1.312*** （-52.84）	-1.001*** （-40.16）	-1.021*** （-41.99）

---

① 发达国家与发展中国家的划分详见附表 1。

续表

	（1） 发达—发达	（2） 发展中—发展中	（3） 发达—发展中	（4） 发展中—发达
$border_{ij}$	0.551*** （10.71）	0.322*** （7.38）	0.346*** （5.72）	0.397*** （6.74）
$landlock_i$	−11.102*** （−22.10）	0.605*** （5.24）	−10.810*** （−17.71）	0.748*** （8.07）
$language_{ij}$	0.137*** （3.84）	0.760*** （4.01）	0.422*** （7.38）	0.313*** （5.90）
$\ln tariff_{ijt}$	−0.150*** （−8.78）	−0.086*** （−7.63）	−0.063*** （−4.99）	−0.029** （−2.20）
$\ln FDI_{it}$	0.006*** （4.16）	−0.010*** （−3.54）	0.014*** （8.19）	−0.004** （−2.27）
$\ln TFP_{it}$	−1.511*** （−16.32）	−0.958*** （−6.92）	−1.634*** （−14.29）	−1.154*** （−10.16）
FTA_{ijt}	0.058*** （3.84）	0.003 （0.08）	−0.034 （−1.43）	0.120*** （5.20）
$\ln LAB_{ikt}$	0.475*** （24.23）	0.483*** （25.35）	0.466*** （24.00）	0.493*** （31.84）
$\ln CAP_{ikt}$	0.169*** （21.85）	0.315*** （37.79）	0.183*** （22.25）	0.327*** （48.59）
$\ln K_{ikt}$	0.294*** （17.36）	0.042*** （2.60）	0.317*** （18.28）	0.060*** （4.56）
常数项	16.016*** （16.47）	7.536*** （6.70）	16.526*** （14.73）	10.799*** （10.97）
固定效应	Y	Y	Y	Y
观测值	56914	38106	49153	48691
R^2	0.896	0.880	0.918	0.907

注：括号内报告了对应的 t 统计量；*、**、*** 分别表示在 10%、5%、1% 的显著性水平上显著。

对于发达国家之间的贸易［表 7-6 第（1）列］，出口国和进口国贸易便利化水平每提升 1%，发达国家之间的增加值出口将分别增加 0.675% 和 0.104%，出口国贸易便利化对发达国家之间增加值出口的影响更大。在发展中国家之间的贸易中［表 7-6 第（2）列］，出口国和进口国贸易便利化水平每提升1%，发展中国家之间的增加值出口将分别增加0.173%和0.606%，进口国贸易便利化对发展中国家之间增加值出口的影响更大。在发达国家向发展中国家的出口中［表7-6第（3）列］，出口国和进口国贸易便利化水平每提升1%，发达国家向发展中国家的增加值出口将分别增加0.562%和0.779%，进口国（发展中国家）的贸易便利化水平对发达国家向发展中国家增加值出口的影响更大。在发展中国家向发达国家的出口中［表7-6第（4）列］，出口国（发展中国家）贸易便利化水平每提升1%，发展中国家向发达国家的增加值出口将增加0.342%，进口国（发达国家）贸易便利化对发展中国家向发达国家增加值出口的影响不显著。对比四个子样本的回归结果可以看出，出口国贸易便利化对发达国家出口的促进效应大于对发展中国家出口的促进效应，进口国贸易便利化对发展中国家进口的促进效应大于发达国家进口的促进效应，在发达国家和发展中国家之间的贸易中，不管是作为出口方还是进口方，总是发展中国家贸易便利化的促进效应更大，贸易便利化对于发展中国家开展南北贸易具有重要的意义。

三　不同产业的分样本检验

不同要素密集型的产业在全球价值链分工中的位置和分工程度各异，增加值出口的特征也不同，因此，参考 Timmer 等（2012）、Rahman 和 Zhao（2013），本章将18个制造业划分为劳动密集型制造业、资本密集型制造业和知识密集型制造业[①]，分别进行回归分析以考察产业出口的异质性，结果见表7-7。

表 7-7　　　　　　　　对不同产业增加值贸易流量的检验

	（1） 劳动密集型	（2） 资本密集型	（3） 知识密集型
$\ln TFI_{it}$	0.064 （0.72）	0.342*** （6.67）	0.253*** （3.38）
$\ln TFI_{jt}$	0.085 （0.95）	0.268*** （5.08）	0.416*** （5.85）

---

① 18个制造业的要素密集类别划分见附表2。

续表

	（1） 劳动密集型	（2） 资本密集型	（3） 知识密集型
$\ln GDP_{it}$	0.121*** (3.21)	0.204*** (9.39)	0.130*** (4.15)
$\ln GDP_{jt}$	0.931*** (34.23)	0.819*** (49.95)	0.797*** (35.70)
$\ln POP_{it}$	-2.867*** (-14.73)	-3.047*** (-23.94)	-2.466*** (-14.55)
$\ln POP_{jt}$	-0.543*** (-2.77)	-0.442*** (3.83)	-0.427*** (-2.72)
$\ln distance_{ij}$	-1.068*** (-40.46)	-1.079*** (-69.03)	-0.971*** (-53.17)
$border_{ij}$	0.442*** (6.53)	0.438*** (10.92)	0.332*** (6.84)
$landlock_i$	-4.626*** (-15.96)	-5.054*** (-27.19)	-3.855*** (-16.33)
$language_{ij}$	0.251*** (3.58)	0.157*** (3.83)	0.194*** (3.90)
$\ln tariff_{ijt}$	-0.070*** (-4.70)	-0.031*** (-3.70)	-0.067*** (-5.32)
$\ln FDI_{it}$	0.006*** (2.86)	0.007*** (4.80)	0.000 (0.09)
$\ln TFP_{it}$	-0.719*** (-5.58)	-1.217*** (-15.44)	-1.083*** (-10.92)
FTA_{ijt}	0.092*** (3.83)	0.071*** (4.90)	0.100*** (5.09)
$\ln LAB_{ikt}$	0.441*** (18.15)	0.457*** (36.88)	0.512*** (31.15)
$\ln CAP_{ikt}$	0.155*** (21.73)	0.265*** (61.37)	0.242*** (26.05)
$\ln K_{ikt}$	0.241*** (10.96)	0.120*** (11.17)	0.150*** (9.55)
常数项	14.913*** (11.26)	17.894*** (21.88)	15.169*** (14.98)
固定效应	Y	Y	Y

续表

	（1） 劳动密集型	（2） 资本密集型	（3） 知识密集型
观测值	32021	85116	75727
R^2	0.895	0.905	0.896

注：括号内报告了对应的 t 统计量；＊＊＊表示在 1%的显著性水平上显著。

在劳动密集型制造业的出口中［表 7-7 第（1）列］，出口国和进口国贸易便利化对双边增加值出口的影响不显著，可能的原因是，纺织服装及皮草制品业、木材加工及木竹藤棕草制品业、家具及其他制造业参与全球价值链的程度较低，受贸易便利化的影响不明显。在资本密集型制造业的出口中［表 7-7 第（2）列］，出口国和进口国贸易便利化水平每提升 1%，双边增加值出口将分别增加 0.342%和 0.268%，贸易便利化显著地促进了资本密集型产业的增加值出口。在知识密集型制造业的出口中［表 7-7 第（3）列］，出口国和进口国贸易便利化水平每提升 1%，双边增加值出口将分别增加 0.253%和 0.416%，贸易便利化显著地促进了知识密集型产业的增加值出口。整体来看，资本密集型制造业和知识密集型制造业的全球价值链分工与生产较为复杂，贸易便利化显著降低了各个生产环节的分割成本，有利于分工的深化和贸易的增加。以 Baldwin（2006）讨论的计算机磁盘驱动器的生产为例，泰国是磁盘驱动器的最终组装地和供应中心，在加工组装中使用了泰国生产的 11 个组件和来自其他 10 个国家的 43 个组件，然后出口到计算机的组装地，比如中国。在这个案例中，泰国和中国的贸易便利化水平都会影响磁盘驱动器的增加值出口，泰国的贸易便利化还会影响从其他国家 43 个组件的进口，中国的贸易便利化还会影响计算机组装后的再出口，正是这种复杂分工中的上下游生产联系，使贸易便利化对资本密集型和知识密集型制造业的增加值出口具有更大的促进效应。

四 对贸易便利化一级指标的检验

贸易便利化四个一级指标反映了不同的内容，港口效率与运输质量（T）、海关与边境管理（C）主要反映的是生产分割的边境成本，而政府规制（R）和金融与电子商务（F）反映的是生产分割的境内成本，四个指标从境内与边境、体制与技术、宏观政策与微观环境等不同的方面综合评价了一国的贸易便利化水平。贸易便利化的各方面存在一定的相关性，四个一级指标之间也存在差异性，为了考察贸易便利化不同指标对增加值贸易流量的影响，分别用港口效率与运输质量、海关与边境管理、政府规制、金融与电子商务四个一级指标代替贸易便利化综合指标进行检验，结果见表7-8。

表7-8　　　　　　　贸易便利化一级指标对增加值贸易流量的检验

	(1) T	(2) C	(3) R	(4) F
$\ln TFI_{it}$	0.388 *** (15.90)	0.040 * (1.68)	0.087 *** (3.37)	0.123 *** (4.27)
$\ln TFI_{jt}$	0.009 (0.35)	0.040 * (1.64)	0.297 *** (11.33)	0.190 *** (7.11)
$\ln GDP_{it}$	0.178 *** (10.77)	0.152 *** (9.22)	0.146 *** (8.81)	0.156 *** (9.39)
$\ln GDP_{jt}$	0.842 *** (68.89)	0.841 *** (68.22)	0.821 *** (67.26)	0.839 *** (68.18)
$\ln POP_{it}$	-2.814 *** (-29.98)	-2.760 *** (-29.34)	-2.742 *** (-29.08)	-2.722 *** (-28.94)
$\ln POP_{jt}$	-0.502 *** (-5.84)	-0.500 *** (-5.78)	-0.470 *** (-5.46)	-0.430 *** (-4.94)
$\ln distance_{ij}$	-1.037 *** (-93.65)	-1.037 *** (-93.69)	-1.036 *** (-93.73)	-1.036 *** (-93.67)
$border_{ij}$	0.397 *** (13.91)	0.397 *** (13.89)	0.398 *** (13.93)	0.397 *** (13.92)
$landlock_i$	-4.481 *** (-33.39)	-4.485 *** (-33.40)	-4.480 *** (-33.33)	-4.432 *** (-32.95)
$language_{ij}$	0.187 *** (6.37)	0.187 *** (6.38)	0.187 *** (6.38)	0.187 *** (6.37)
$\ln tariff_{ijt}$	-0.052 *** (-7.83)	-0.053 *** (-7.92)	-0.052 *** (-7.75)	-0.052 *** (-7.79)
$\ln FDI_{it}$	0.003 *** (2.97)	0.004 *** (4.39)	0.005 *** (4.74)	0.004 *** (4.46)
$\ln TFP_{it}$	-1.163 *** (-20.71)	-1.055 *** (-18.77)	-1.015 *** (-18.15)	-1.071 *** (-19.08)

续表

	（1） T	（2） C	（3） R	（4） F
FTA_{ijt}	0.079 *** （7.24）	0.075 *** （6.93）	0.081 *** （7.43）	0.081 *** （7.43）
$\ln LAB_{ikt}$	0.494 *** （54.15）	0.497 *** （54.43）	0.499 *** （54.56）	0.495 *** （53.73）
$\ln CAP_{ikt}$	0.242 *** （56.97）	0.243 *** （56.72）	0.243 *** （56.69）	0.244 *** （56.70）
$\ln K_{ikt}$	0.142 *** （17.64）	0.146 *** （18.09）	0.145 *** （18.00）	0.145 *** （19.97）
常数项	16.546 *** （28.61）	16.179 *** （27.83）	15.689 *** （27.06）	15.585 *** （26.76）
固定效应	Y	Y	Y	Y
观测值	192864	192864	192864	192864
R^2	0.895	0.895	0.895	0.895

注：括号内报告了对应的 t 统计量；*、*** 分别表示在 10%、1% 的显著性水平上显著。

在港口效率与运输质量指标的回归中［表7-8 第（1）列］，出口国港口效率与运输质量每提升 1%，双边增加值出口增加 0.388%，进口国港口效率与运输质量对双边增加值出口的影响不显著。在海关与边境管理指标的回归中［表7-8 第（2）列］，出口国与进口国海关与边境管理对双边增加值出口的影响相同，贸易双方海关与边境管理水平每提升 1%，都将使双边增加值出口增加 0.040%。海关与边境管理包括贸易壁垒的盛行程度和海关程序的复杂性等因素，这些边境制度障碍随着贸易自由化进程与关税一起大幅度降低，但对双边增加值贸易流量的影响很小。在政府规制指标的回归中［表7-8 第（3）列］，出口国和进口国政府规制得分每提升 1%，双边增加值出口将分别增加 0.087% 和 0.297%，进口国的政府管制负担、犯罪与暴力的商业成本、低效率的法律程序和知识产权保护对双边增加值贸易的负面影响更大。在金融与电子商务指标的回归中［表7-8 第（4）列］，出口国和进口国金融与电子商务便利性每提升 1%，双边增加值出口将分别增加 0.123% 和 0.190%，全球生产分割对生产环节之间远程协调的要求增加，厂商的信贷风险也会沿着全球价值链影响到上下游厂商，金融与电子商务便利性对双边增加值出口的影响已经超过边境障碍的影响。

第五节　增加值贸易潜力估算

对贸易潜力的估计有两种方法。刘青书、姜书竹（2002）利用贸易引力模型分析了决定中国 2000 年双边贸易状况的主要因素，并提出了用真实的双边贸易额（T）与模型拟合值（T'）的比值来衡量贸易潜力的方法。他们将国家间的双边贸易潜力分为三种类型：潜力再造型（$T/T' \geqslant 1.2$）、潜力开拓型（$0.8 < T/T' < 1.2$）和潜力巨大型（$T/T' \leqslant 0.8$）。国内学者对贸易潜力的研究多沿用此方法，如李亚波（2013）研究了中国与智利的货物贸易潜力，毕燕茹、师博（2010）测算了中国与东亚五国的贸易潜力。但是，刘青书、姜书竹（2002）的研究方法只是在现有的贸易条件下对国家间贸易潜力相对大小的估计，并未对贸易潜力的具体值进行估算。Wilson 和 Otsuki（2003）的研究方法不同，他们对 APEC 成员之间的贸易流量进行贸易引力模型的回归，得到经验方程，将低于平均值的贸易便利化水平提升到平均水平并带入经验方程，估计贸易便利化水平提高带来的贸易潜力。孔庆峰和董虹蔚（2015）、陈继勇和刘燚爽（2018）都借鉴这种模拟方法，将各国贸易便利化水平在不同程度上提升，估算了贸易便利化对"一带一路"共建国家贸易潜力的影响。但是，刘青书和姜书竹（2002）、Wilson 和 Otsuki（2003）的这两种方法都只应用在传统贸易潜力的研究中，还没有文章探讨过增加值贸易潜力这一研究方向。本节综合使用这两种研究方法，首次估算了贸易便利化对全球增加值贸易潜力的影响：首先，使用真实的贸易总量与模型拟合值的比值来衡量总体的增加值贸易潜力；其次，考虑到各国贸易便利化水平的得分差异非常大，贸易便利化的提升空间也不同，将所有国家的贸易便利化水平与贸易便利化最高水平（得分 7）的差距缩小 10%，估算各国贸易便利化水平提升带来的全球增加值贸易潜力。[①]

以 2014 年的样本数据进行贸易潜力估算，30996 个样本中有 4100 个

---

① 将贸易便利化水平提升后的得分定义为 $HTFI$，$HTFI = TFI + 0.1 \times (7 - TFI)$，即每个国家贸易便利化水平的提升由贸易便利化提升空间决定，是在原贸易便利化水平上比较容易实现的进步水平。

数据缺失,总计有 26896 个国家/产业双边贸易数据。2014 年 42 个国家的增加值贸易总额为 35524.41 亿美元,增加值贸易的拟合值总额为 638252.01 亿美元,两者之比只有 0.06,属于潜力巨大型。进一步,可以考察不同产业和不同国家之间的贸易潜力,如表 7-9 所示。在 26896 个国家/产业双边贸易数据中,有 10043 个是潜力再造型,839 个是潜力开拓型,16014 个是潜力巨大型,潜力巨大型占比 59.54%。其中,劳动密集型产业增加值出口样本有 4510 个,潜力巨大型有 2756 个,占比 61.11%;资本密集型产业增加值出口样本有 11726 个,潜力巨大型有 6971 个,占比 59.45%;知识密集型产业增加值出口样本有 10660 个,潜力巨大型有 6287 个,占比 58.98%。按国家发展程度划分,发达国家之间的贸易样本有 8030 个,潜力巨大型有 4797 个,占比 59.74%;发展中国家之间的贸易样本有 5238 个,潜力巨大型有 3081 个,占比 58.82%;发达国家向发展中国家出口的贸易样本有 6935 个,潜力巨大型有 3998 个,占比 57.65%;发展中国家向发达国家出口的贸易样本有 6693 个,潜力巨大型有 4138 个,占比 61.83%。整体来讲,增加值贸易潜力巨大型的占比在 59% 左右徘徊,不同产业和不同国家贸易之间的差距不大,劳动密集型产业增加值出口的潜力巨大型占比略高于资本密集型和知识密集型产业,发展中国家向发达国家增加值出口的潜力巨大型占比略高于发达国家之间贸易、发展中国家之间贸易和发达国家向发展中国家的出口。

表 7-9　　　　　　　　　　增加值贸易潜力类型的分布　　　　　　单位:个

产业	潜力再造型	潜力开拓型	潜力巨大型	总计
劳动密集型	1610	144	2756	4510
资本密集型	4361	394	6971	11726
知识密集型	4072	301	6287	10660
总计	10043	839	16014	26896
国家	潜力再造型	潜力开拓型	潜力巨大型	总计
发达—发达	2968	265	4797	8030
发展中—发展中	1985	172	3081	5238
发达—发展中	2731	206	3998	6935
发展中—发达	2359	196	4138	6693
总计	10043	839	16014	26896

注:笔者根据增加值贸易流量的基础回归结果测算。

根据 Wilson 和 Otsuki（2003）的贸易潜力估算方法，将 42 个国家的贸易便利化水平与最高水平之间的差距减小 10%，计算贸易便利化水平提升带来的增加值贸易潜力增加，如表 7-10 所示。各国贸易便利化水平的提升，可以进一步释放 16543.2 亿美元的增加值贸易潜力，占 2014 年增加值贸易拟合值总值的 2.59%，其中劳动密集型产业增加值出口增加 3084.7 亿美元，资本密集型产业增加值出口增加 7745.2 亿美元，知识密集型产业增加值出口增加 5713.3 亿美元，三种类型的产业增加值出口增加的比重相差不大。按照国家发展程度划分，发达国家之间的增加值贸易增加 5398.4 亿美元，占增加值贸易拟合值的 2.17%，潜力增加最少；发展中国家之间的增加值贸易增加 3978.9 亿美元，占增加值贸易拟合值的 3.36%，潜力增加最多；发达国家向发展中国家的增加值出口增加 1725.2 亿美元，占增加值贸易拟合值的 3.08%，潜力增加偏高；发展中国家向发达国家的增加值出口增加 5440.7 亿美元，占增加值贸易拟合值的 2.53%，潜力增加偏低。整体来讲，各国贸易便利化水平在合理范围内的提升，可以使增加值贸易潜力在贸易拟合值的基础上再次提升，不同类型产业增加值贸易潜力的释放比重相差不大，发展中国家的贸易便利化水平偏低，其贸易便利化水平提升的空间较大，可以释放的贸易潜力最多。

表 7-10　　　　　　　　贸易便利化水平提升的增加值贸易潜力

单位：十亿美元、%

产业	贸易潜力	占比	国家	贸易潜力	占比
劳动密集型	308.47	2.58	发达—发达	539.84	2.17
资本密集型	774.52	2.61	发展中—发展中	397.89	3.36
知识密集型	571.33	2.58	发达—发展中	172.52	3.08
			发展中—发达	544.07	2.53
总计	1654.32	2.59	总计	1654.32	2.59

注：笔者根据增加值贸易流量的基础回归结果测算。

第六节　本章小结

本章应用 2008—2014 年双边/产业层面的数据检验了贸易便利化对双

边增加值贸易流量的影响，并在此基础上估算了样本国家之间的增加值贸易潜力，主要结论有：（1）出口国和进口国贸易便利化水平对增加值出口都起到显著的促进作用，贸易便利化对增加值贸易流量的影响大于关税，小于双边地理距离等自然成本因素；（2）贸易便利化对最终产品贸易和中间产品贸易、不同发展程度的国家之间贸易、不同要素密集型产业贸易的影响具有异质性，不同贸易便利化指标的影响也有不同，贸易便利化对中间产品出口、发展中国家进出口、资本密集型产业和知识密集型产业出口的影响更大，贸易便利化境内指标对增加值贸易的影响已经超过贸易便利化边境指标；（4）59.54%的双边增加值贸易样本属于潜力巨大型，这一比值在不同产业贸易和不同国家贸易上的分布较为均衡，各国贸易便利化水平的提升将进一步释放16543.2亿美元的贸易潜力，发展中国家贸易便利化的提升空间较大，可释放的贸易潜力也较大。

当前国际贸易环境不稳定，国家之间的贸易摩擦频发，多边贸易体系的影响力下降，区域经济一体化的竞争日益胶着，在此背景下，如果一国想要通过全球价值链分工与贸易进一步实现自身发展，提高贸易便利化水平至关重要。在全球价值链生产中，增加值呈现先进后出的特点，出口国贸易便利化水平对于双边增加值贸易尤为重要，尤其是发展中国家贸易便利化的改善，可以提高发展中国家参与全球价值链的程度，对增加值进口和增加值出口的促进作用要大于发达国家贸易便利化水平的提高。

第八章 贸易便利化对增加值贸易利益结构的影响研究

第一节 引言

上一章的研究结论认为，贸易便利化可以显著促进双边增加值贸易流量的增加，即两国贸易便利化水平的提升有助于出口国向进口国出口更多的本国增加值。事实上，贸易便利化带来的生产分割成本降低，使国际生产分工不断深化，同一增加值多次跨越国界交易，造成传统贸易流量的大量增加，在双边贸易中，不仅出口国本国增加值增加了，出口中嵌入的国外增加值也增加了。那么，在贸易便利化水平的提升中，双边贸易的增加值构成结构是否发生了变化，贸易便利化是否有利于出口中本国增加值占比的增加？贸易便利化对增加值贸易利益结构的影响在不同国家和不同产业的贸易中是否存在差异？生产分割成本的不断降低可能会产生外包回流现象，贸易便利化水平的提升会不会到达这样一个拐点，使出口中的本国增加值占比先下降后上升？从全球价值链分工与生产的角度，贸易便利化通过哪些渠道影响了增加值贸易利益结构？

传统的贸易便利化研究仅关注贸易便利化对贸易深度和贸易广度的影响，而忽略了对出口的增加值构成结构的影响，不能解释贸易便利化对全球价值链生产的深层次影响。为了解答上述问题，本章应用双边/产业层面的贸易数据，进一步检验了贸易便利化对出口中本国附加值率的影响，通过分样本回归检验了贸易便利化影响的差异性，通过加入贸易便利化的二次项检验了贸易便利化对本国附加值率可能的"U"形影响，最后应用中介效应检验了贸易便利化影响增加值贸易利益结构的渠道。本章的研究从多个角度深入分析了贸易便利化对增加值贸易利益结构的影响，解释了贸易便利化影响增加值贸易流量背后的结构特征。

第二节 计量模型与数据

一 计量模型的设定

根据理论假说 3，随着生产分割成本的降低，全球生产分割不断深化，出口中嵌入更多的国外附加值，导致本国增加值出口的占比下降。这里，本章用出口的本国附加值率（VAX 指标）来衡量双边出口的增加值结构，该指标越大说明出口中的本国增加值占比越大，国外增加值占比越小。为了考察贸易便利化对本国附加值率的影响，将基础计量模型设定为：

$$\ln VAX_{ijkt} = \beta_0 + \beta_1 \ln TFI_{it} + \beta_2 \ln TFI_{jt} + \beta X + v_i + v_j + v_k + v_t + \varepsilon_{ijkt} \qquad (8-1)$$

这里，核心解释变量仍然是出口国和进口国的贸易便利化水平（TFI_{it} 和 TFI_{jt}）；被解释变量为双边/产业出口的本国附加值率，即 i 国向 j 国的 k 产业出口中，本国增加值所占的比重；X 是控制变量集，主要包括传统贸易引力变量、贸易国特征变量和产业特征变量；v_i、v_j、v_k 和 v_t 分别表示出口国、进口国、行业和时间固定效应。为了降低异方差，除虚拟变量外，模型中其他变量均取对数。

然而，在理论假说 4 中，生产分割成本的降低可能带来外包回流现象，如果外包的生产环节转移到国内生产，则出口中的本国增加值占比会增加，国外增加值占比会减少。影响外包回流的主要因素是出口国的贸易便利化水平，因此，为了检验贸易便利化水平的提升是否可以达到外包回流的拐点，对本国增加值率产生"U"形影响，在式（8-1）的基础上引入出口国贸易便利化的二次项，得到扩展模型：

$$\ln VAX_{ijkt} = \beta_0 + \beta_1 \ln TFI_{it} + \beta_2 \ln TFI_{it}^2 + \beta_3 \ln TFI_{jt} + \beta X + v_i + v_j + v_k + v_t + \varepsilon_{ijkt} \qquad (8-2)$$

在传统贸易中，贸易便利化可以降低贸易成本，直接影响双边贸易流量；而在全球价值链分工与生产中，贸易便利化首先影响了贸易双方的生产分工，通过改变贸易国参与全球价值链生产的形式而对双边增加值贸易产生深层次的影响。根据理论假说 5，在全球价值链分工与生产中，贸易便利化至少可以通过两种生产渠道影响出口的增加值结构：提高出口国参与全球价值链生产的程度和改变出口国参与全球价值链生产的位置。借鉴 Baron 和 Kennny（1987）检验中介变量的"三步骤"方法，在式（8-1）的基础上构建中介效应模型，检验贸易便利化影响增加值贸易利益结构的途径，具体的回归模型为：

$$\ln VAX_{ijkt} = \beta_0 + \beta_1 \ln TFI_{it} + \beta X + v_i + v_j + v_k + v_t + \varepsilon_{ijkt} \text{①} \tag{8-1}$$

$$\ln M_{ikt} = \alpha_0 + \alpha_1 \ln TFI_{it} + \alpha X + v_i + v_j + v_k + v_t + \varepsilon_{ijkt} \tag{8-3}$$

$$\ln VAX_{ijkt} = \beta_0' + \beta_1' \ln TFI_{it} + \beta_2' \ln M_{ikt} + \beta' X + v_i + v_j + v_k + v_t + \varepsilon_{ijkt} \tag{8-4}$$

其中，TFI_{it} 为出口国贸易便利化水平。由于主要考察出口产业参与全球价值链生产的中介效应，所以将进口国贸易便利化水平并入了控制变量。M_{ikt} 为中介变量，即出口国各产业参与全球价值链生产的程度和在全球价值链生产中的位置。

二 变量与数据

这一章的实证分析仍然是基于 2008—2014 年 42 个国家 18 个制造业的双边贸易数据，出口的国内附加值率（VAX_{ijkt}）根据 WIOTs 数据测算而得，即用前文测算的双边/产业国内增加值出口除以双边/产业总出口，衡量国内增加值在出口价值构成中的比重。关于全球价值链参与度和位置的衡量，有贸易和生产两个视角的测算方法。Hummels 等（2001）的垂直专业化分工指数（VSS 指数）、Koopman 等（2014）的参与全球价值链程度指数和位置指数（GVC-Participation 和 GVC-Position）等是从贸易的角度对一国总出口进行分解，用出口中的国外增加值占比衡量一国参与全球价值链的程度，用中间产品出口中的国内增加值与总出口中国外增加值的差额占比衡量一国在全球价值链中的位置，这种测算方法仅关注一国进出口贸易的增加值构成。Antràs 等（2012）、Wang 等（2017a,b）从生产的角度对全球价值链生产进行了测算与分析，他们用一国生产到原材料的距离和到最终消费的距离来衡量该国的生产位置，用全球价值链生产占总生产的比重来衡量一国参与全球价值链的程度。本章认为，后者更能反映全球生产分割背景下的国际生产分工与贸易，因此，借鉴 Wang 等（2017b）的方法，测算出口国各产业参与全球价值链的程度（$GVCPt_{ikt}$）和生产位置（$GVCPs_{ikt}$）并作为中介变量。由于本书使用的出口附加值率是基于前向生产联系的增加值分解计算的，所以本章对全球价值链参与度的测算也基于前向生产联系的视角，全球价值链生产位置是

---

① 此处把进口国贸易便利化水平合并到控制变量里，实际上仍是式（8-1）。

前向生产长度和后向生产长度的比值。另外，贸易引力模型变量、贸易国特征变量和产业特征变量等影响双边贸易流量的因素，会对增加值的流入和流出都产生影响，从而影响出口的增加值结构。借鉴王学君和潘江（2017）、高敬峰和王庭东（2017）的做法，本章保留所有贸易引力模型控制变量、贸易国特征控制变量和产业特征控制变量。新增变量的统计特征见表 8-1。

表 8-1　　　　　　　　　　　　变量的统计特征

变量	样本量	均值	标准差	最小值	最大值
$\ln VAX_{ijkt}$	216972	-0.051	1.622	-4.724	19.527
$\ln VAX\text{-}in_{ijkt}$	216971	0.105	1.721	-4.748	19.384
$\ln VAX\text{-}fl_{ijkt}$	213084	-0.101	2.215	-12.408	37.093
$\ln GVCPt_{ikt}$	216972	-1.250	0.820	-5.299	3.217
$\ln GVCPs_{ikt}$	214881	-0.073	0.137	-0.522	0.677

注：由 Stata 15.0 统计分析得出。

第三节　贸易便利化影响增加值贸易利益结构的实证检验

一　基础回归分析

同样，在控制出口国—进口国—产业—年份多维固定效应的基础上，逐步引入贸易引力模型控制变量、贸易国特征控制变量和产业特征控制变量，检验贸易便利化对出口的本国附加值率的影响，结果见表 8-2。在不加入控制变量和逐步加入多层面控制变量的回归中，出口国和进口国贸易便利化水平对出口的本国附加值率的影响始终为负，这说明，虽然贸易便利化有利于增加值贸易在总量上的增加，但是不利于本国增加值占比的提升，随着贸易便利化水平的提升，出口国融入全球价值链的程度提升，越来越多的国外增加值嵌入出口总价值，国家间增加值贸易的利益结构日趋复杂。在全球价值链分工中，贸易便利化不仅影响一国的出口流量，还影响了出口的利益结构，如果深入考察国外增加值的来源，贸易便利化对增加值贸易利益结构的影响更为复杂。以表 8-2 第（4）列的回归结果为准，出口国和进口国贸易便利化水平每提升 1%，出口的本国附加值率将分别下降 0.555% 和 0.131%，出口国贸易便利化对出口增加值结构的影响更大。

表 8-2　　　　　　贸易便利化对本国附加值率的回归结果

	（1）	（2）	（3）	（4）
$\ln TFI_{it}$	-0.876*** (-11.76)	-0.784*** (-10.92)	-0.684*** (-8.90)	-0.555*** (-7.13)
$\ln TFI_{jt}$	-0.183*** (-2.66)	-0.140** (-2.03)	-0.160** (-2.36)	-0.131** (-1.99)
$\ln GDP_{it}$		-0.093*** (-3.84)	0.053 (1.52)	0.099*** (2.75)
$\ln GDP_{jt}$		-0.043** (-1.97)	-0.037* (1.69)	-0.035* (-1.64)
$\ln POP_{it}$		1.853*** (11.18)	1.250*** (7.78)	1.420*** (9.05)
$\ln POP_{jt}$		0.462*** (3.06)	0.373** (2.47)	0.278* (1.85)
$\ln distance_{ij}$		0.450*** (36.43)	0.429*** (33.43)	0.424*** (33.41)
$border_{ij}$		0.122*** (4.69)	0.105*** (4.04)	0.107*** (4.25)
$landlock_i$		2.549*** (11.45)	1.925*** (8.85)	2.324*** (10.83)
$language_{ij}$		-0.068** (-2.45)	-0.072*** (-2.60)	-0.080*** (-3.11)
$\ln tariff_{ijt}$		0.028*** (3.13)	0.024*** (2.82)	0.035*** (4.26)
$\ln FDI_{it}$			0.003* (1.92)	0.005*** (2.93)
$\ln TFP_{it}$			-0.324*** (-3.38)	-0.391*** (-4.04)
FTA_{ijt}			-0.093*** (-5.48)	-0.086*** (-5.15)

续表

	（1）	（2）	（3）	（4）
$\ln LAB_{ikt}$				−0.006 （−0.30）
$\ln CAP_{ikt}$				0.102*** （20.43）
$\ln K_{ikt}$				−0.114*** （−7.11）
常数项	1.836*** （10.02）	−9.715*** （−15.20）	−6.167*** （−6.99）	−6.175*** （−7.10）
固定效应	Y	Y	Y	Y
观测值	216972	216972	200736	192864
R^2	0.334	0.359	0.351	0.364

注：括号内报告了对应的 t 统计量；＊、＊＊、＊＊＊分别表示在 10%、5%、1%的显著性水平上显著。

在控制变量中，出口国 GDP 对出口本国附加值率的影响显著为正，而进口国 GDP 对出口本国附加值率的影响显著为负，经济总量反映了进口国的生产能力，进口国的生产能力越强，越不利于出口国实现本国贸易利益。出口国和进口国总人口每增加 1%，出口的本国附加值率将分别增加 1.420%和 0.278%，与上一章的回归结果理论吻合，人口的增加有利于国内生产分工的深化，国内生产链越长，出口的本国附加值率越高，但是国内生产分工对国际生产分工的取代不利于增加值贸易流量的增加。在自然贸易成本影响因素中，地理距离和出口国为内陆国对出口本国附加值率的影响显著为正，地理距离的增大和出口国为内陆国不利于贸易国参与全球价值链分工，从而不利于国外增加值的嵌入，出口中的本国附加值率增加；具有共同语言有利于贸易双方开展复杂深入的生产分工，对出口附加值率的影响显著为负；贸易双方接壤对出口附加值率的影响显著为正，可能的原因为，贸易双方接壤大大降低了生产分割成本，在控制其他影响因素的基础上，接壤更容易出现外包回流现象，使出口的附加值率增加。双边关税每增加 1%，出口的附加值率将增加 0.035%，关税水平的提高不利于国外增加值的流入，从而在出口的增加值构成中，本国增加值占比上升。出口国吸引外资水平每增加 1%，出口的附加值率将增加 0.005%，外资的流入往往会带来更多的进口与出口，对出口附加值率有微弱的正向影响，但是如果考虑出口增加值的所有权属性，外资对出口附加值率的影响可能为负。出口国全要素生产率和双边签订 FTA 对出口附加值率的影响显著为负，全要素生产率越高的国家嵌入全球价值链的程度越深，FTA 的签订也有利于国际生产分割的深化，使出口的增加值构成更为复杂，国外增加值占比更高。在产业层面的控制变量中，资本报酬对出口附加值率的影响为正，而产业名义总股本对出口附加值率的影响为负。

二 稳健性检验

（一）动态效应与不同估计方法的检验

在基础回归分析中，本章检验了贸易便利化对出口附加值率的静态影响，出口附加值率在时间上具有一定的惯性，导致基本回归可能存在内生性问题。对模型进行序列自相关检验，结果显示序列存在一阶自相关、二阶不相关，因此，将被解释变量的一阶滞后项引入回归方程，并使用系统 GMM 方法检验贸易便利化对出口附加值率的长期影响［表 8-3 第（1）列］，对此进行 Sargan 检验，该模型结果无法拒绝工具变量有效的原假设。此外，由于已经检测到了样本数据存在组间异方差、组内自相关的问题，本章同时应用"混合 OLS+稳健标准误"（OLS+r）［表 8-3 第（2）列］和可行性广义最小二乘法（FGLS）［表 8-3 第（3）列］进行回归分析，两种方法分别在保证稳健性和有效性的基础上解决了上述问题。考虑到可行性广义最小二乘法的可操作性，本章在 FGLS 回归中使用的是在国家层面对产业加总后的数据。如表 8-3 所示，系统 GMM 回归中的进口贸易便利化系数不显著，出口国和进口国贸易便利化对出口附加值率的影响总是显著为负，表明贸易便利化对出口增加值构成的影响具有稳健性。

关注系统 GMM 估计的动态回归结果［表 8-3 第（1）列］，贸易便利化对出口附加值率影响的长期效应与短期效应不同，出口附加值率的一阶滞后项在 1% 的显著性水平上与被解释变量存在正向关系，即当期出口的增加值构成结构会显著影响下一期出口的增加值构成，出口附加值率在样本时间内具有明显的"惯性"。在长期内，出口国贸易便利化对出口附加值率的影响仍然显著为负，但是进口国贸易便利化对出口附加值率的影响不显著，这说明，进口国贸易便利化主要是在短期内影响出口国参与全球价值链分工与生产，而出口国贸易便利化在长期和短期里都会显著地改变出口的增加值构成。

表 8-3 不同估计方法对本国附加值率的检验

	(1) 系统 GMM	(2) OLS+r	(3) FGLS
$L.\ln VAX_{ijkt}$	0.803 *** (106.04)		
$\ln TFI_{it}$	−0.407 *** (−5.40)	−0.691 *** (−5.27)	−0.224 *** (−7.88)
$\ln TFI_{jt}$	0.037 (0.54)	−0.070 * (−1.65)	−0.072 *** (−2.93)
$\ln GDP_{it}$	0.035 (0.76)	0.104 (1.52)	0.165 *** (13.50)
$\ln GDP_{jt}$	0.047 ** (2.17)	−0.055 * (−1.61)	0.034 *** (3.96)
$\ln POP_{it}$	−0.327 ** (−2.01)	1.166 *** (4.82)	−0.123 *** (−1.64)
$\ln POP_{jt}$	−0.098 (−0.74)	0.258 (1.15)	0.175 *** (2.97)
$\ln distance_{ij}$	0.077 *** (17.12)	0.376 *** (36.08)	0.175 *** (49.96)
$border_{ij}$	0.023 *** (3.91)	0.069 *** (6.35)	−0.004 (−0.62)
$landlock_i$	−0.372 * (−1.80)	1.921 *** (6.16)	−0.017 (−0.16)
$language_{ij}$	−0.018 *** (−2.86)	−0.099 *** (−8.69)	−0.060 *** (−7.12)
$\ln tariff_{ijt}$	0.026 *** (5.49)	0.129 *** (15.60)	0.018 *** (5.42)
$\ln FDI_{it}$	−0.006 *** (−3.14)	0.008 *** (2.78)	−0.001 * (−1.81)
$\ln TFP_{it}$	0.132 (1.26)	−0.218 (−1.32)	−0.126 *** (−2.95)
FTA_{ijt}	−0.017 * (−1.86)	−0.170 *** (−9.91)	−0.052 *** (−8.80)

续表

	（1）系统 GMM	（2）OLS+r	（3）FGLS
$\ln LAB_{ikt}$	-0.009 (-0.95)	-0.048*** (-2.92)	0.010 (0.58)
$\ln CAP_{ikt}$	0.024*** (6.68)	0.024*** (4.09)	0.033*** (11.56)
$\ln K_{ikt}$	-0.028*** (-4.11)	-0.072*** (-6.78)	-0.107*** (-7.57)
常数项	-0.394 (-0.39)	-5.475*** (-3.86)	-1.659*** (-4.21)
固定效应	Y	Y	Y
观测值	163672	192864	11145
R^2	0.782	0.367	NA
Wald LR 统计量		1.0E+33 [0.000]	2.1E+7 [0.000]
Wooldridge F 统计量		70.423 [0.000]	34.820 [0.000]

注：小括号内报告了对应的 t 统计量；中括号内报告了对应的 P 值；*、**、*** 分别表示在 10%、5%、1% 的显著性水平上显著。

（二）指标替换的检验

进一步地，用 OECD 的贸易便利化指标（TFI-OECD）和 *Doing Business* 中相关指标构建的贸易便利化指标（TFI-DB）代替本章基础回归中的贸易便利化指标，对出口的附加值率进行回归分析，结果见表 8-4。出口国和进口国贸易便利化水平对出口附加值率的影响始终显著为负，用不同的方法衡量贸易便利化水平，没有改变贸易便利化对出口增加值构成的影响，贸易便利化使出口的国内增加值占比降低，嵌入的国外增加值占比增加，该影响具有稳健性。进一步地，所有控制变量基本显著，且系数方向与基础回归一致，反映了控制变量对出口附加值率影响的稳健性，同时证明了之前的假设，影响增加值贸易流量的因素也会对出口的增加值构成产生影响。

表 8-4 指标替换对本国附加值率的检验

	(1) TFI-OECD	(2) TFI-DB
$\ln TFI_{it}$	-0.144** (-2.00)	-0.539*** (-5.33)
$\ln TFI_{jt}$	-0.139*** (-2.99)	-0.072* (-1.83)
$\ln GDP_{it}$	0.122*** (3.47)	0.135*** (3.85)
$\ln GDP_{jt}$	-0.041* (-1.91)	-0.018 (-0.87)
$\ln POP_{it}$	1.395*** (8.85)	1.120*** (6.78)
$\ln POP_{jt}$	0.299** (1.99)	0.196 (1.26)
$\ln distance_{ij}$	0.425*** (33.49)	0.429*** (33.44)
$border_{ij}$	0.105*** (4.17)	0.083*** (3.31)
$landlock_i$	2.370*** (11.11)	1.917*** (8.25)
$language_{ij}$	-0.083*** (-3.21)	0.001 (0.04)
$\ln tariff_{ijt}$	0.038*** (4.59)	0.034*** (4.29)
$\ln FDI_{it}$	0.003** (2.02)	0.002* (1.68)
$\ln TFP_{it}$	-0.534*** (-5.83)	-0.556*** (-5.98)
FTA_{ijt}	-0.076*** (-4.51)	-0.061*** (-3.58)
$\ln LAB_{ikt}$	-0.012 (-0.58)	-0.006 (0.26)
$\ln CAP_{ikt}$	0.102*** (20.69)	0.098*** (20.53)

	(1) TFI-OECD	(2) TFI-DB
$\ln K_{ikt}$	-0.114 *** (-7.13)	-0.119 *** (-7.06)
常数项	-5.479 *** (-6.11)	-4.101 *** (22.36)
固定效应	Y	Y
观测值	192864	176943
R^2	0.364	0.362

注：括号内报告了对应的 t 统计量；*、**、*** 分别表示在 10%、5%、1% 的显著性水平上显著。

三 加入贸易便利化二次项的检验

根据式（8-2），本章引入出口国贸易便利化的二次项，检验贸易便利化对增加值贸易利益结构的非线性影响，结果见表 8-5。除不加控制变量的回归中［表 8-5 第（1）列］，出口国贸易便利化的二次项不显著以外，在逐步引入贸易引力模型控制变量、贸易国特征控制变量和产业特征控制变量的回归中［表 8-5 第（2）—（4）列］，出口国贸易便利化二次项的回归系数显著为正。这表明，贸易便利化对出口附加值率的影响存在明显的"U"形效应，在拐点之前，出口国贸易便利化水平的提升有助于全球价值链分工的深化，出口中的国外增加值占比上升，本国增加值占比下降，但当出口国贸易便利化水平达到一定的高度时，国际生产分割成本降低到非常小的水平，之前因为"打包外包"而形成的过度外包，就会重新根据生产的比较优势进行位置选择，形成外包回流现象，出口中的本国增加值占比转为上升。

表 8-5　　　　　　贸易便利化对本国附加值率的"U"形效应

	(1)	(2)	(3)	(4)
$\ln TFI_{it}$	-0.963 * (-1.68)	-1.026 * (-1.69)	-1.584 ** (-2.46)	-2.874 *** (-4.50)
$\ln TFI_{it}^2$	0.029 (0.15)	0.082 * (1.65)	0.305 * (1.69)	0.786 *** (3.95)

续表

	（1）	（2）	（3）	（4）
$\ln TFI_{jt}$	-0.183 *** （-2.66）	-0.140 ** （-2.03）	-0.160 ** （-2.36）	-0.131 ** （-2.00）
$\ln GDP_{it}$		-0.091 *** （-3.64）	0.059 * （1.71）	0.114 *** （3.19）
$\ln GDP_{jt}$		-0.043 ** （-1.97）	-0.037 * （-1.69）	-0.035 * （-1.63）
$\ln POP_{it}$		1.852 *** （11.14）	1.247 *** （7.75）	1.416 *** （9.02）
$\ln POP_{jt}$		0.462 *** （3.06）	0.373 ** （2.47）	0.278 ** （1.85）
$\ln distance_{ij}$		0.450 *** （36.43）	0.429 *** （33.42）	0.424 *** （33.39）
$border_{ij}$		0.122 *** （4.69）	0.105 *** （4.02）	0.107 *** （4.24）
$landlock_i$		2.554 *** （11.68）	1.948 *** （9.09）	2.386 *** （11.33）
$language_{ij}$		-0.068 ** （-2.45）	-0.072 *** （-2.60）	-0.080 *** （-3.11）
$\ln tariff_{ijt}$		0.028 *** （3.13）	0.024 *** （2.82）	0.035 *** （4.24）
$\ln FDI_{it}$			0.003 * （1.73）	0.004 ** （2.43）
$\ln TFP_{it}$			-0.317 *** （-3.27）	-0.375 *** （-3.84）
FTA_{ijt}			-0.094 *** （-5.51）	-0.088 *** （-5.23）
$\ln LAB_{ikt}$				-0.005 （-0.25）
$\ln CAP_{ikt}$				0.102 *** （20.66）
$\ln K_{ikt}$				-0.116 *** （-7.21）
常数项	1.899 *** （3.75）	-9.549 *** （-11.27）	-5.594 *** （-5.78）	-4.694 *** （-4.85）

	（1）	（2）	（3）	（4）
固定效应	Y	Y	Y	Y
观测值	216972	216972	200736	192864
R^2	0.334	0.359	0.351	0.364

注：括号内报告了对应的 t 统计量；＊、＊＊、＊＊＊分别表示在 10%、5%、1% 的显著性水平上显著。

以表 8-5 第（4）列的回归为准，可以计算拐点发生在出口国贸易便利化水平为 6.22 的临界值上，也就是说，当出口国贸易便利化水平低于6.22 时，贸易便利化水平提升会显著提高出口中的国外增加值占比，国内附加值率降低；当出口国贸易便利化水平超过 6.22 时，贸易便利化水平的进一步提升会使出口的国内附加值率升高。这虽然在理论上验证了贸易便利化拐点存在的可能性，但即使是贸易便利化水平最高的芬兰、瑞士等国家，贸易便利化指标的得分也没有达到 6.22，目前贸易便利化对增加值贸易利益结构的影响还处在拐点之前的阶段，没有达到可以使本国增加值占比上升的程度。除了贸易便利化，跨国生产分割成本还会受到自然贸易成本（地理距离、接壤、内陆国、共同语言等因素）和非自然贸易成本（关税、FTA 签订等因素）的影响，因此，在地理毗邻的国家之间，关税降低、双边签订优惠贸易协定时，贸易便利化对出口附加值率"U"形影响的拐点会更早出现。这或许可以解释近十几年发达国家的部分外包回流现象，比如通用电气已经将其部分电器制造业从中国转移到美国肯塔基州，美国现金出纳机公司（NCR）也将其自动取款机的生产从中国、印度和匈牙利转移回位于美国佐治亚州的工厂。

第四节　贸易便利化影响增加值贸易利益结构的差异性检验

一　区分中间产品和最终产品的检验

考虑到贸易便利化对中间产品和最终产品增加值贸易影响的异质性，本章将总出口分为中间产品出口和最终产品出口两种形式，分别计算中

间产品出口的本国附加值率和最终产品出口的本国附加值率，并进行回
归分析，结果见表8-6。贸易便利化对中间产品出口附加值率和最终产品
出口附加值率都存在显著的负向影响，出口国和进口国贸易便利化水平
每提升1%，中间产品出口附加值率将分别降低0.676%和0.180%，最终
产品出口附加值率将分别降低1.331%和0.852%。由于最终产品的生产
位于全球价值链的最末端，贸易便利化会在最终产品生产中嵌入更多的
国外附加值，本国增加值占比下降明显，对最终产品出口附加值率的负
向影响大于中间产品。

　　控制变量对中间产品出口附加值率和最终产品出口附加值率的影响
也存在差异性，进口国GDP对中间产品出口附加值率不存在显著影响，
对最终产品出口附加值率的影响显著为正，进口国经济总量越大，越有
利于在最终产品出口中嵌入本国增加值。进口国和出口国总人口对中间
产品出口附加值率的影响显著为正，而对最终产品出口附加值率的影响
显著为负，贸易国总人口的增加有利于展开中间产品在国内的分工生产，
从而在出口中本国增加值占比增加，但是对于最终产品，总人口的增加
意味着最终需求的增加，大规模的企业生产更容易将上游生产环节外包，
在出口中嵌入的国外增加值占比增加，而本国附加值率下降。出口国的
外资流入有利于中间产品出口附加值率的增加，但是对最终产品出口本
国附加值率的影响显著为负，外资企业往往应用本国资源进行零部件生
产，然后出口到下游生产国家，或者进口关键零部件进行最后的组装，
因此有利于中间产品出口的本国增加值占比的增加，而不利于最终产品
出口的本国增加值占比的增加。总之，贸易便利化对中间产品和最终产
品出口价值结构的影响不同，其他生产分割成本因素的影响也存在一定
差异。

表8-6　　　　　　　**对中间产品和最终产品本国附加值率的检验**

	(1) 中间产品出口附加值率	(2) 最终产品出口附加值率
$\ln TFI_{it}$	-0.676*** (-8.00)	-1.331*** (-12.04)
$\ln TFI_{jt}$	-0.180** (-2.52)	-0.852*** (-7.67)

续表

	（1） 中间产品出口附加值率	（2） 最终产品出口附加值率
$\ln GDP_{it}$	0.141*** (3.55)	2.044*** (37.57)
$\ln GDP_{jt}$	-0.019 (-0.81)	0.130*** (4.52)
$\ln POP_{it}$	1.400*** (8.01)	-3.982*** (-21.77)
$\ln POP_{jt}$	0.561*** (3.46)	-0.579*** (-3.82)
$\ln distance_{ij}$	0.536*** (40.06)	0.317*** (24.07)
$border_{ij}$	0.087*** (3.21)	-0.102*** (-3.51)
$landlock_i$	2.421*** (10.21)	-4.874*** (-21.06)
$language_{ij}$	-0.117*** (-4.12)	-0.127*** (-4.55)
$\ln tariff_{ijt}$	0.046*** (4.88)	0.078*** (5.98)
$\ln FDI_{it}$	0.006*** (3.44)	-0.060*** (-16.81)
$\ln TFP_{it}$	-0.545*** (-5.09)	-6.776*** (-41.78)
FTA_{ijt}	-0.098*** (-5.32)	-0.127*** (-4.84)
$\ln LAB_{ikt}$	-0.003 (-0.17)	-0.175*** (-7.52)
$\ln CAP_{ikt}$	0.099*** (18.24)	0.081*** (9.55)
$\ln K_{ikt}$	-0.132*** (-7.94)	-0.084*** (-4.30)
常数项	-6.237*** (-6.40)	50.452*** (51.97)
固定效应	Y	Y

续表

	（1） 中间产品出口附加值率	（2） 最终产品出口附加值率
观测值	192864	191309
R^2	0.369	0.361

注：括号内报告了对应的 t 统计量；**、***分别表示在 5%、1%的显著性水平上显著。

二　不同国家的分样本检验

考虑到不同发展程度的国家之间的贸易具有异质性，将总样本分为发达国家之间的贸易、发展中国家之间的贸易、发达国家对发展中国家的出口、发展中国家对发达国家的出口四个子样本，分别计算其出口的附加值率并进行回归分析，结果见表8-7。对于发达国家之间的贸易［表8-7第（1）列］，出口国和进口国贸易便利化水平每提升1%，发达国家之间出口的本国附加值率将分别降低0.302%和0.238%，贸易便利化可以显著地促进发达国家之间的价值链分工，使出口中的本国增加值占比下降。在发展中国家之间的贸易中［表8-7第（2）列］，出口国贸易便利化水平每提升1%，发展中国家之间出口的本国附加值率将降低0.307%，而进口国贸易便利化水平对发展中国家之间出口的本国附加值率没有显著影响。在发展中国家之间的贸易中，生产的分工相对简单，主要是出口国贸易便利化会影响出口的增加值结构。在发达国家向发展中国家的出口中［表8-7第（3）列］，出口国和进口国贸易便利化对出口的本国附加值率都没有显著的影响，发达国家向发展中国家出口的增加值结构，更多受到自然贸易成本和关税等因素的影响，地理距离的增大、出口国为内陆国、双边关税的提高等使生产分割成本增大的因素，会使发达国家向发展中国家出口的本国增加值占比增加，而具有共同语言和签订 FTA 等使生产分割成本降低的因素，会使发达国家向发展中国家出口的本国增加值占比下降。在发展中国家向发达国家的出口中［表8-7第（4）列］，出口国（发展中国家）贸易便利化水平每提升1%，发展中国家向发达国家出口的本国附加值率将降低0.530%，进口国（发达国家）贸易便利化对出口本国附加值率的影响不显著，当出口国为发展中国家时，出口的本国附加值率与进口国贸易便利化无关，价值链分工的深化主要是出口国贸易便利化的作用。总的来讲，贸易便利化对发展中国家出口本国附加值率的负向影响要大于发达国家，生产分割成本降低带来的国际生产分工更不利于发展中国家实现贸易利益，发展中国家出口中嵌入越来越多的国外增加值。

表 8-7　　　　　对不同国家出口本国附加值率的检验

	（1）发达—发达	（2）发展中—发展中	（3）发达—发展中	（4）发展中—发达
$\ln TFI_{it}$	-0.302*** (-3.47)	-0.307* (-1.68)	0.031 (0.28)	-0.530*** (-3.07)
$\ln TFI_{jt}$	-0.238*** (-2.86)	0.162 (0.88)	0.020 (0.18)	-0.120 (-0.65)
$\ln GDP_{it}$	0.175*** (4.08)	0.046 (0.50)	0.071 (1.17)	0.261*** (3.73)
$\ln GDP_{jt}$	-0.050 (-1.52)	-0.068 (-1.36)	-0.008 (-0.27)	0.081 (1.24)
$\ln POP_{it}$	1.147*** (5.63)	1.701*** (3.38)	2.649*** (7.86)	0.438 (1.04)
$\ln POP_{jt}$	0.779*** (4.67)	-1.312*** (-3.03)	0.086 (0.31)	0.346 (0.94)
$\ln distance_{ij}$	0.247*** (17.03)	0.751*** (13.85)	0.436*** (18.62)	0.494*** (13.72)
$border_{ij}$	0.007 (0.21)	0.344*** (5.79)	0.090 (1.51)	-0.116 (-1.47)
$landlock_i$	5.204*** (7.81)	1.301*** (5.32)	10.372*** (9.57)	0.813*** (4.10)
$language_{ij}$	-0.089*** (-3.00)	-0.370*** (-2.98)	-0.229*** (-4.33)	-0.186** (-2.49)
$\ln tariff_{ijt}$	0.110*** (5.66)	0.019 (1.25)	0.047** (2.37)	0.016 (1.16)
$\ln FDI_{it}$	-0.001 (-0.50)	0.015*** (3.01)	0.003 (1.20)	-0.000 (-0.02)
$\ln TFP_{it}$	-0.279** (-2.20)	-0.620** (-2.39)	0.288 (1.26)	-0.800*** (-4.04)
FTA_{ijt}	-0.053** (-2.55)	-0.023 (-0.20)	-0.086*** (-3.13)	-0.173*** (-4.47)

续表

	（1） 发达—发达	（2） 发展中—发展中	（3） 发达—发展中	（4） 发展中—发达
$\ln LAB_{ikt}$	0.048** （2.23）	-0.067 （-1.44）	0.150*** （5.00）	-0.077** （-2.03）
$\ln CAP_{ikt}$	0.099*** （18.88）	0.121*** （8.46）	0.077*** （8.70）	0.122*** （10.64）
$\ln K_{ikt}$	-0.176*** （-10.20）	-0.037 （-0.95）	-0.227*** （-9.95）	-0.088*** （-2.74）
常数项	-6.431*** （-5.00）	-2.954* （-1.86）	-14.920*** （-6.86）	-2.555* （-1.69）
固定效应	Y	Y	Y	Y
观测值	56914	38106	49153	48691
R^2	0.421	0.378	0.366	0.376

注：括号内报告了对应的 t 统计量；*、**、***分别表示在10%、5%、1%的显著性水平上显著。

三　不同产业的分样本检验

考虑到不同要素密集型的产业具有不同的生产特征，将18个制造业划分为劳动密集型制造业、资本密集型制造业和知识密集型制造业，检验贸易便利化对不同产业出口本国附加值率的影响，结果见表8-8。在劳动密集型制造业的出口中［表8-8第（1）列］，出口国贸易便利化每提升1%，劳动密集型制造业出口的附加值率将降低0.615%，而进口国贸易便利化对出口的增加值结构没有显著影响，纺织服装及皮草制品业、木材加工及木竹藤棕草制品业、家具及其他制造业参与全球价值链的程度主要受到出口国贸易便利化水平的影响，随着贸易便利化水平的提升，出口中嵌入更多的国外增加值。在资本密集型制造业的出口中［表8-8第（2）列］，出口国和进口国贸易便利化水平每提升1%，资本密集型制造业出口的国内附加值率将分别降低0.693%和0.219%，贸易便利化对资本密集型制造业出口的增加值构成的影响最大，可能的原因是，焦炭及石油加工业、橡胶制品业和金属制造业等资本密集型制造业的生产分割成本较大，贸易便利化可以有效地促进资本密集型制造业的国际生产分工，对出口本国附加值率存在较大的负向作用。在知识密集型制造业

的出口中［表8-8第（3）列］，出口国和进口国贸易便利化水平每提升
1%，知识密集型制造业出口的本国附加值率将分别降低0.397%和
0.117%，知识密集型制造业的全球价值链分工与生产较为复杂，贸易便
利化显著降低了各个生产环节的分割成本，有利于分工的进一步深化，
使出口中嵌入更多的国外增加值。总的来说，生产环节越多、分工越复
杂的产业，其全球价值链生产受贸易便利化的影响越大，贸易便利化对
资本密集型制造业和知识密集型制造业出口附加值率的负向影响大于劳
动密集型制造业，出口国贸易便利化对出口附加值率的负向影响大于进
口国贸易便利化。其他生产分割成本对不同产业出口附加值率的影响方
向基本保持一致，对资本密集型制造业出口附加值率的影响略大。

表 8-8　　　　　　　　　对不同产业出口本国附加值率的检验

	（1） 劳动密集型	（2） 资本密集型	（3） 知识密集型
$\ln TFI_{it}$	−0.615 *** (−4.96)	−0.693 *** (−4.71)	−0.397 *** (−4.10)
$\ln TFI_{jt}$	0.080 (0.78)	−0.219 * (−1.78)	−0.117 * (−1.67)
$\ln GDP_{it}$	0.147 *** (3.02)	0.034 (0.50)	0.172 *** (3.84)
$\ln GDP_{jt}$	−0.176 *** (−5.16)	0.004 (0.10)	−0.020 (−0.77)
$\ln POP_{it}$	1.455 *** (5.82)	1.313 *** (4.57)	1.407 *** (6.43)
$\ln POP_{jt}$	−0.160 (−0.58)	0.608 ** (2.38)	0.093 (0.41)
$\ln distance_{ij}$	0.319 *** (15.29)	0.596 *** (24.66)	0.269 *** (22.47)
$border_{ij}$	0.057 (1.26)	0.137 *** (2.96)	0.093 *** (3.43)
$landlock_i$	2.231 *** (6.49)	2.517 *** (6.44)	2.075 *** (6.97)
$language_{ij}$	−0.116 *** (−2.68)	−0.077 * (−1.60)	−0.071 *** (−2.63)

续表

	（1） 劳动密集型	（2） 资本密集型	（3） 知识密集型
$\ln tariff_{ijt}$	0.018 （1.51）	0.033 ** （2.24）	0.054 *** （4.51）
$\ln FDI_{it}$	0.000 （0.06）	0.008 *** （2.71）	0.002 （1.11）
$\ln TFP_{it}$	−0.643 *** （−4.53）	−0.357 ** （−2.09）	−0.405 *** （−2.83）
FTA_{ijt}	0.006 （0.21）	−0.139 *** （−4.36）	−0.067 *** （−3.50）
$\ln LAB_{ikt}$	0.040 * （1.64）	0.071 * （1.68）	−0.007 （−0.33）
$\ln CAP_{ikt}$	0.063 *** （6.96）	0.148 *** （17.13）	0.076 *** （10.04）
$\ln K_{ikt}$	−0.147 *** （−6.15）	−0.257 *** （−7.99）	−0.075 *** （−3.58）
常数项	−1.216 （−0.87）	−8.072 *** （−5.31）	−4.771 *** （−3.65）
固定效应	Y	Y	Y
观测值	32021	85116	75727
R^2	0.458	0.404	0.268

注：括号内报告了对应的 t 统计量；*、**、*** 分别表示在 10%、5%、1%的显著性水平上显著。

第五节　贸易便利化影响增加值贸易利益结构的渠道检验

一　影响渠道的中介效应检验

借鉴温忠麟等（2004）、温忠麟和叶宝娟（2014）的中介效应检验流程，首先检验式（8-1）中的系数 β_1 是否显著，如果 β_1 显著，说明出口国贸易便利化对出口的本国附加值率有显著的影响，可以继续检验是否存在中介效应；如果 β_1 不显著，则停止后续检验。这里 β_1 是出口国贸易便利化影响增加值出口的总效应，总效应可以分解为直接效应（β_1'）和中介效应（$\alpha_1\beta_2'$），即存在 $\beta_1 = \beta_1' + \alpha_1\beta_2'$（Mackinnon et al.，1995；Juddy and Kenny，1981），变量之间的具体关系见图 8-1。

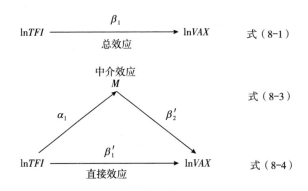

图 8-1　中介效应检验示意

根据式（8-1）的基础回归结果，β_1 显著为负，可以进行后续的中介效应检验，具体过程为：

（a）依次检验式（8-3）的系数 α_1 和式（8-4）的系数 β_2'，如果两个都显著，则全球价值链生产参与度（或全球价值链生产位置）作为中介变量的间接效应显著，直接进行（c）步骤；如果至少有一个不显著，进行（b）步骤。

（b）用 Bootstrap 法直接检验 H_0：$\alpha_1\beta_2' = 0$。如果显著，则间接效应显著，进行（c）步骤；如果不显著，则不存在全球价值链生产参与度（或全球价值链生产位置）作为中介变量的间接效应，停止分析。

（c）检验式（8-4）中的系数 β_1'。如果不显著，则直接效应不显著，贸易便利化对出口的增加值结构不存在直接影响，只有中介效应；如果显著，则直接效应显著，贸易便利化通过直接效应和间接效应两个方面对出口的增加值结构产生影响，继续进行步骤（d）。

（d）比较 $\alpha_1\beta_2'$ 和 β_1' 的符号。如果同号，属于部分中介效应，中介效应占总效应的比重为 $\alpha_1\beta_2'/\beta_1$；如果异号，则是遮掩效应，间接效应与直接效应的比值为 $|\alpha_1\beta_2'/\beta_1'|$。

按照上述流程进行检验，具体结果见表 8-9。

表 8-9 出口本国附加值率影响渠道的中介效应检验

	全球价值链生产参与度中介效应检验			全球价值链生产位置中介效应检验		
	式 (8-1)	式 (8-3)	式 (8-4)	式 (8-1)	式 (8-3)	式 (8-4)
	$\ln VAX_{ijkt}$	$\ln M_{ikt}$	$\ln VAX_{ijkt}$	$\ln VAX_{ijkt}$	$\ln M_{ikt}$	$\ln VAX_{ijkt}$
$\ln TFI_{it}$	-0.555*** (-7.13)	0.487*** (29.78)	-0.535*** (-6.80)	-0.555*** (-7.13)	0.012*** (3.40)	-0.575*** (-7.42)
$\ln GVCPt_{ikt}$			-0.041** (-2.55)			
$\ln GVCPs_{ikt}$						1.769*** (23.38)
控制变量	Y	Y	Y	Y	Y	Y
常数项	Y	Y	Y	Y	Y	Y
固定效应	Y	Y	Y	Y	Y	Y
观测值	192864	192864	192864	192864	192864	192864
R^2	0.364	0.751	0.365	0.364	0.622	0.380

注：括号内报告了对应的 t 统计量；**、***分别表示在 5%、1%的显著性水平上显著。

式 (8-1) 的检验结果与前文相同，贸易便利化的回归系数显著为负，出口国贸易便利化水平每提升 1%，出口的国内附加值率将降低 0.555%。在以全球价值链生产参与度为中介变量的检验中，出口国贸易便利化水平每提升 1%，出口国参与全球价值链生产的程度提高 0.487%，出口国贸易便利化水平的提升使出口产业更加深入地嵌入全球价值链生产；在对式 (8-4) 的回归中，出口国贸易便利化水平回归系数的绝对值变小，全球价值链生产参与度的回归系数显著为负。这表明，贸易便利化影响出口附加值率的直接效应为负，贸易便利化通过提高全球价值链生产参与度而对出口附加值率产生的间接效应也为负。所有的系数均显著，即中介效应显著，贸易便利化降低生产分割成本，各国以外包、对外直接投资等形式不断深入嵌入全球价值链生产，虽然有利于本国增加值出口在总量上的增加，但是出口中国外增加值的增长超过了本国增加值的增长，出口的本国附加值率降低，贸易便利化通过提高全球价值链生产参与度而对出口附加值率产生了显著的负向影响。

在以全球价值链生产位置为中介变量的检验中，出口国贸易便利化水平每提升 1%，出口国在全球价值链中的生产位置指数提升 0.012%，

贸易便利化的改善使出口国在全球价值链生产中向着上游攀升；在对式
（8-4）的回归中，出口国贸易便利化水平回归系数的绝对值变大，全球
价值链生产位置的回归系数显著为正。这表明，贸易便利化影响出口附
加值率的直接效应为负，贸易便利化通过提高全球价值链生产位置而对
出口附加值率产生的间接效应为正。所有的系数均显著，即中介效应显
著，贸易便利化降低生产分割成本，有利于出口国优化国内生产资源配
置，将低端生产环节外包，向着全球价值链生产的上游环节移动，而上
游出口往往具有更高的本国附加值率，贸易便利化通过提高全球价值链
生产位置而对出口附加值率产生了显著的正向影响。这里，由于所有的
系数均显著，尤其是 α_1 和 β_2' 显著，可以认为 $\alpha_1\beta_2'$ 间接显著，不必进行
Sobel 检验（MacKinnon et al.，2002）。总而言之，贸易便利化在全球价
值链中通过两种渠道对出口附加值率产生了间接影响，通过提高全球价
值链生产参与度形成的间接影响为负，而通过提高全球价值链生产位置
形成的间接影响为正。

二 区分简单全球价值链生产和复杂全球价值链生产的中介效应检验

根据 Wang 等（2017a）提出的生产活动核算框架，一国总生产活动
可以根据增加值是否跨国流动、增加值跨国流动的形式和增加值跨国流
动的次数分解为纯国内生产活动、传统贸易生产活动、简单全球价值链
生产活动和复杂全球价值链生产活动。在此基础上，Wang 等
（2017b）提出一个生产视角的测算方法，可以分别测算一国简单全球价
值链生产活动的参与度、生产长度和生产位置，复杂全球价值链生产活
动的参与度、生产长度和生产位置。简单全球价值链生产是指，生产的
增加值以中间产品的形式出口，出口的增加值在进口国最终消费，增加
值仅跨国流动一次；复杂全球价值链生产是指，生产的增加值以中间产
品的形式出口，出口的增加值经进口国加工后再出口，增加值跨国流动
两次及以上。复杂全球价值链生产是基于更加深入、精细的全球价值链
分工，从理论上讲，贸易便利化通过简单全球价值链生产和复杂全球价
值链生产对出口的增加值构成结构形成的影响会存在一定的差别，因此，
分别检验基于简单全球价值链生产和复杂全球价值链生产的中介效应，
结果见表 8-10。

表 8-10　区分简单全球价值链生产和复杂全球价值链生产的中介效应检验

简单全球价值链生产	全球价值链生产参与度中介效应检验			全球价值链生产位置中介效应检验		
	式（8-1）	式（8-3）	式（8-4）	式（8-1）	式（8-3）	式（8-4）
	$\ln VAX_{ijkt}$	$\ln M_{ikt}$	$\ln VAX_{ijkt}$	$\ln VAX_{ijkt}$	$\ln M_{ikt}$	$\ln VAX_{ijkt}$
$\ln TFI_{it}$	-0.555^{***} (-7.13)	0.499^{***} (29.21)	-0.537^{***} (-6.82)	-0.555^{***} (-7.13)	0.024^{***} (6.41)	-0.591^{***} (-7.58)
$\ln GVCPt_{ikt}$			-0.041^{***} (-2.82)			
$\ln GVCPs_{ikt}$						1.336^{***} (17.81)
控制变量	Y	Y	Y	Y	Y	Y
常数项	Y	Y	Y	Y	Y	Y
固定效应	Y	Y	Y	Y	Y	Y
观测值	192864	192864	192864	192864	192864	192864
R^2	0.364	0.696	0.365	0.364	0.519	0.380
复杂全球价值链生产	全球价值链生产参与度中介效应检验			全球价值链生产位置中介效应检验		
	式（8-1）	式（8-3）	式（8-4）	式（8-1）	式（8-3）	式（8-4）
	$\ln VAX_{ijkt}$	$\ln M_{ikt}$	$\ln VAX_{ijkt}$	$\ln VAX_{ijkt}$	$\ln M_{ikt}$	$\ln VAX_{ijkt}$
$\ln TFI_{it}$	-0.555^{***} (-7.13)	0.548^{***} (30.59)	-0.540^{***} (-6.90)	-0.555^{***} (-7.13)	0.107^{***} (14.10)	-0.566^{***} (-7.26)
$\ln GVCPt_{ikt}$			-0.026^{*} (-1.79)			
$\ln GVCPs_{ikt}$						0.121^{***} (6.14)
控制变量	Y	Y	Y	Y	Y	Y
常数项	Y	Y	Y	Y	Y	Y
固定效应	Y	Y	Y	Y	Y	Y
观测值	192864	192864	192864	192864	192864	192864
R^2	0.364	0.810	0.365	0.364	0.374	0.364

注：括号内报告了对应的 t 统计量；＊、＊＊＊分别表示在 10%、1% 的显著性水平上显著。

在简单全球价值链生产的检验中，出口国贸易便利化水平每提升 1%，出口产业参与简单全球价值链生产的程度增加 0.499%，而简单全球价值链生产参与度每提升 1%，出口的国内增加值占比将降低 0.041%，

即贸易便利化通过提高简单全球价值链生产参与度而形成的间接效应为
-0.020%；出口国贸易便利化水平每提升1%，出口产业在简单全球价值
链生产中的位置指数将提高0.024%，而简单全球价值链生产位置每提升
1%，出口的国内增加值占比将提高1.336%，即贸易便利化通过提高简单
全球价值链生产位置而形成的间接效应为0.032%。在复杂全球价值链生
产的检验中，出口国贸易便利化水平每提升1%，出口产业参与复杂全球
价值链生产的程度增加0.548%，而复杂全球价值链生产参与度每提升
1%，出口的国内增加值占比将降低0.026%，即贸易便利化通过提高复杂
全球价值链生产参与度而形成的间接效应为-0.014%；出口国贸易便利
化水平每提升1%，出口产业在复杂全球价值链生产中的位置指数将提高
0.107%，而复杂全球价值链生产位置每提升1%，出口的国内增加值占比
将提高0.121%，即贸易便利化通过提高复杂全球价值链生产位置而形成
的间接效应为0.013%。总的来讲，贸易便利化对出口国复杂全球价值链
生产参与度和生产位置的影响要大于简单全球价值链，但是简单全球价
值链生产的价值链长度相对于复杂全球价值链生产较短，而单个生产环
节的本国增加值占比相对较高，因此，贸易便利化通过提高简单全球价
值链生产参与度和生产位置对出口本国附加值率的影响大于通过复杂全
球价值链生产参与度产生的影响。

第六节　本章小结

通过贸易便利化对出口本国附加值率的回归分析，本章检验了贸易
便利化对出口的增加值利益结构的影响，并分析了贸易便利化通过全球
价值链生产参与度和全球价值链生产位置对出口本国附加值率产生的间
接影响。具体来讲，主要结论有：（1）出口国和进口国贸易便利化对出
口附加值率的影响显著为负，且结果稳健，即贸易便利化使出口中的国
外增加值占比增加，而本国增加值占比减少。（2）加入贸易便利化的二
次项后，出口国贸易便利化对出口本国附加值率的影响呈"U"形特征，
在出口国贸易便利化水平超过6.22时，可能会出现外包回流现象，出口
的本国增加值占比转为上升。（3）贸易便利化对增加值贸易利益结构的
影响在中间产品贸易和最终产品贸易、不同国家之间贸易、不同要素密

集型制造业贸易上表现出明显的异质性，贸易便利化不利于最终产品出口、发展中国家出口、资本密集型和知识密集型制造业出口的本国附加值率提高。（4）在全球价值链分工与生产中，贸易便利化通过提高全球价值链生产参与度而对出口本国附加值率形成的间接影响显著为负，通过提高全球价值链生产位置而对出口本国附加值率形成的间接影响显著为正，贸易便利化在简单全球价值链生产中产生的间接影响要大于复杂全球价值链生产。

在全球价值链中，贸易便利化不仅影响了增加值贸易流量，也改变了贸易的增加值结构，贸易便利化在显著促进双边增加值贸易增长的同时，增加了出口中国外增加值的占比，不利于提高出口中的本国附加值率，表现出贸易便利化对增加值贸易影响的"两面性"。另外，贸易便利化可以同时提高一国产业的全球价值链生产参与度和全球价值链生产位置，全球价值链生产参与度的提升不利于本国增加值占比的提升，但是全球价值链生产位置的提升有利于出口国实现更多的本国增加值，因此，实现全球价值链生产位置的攀升对于提高贸易利益至关重要。本章研究认为，并不是越复杂的全球价值链分工与生产越有利于增加值出口，尤其是对于发展中国家，在嵌入发达国家主导的全球价值链体系的同时，要积极构建发展中国家的区域价值链体系，实现"双环流"的价值链运作体系。

第九章 贸易便利化对增加值贸易网络的影响研究

第一节 引言

在理论模型中，本书将全球价值链的组织与生产模式简化描述为蛛网形价值链和蛇形价值链，然而现实中很少有纯粹的蛛网形价值链和蛇形价值链生产，大多是两种价值链的复合型生产模式。这一点反映在国家之间的增加值流动上，同一产业的增加值贸易在不同的国家之间展开，增加值贸易流将世界各国联系在一起，形成了日益复杂的增加值贸易网络。在前文的研究中，本书已经检验了贸易便利化对增加值贸易流量和增加值贸易利益结构的影响，那么，贸易便利化是否影响了增加值贸易网络的特征呢？如何描述国家之间的增加值贸易网络？定义与测算增加值贸易网络的特征成为解答这些问题的关键技术问题。社会网络分析方法是社会学科领域比较成熟的分析方法，Snyder 和 Kick（1979）最早将该方法应用到国际贸易领域，分析世界经济体系的结构特征。相比于传统贸易，社会网络分析方法与增加值贸易具有更好的契合性和互补性，社会网络分析方法与国家间投入产出核算方法从不同的视角分析个体之间的联系，都强调个体之间联系的社会性、互惠性和级联性特征，都注重分析在整体网络中的个体特征。目前，将社会网络分析方法应用到增加值贸易的研究还较少，姚星等（2019）测算了全球服务贸易网络的结构特征及演化趋势，杜运苏和彭冬冬（2018）研究了制造业服务化对该制造业在全球增加值贸易网络中地位的促进作用，许和连等（2018）分析了离岸服务外包对服务业在全球增加值贸易网络中地位的促进作用，但尚没有学者讨论过贸易便利化对全球增加值贸易网络的影响。

本书已经检验了贸易便利化对双边增加值贸易的正向促进作用，贸易便利化为增加值贸易的发展提供了硬条件和软环境，无论是增加值贸易网络的整体特征演化，还是单个国家在增加值贸易网络中的地位特征，都离不开贸易便利化的作用。本章将社会网络分析方法应用到增加值贸易网络的构建与分析中，从个体—中观—整体三个层面展开研究，检验贸易便利化对增加值贸易网络的影响。在个体层面，测算每一个国家在增加值贸易网络中的度数中心度、中间中心度和接近中心度，从贸易能力、控制能力和自由能力三个方面检验一国贸易便利化水平对该国在增加值贸易网络中影响能力的作用；在中观层面，对增加值贸易网络进行模块度测算，将样本国家分为内部贸易更为紧密的社团，并检验在不同社团贸易网络内贸易便利化对国家影响能力的作用；在整体层面，通过增加值贸易网络结构图和网络密度测算，分析贸易便利化与增加值贸易网络整体特征发展的协同趋势。本章的研究，首次应用了社会网络分析方法，研究贸易便利化与增加值贸易之间的关系，并将研究具体到国家/产业层面，构建了 18 个制造业的增加值贸易网络，有助于更加形象地分析全球制造业价值链的分工与联系，并深入理解贸易便利化对全球增加值贸易的整体影响。

第二节　计量模型与数据

一　计量模型的设定

根据理论假说 6，贸易便利化有助于一国参与国际生产分工和国际贸易，各国之间的增加值贸易流形成了复杂的网络关系，贸易便利化水平越高的国家越是位于增加值贸易网络的中心地位，成为联系各国贸易的枢纽，影响其他国家的贸易。为了检验贸易便利化与增加值贸易网络影响力之间的关系，本章将基础计量模型设定为：

$$\ln degree_{ikt} / \ln between_{ikt} / \ln close_{ikt} = \beta_0 + \beta_1 \ln TFI_{it} + \beta X + v_i + v_k + v_t + \varepsilon_{ikt} \quad (9-1)$$

其中，下标 i、k 和 t 分别表示国家、行业和年份；被解释变量 $degree_{ikt}$、$between_{ikt}$ 和 $close_{ikt}$ 是国家/产业层面的度数中心度、中间中心度和接近中心度，分别从贸易能力、控制能力和自由能力三个方面衡量了一国产业在该产业增加值贸易网络中的影响能力；核心解释变量 TFI_{it} 是一国贸易便利化指数；X 是控制变量集，主要包括国家层面的特征变量和产业层面的特征变量；v_i、v_k 和 v_t 分别表示国家、行业和时间固定效应。为了降低异方差，除虚拟变量外，模型中其他变量均取对数。

二 变量与数据

（一）增加值贸易网络的构建与影响力测算

与前两章研究一致，本章依然以 2008—2014 年 42 个国家 18 个制造业的增加值贸易为研究对象，利用 Wang 等（2013）的增加值贸易核算方法，分解双边/产业层面贸易的增加值结构，得到双边/产业层面的本国增加值出口，并且构建矩阵 $W_t^k = [w_{ij}]$，其中 w_{ij} 表示在 t 年 k 产业的贸易中 i 国流向 j 国的本国增加值，则矩阵 W_t^k 表示 k 产业在 t 年的增加值贸易网络。由于国家之间通过全球价值链生产保持了千丝万缕的关系，因此即使两国之间没有直接贸易关系，也可能通过第三国贸易产生间接增加值贸易流动。为了突出增加值贸易网络的主要特征，本章借鉴 Amador 和 Cabral（2017）、马述忠等（2016）的研究，以 1% 为门槛值，将矩阵 W_t^k 转化为标准化的对称矩阵 W_t^{k*}：

$$w_{ii}^* = 0$$

$$w_{ij}^* = \begin{cases} 1, & \text{如果} \dfrac{w_{ij}+w_{ji}}{2\max\ (w_{ij})} > 0.01 \\ 0, & \text{如果} \dfrac{w_{ij}+w_{ji}}{2\max\ (w_{ij})} \leq 0.01 \end{cases} \tag{9-2}$$

矩阵 W_t^{k*} 反映了 k 产业增加值贸易网络中的主要关系和特征，通过矩阵 W_t^{k*}，可以测算一国在 k 产业增加值贸易网络中的度数中心度、中间中心度和接近中心度。

度数中心度，是增加值贸易网络中与一国直接相连的国家数，衡量的是一国产业在增加值贸易网络中与其他国家联系的广度，反映了该国产业的贸易能力。度数中心度（$degree_{ikt}$）的计算公式为：

$$degree_{ikt} = \sum_j w_{ij}^* \tag{9-3}$$

中间中心度，测算了增加值贸易网络中一国在多大程度上位于其他国家的中间，衡量了一国对其他国家增加值贸易的控制能力（Freeman，1979）。用 N 表示增加值贸易网络中节点的个数，$path_{jn}$ 表示从 j 国到 n 国的最短路径数目，$path_{jn}$（i）表示从 j 国到 n 国经过 i 国的最短路径数目。

中间中心度（$between_{ikt}$）的计算公式为：

$$between_{ikt} = \frac{2}{N^2 - 3N + 2} \sum_j \sum_n \frac{path_{jn}(i)}{path_{jn}}, \, j \neq n \neq i \qquad (9\text{-}4)$$

接近中心度，测算了在增加值贸易网络中，一个国家与其他国家之间最短路径长度的总和。一个国家与其他国家之间的距离越短（越接近中心度），这个国家与其他国家的贸易越不容易受到第三国的影响，在增加值贸易网络中的自由能力也就越强。用 d_{ij} 表示 i 国与 j 国之间的最短距离，对总路径做倒数处理，则接近中心度（$close_{ikt}$）的计算公式为：

$$close_{ikt} = \frac{N - 1}{\sum_j d_{ij}} \qquad (9\text{-}5)$$

应用上述方法，可以分别测算 2008—2014 年 42 个国家 18 个制造业在增加值贸易网络中的度数中心度、中间中心度和接近中心度。由于数据量较大，表9-1 简单汇报了在增加值贸易网络中影响力较大的三个国家的测算结果。首先，用不同方法测算的国家影响力具有协同性，度数中心度较高的国家，中间中心度和接近中心度也较高，即同一个国家在增加值贸易网络中的贸易能力、控制能力和自由能力同向发展；其次，不同产业的增加值贸易网络特征具有较大差异，在机器和设备制造业（C28）与橡胶及设备制造业（C22）的增加值贸易网络中，国家之间的贸易联系明显较为密集，核心国家的影响力较大，而在纺织、服装及皮革制造业（C13-C15）的增加值贸易网络中，国家之间的贸易联系最为稀疏，中国处于这一行业增加值贸易网络的核心枢纽位置，贸易能力、控制能力和自由能力都是最强的。

表 9-1　2014 年德国、中国、美国在制造业增加值贸易网络中的影响力

产业	度数中心度			中间中心度			接近中心度		
	德国	中国	美国	德国	中国	美国	德国	中国	美国
C10-C12	33	27	25	18.65	3.81	2.45	16.47	16.02	15.89
C13-C15	14	20	13	8.00	15.52	4.31	6.14	6.19	6.13
C16	25	26	18	17.02	16.59	6.20	9.83	9.86	9.65
C17	33	24	26	25.83	3.57	5.37	11.11	10.85	10.90
C18	28	24	24	17.45	7.11	5.89	9.03	8.95	8.95

续表

产业	度数中心度			中间中心度			接近中心度		
	德国	中国	美国	德国	中国	美国	德国	中国	美国
C19	24	22	28	7.18	3.21	12.05	9.81	9.76	9.90
C20	32	25	27	22.84	4.09	6.19	10.00	9.83	9.88
C21	29	20	23	10.20	3.20	4.80	9.93	9.69	9.76
C22	33	26	24	20.88	5.52	3.71	11.11	10.90	10.85
C23	30	26	20	22.35	10.87	2.98	9.95	9.86	9.72
C24	27	26	21	15.46	9.55	3.12	8.28	8.27	8.18
C25	35	26	27	24.19	4.03	5.07	14.29	13.85	13.90
C26	19	23	18	12.14	14.99	7.78	7.03	7.08	7.02
C27	32	27	18	26.66	11.23	2.47	10.00	9.88	9.67
C28	33	27	28	19.05	4.15	5.24	11.11	10.93	10.96
C29	31	18	17	34.57	4.46	3.39	9.98	9.67	9.65
C30	20	15	21	13.79	5.69	13.29	7.57	7.48	7.58
C31-C32	28	24	18	27.11	12.36	5.01	9.03	8.95	8.84
平均值	28	24	22	19.08	7.77	5.52	10.04	9.89	9.86

注：笔者应用 Ucinet 6.560 软件测算。

（二）控制变量与统计特征

在控制变量的选取上，本章参考了孙天阳等（2018）、王博等（2019）的研究，对经济总量、地理特征、关税制度和投资关系等领域的特征进行控制。在国家/产业层面，用国家/产业的国内生产总值（GDP_{ikt}）控制 i 国 k 产业的生产能力和经济体量，数据来源于 WIOTs，是国家/产业产出流向的横向加总；用国家/产业的资本劳动比（KL_{ikt}）控制 i 国 k 产业的要素密集特征，用资本报酬与劳动报酬的比值计算，数据来源于 WIOD SEA 数据库。

在国家层面，国家总人口（POP_{it}）反映了一国整体的需求能力和生产分工能力，数据来源于世界银行；内陆国虚拟变量（$landlock_i$）反映了一国的地理特征，数据来源于 CEPII 数据库；制造业的加权平均关税（$tariff_{it}$）反映了一国的其他非自然贸易成本，数据来源于世界银行数据库；外国直接投资净流入（FDI_{it}）作为国际生产分割的重要影响因素，也会影响一国在增加值贸易网络中的影响力，数据来源于世界银行数据库。样本数据的统计特征见表9-2。

表 9-2　　　　　　　　　　　变量的统计特征

变量	样本量	均值	标准差	最小值	最大值
$lndegree_{ikt}$	5292	1.673	1.090	0	3.638
$lnbetween_{ikt}$	5292	0.360	0.707	0	3.687
$lnclose_{ikt}$	5292	1.958	1.008	0	3.229
$lnTFI_{it}$	5292	1.531	0.166	1.166	1.809
$lnGDP_{ikt}$	5292	8.838	2.366	0	14.410
$lnKL_{ikt}$	5162	-0.333	0.871	-6.576	3.465
$lnPOP_{it}$	5292	2.898	1.879	-0.893	7.218
$landlock_i$	5292	0.143	0.350	0	1
$lntariff_{it}$	5292	1.104	0.422	0.113	2.625
$lnFDI_{it}$	4986	2.680	1.508	-1.902	5.835

注：由 Stata 15.0 统计分析得出。

第三节　贸易便利化影响增加值贸易网络地位的实证检验

一　基础回归分析

考虑到国家/产业层面存在未观测到的异质性，用 Hausman 检验判定固定效应模型的适用性，在回归中对国家固定效应和产业固定效应进行了控制，并考虑贸易年份的影响，加入时间固定效应，即在回归中均使用了国家—产业—时间多维固定效应。分别对国家/产业的度数中心度、中间中心度和接近中心度进行回归分析，结果见表9-3。

表 9-3　　　　　贸易便利化对增加值贸易网络特征的回归结果

	度数中心度		中间中心度		接近中心度	
	（1）	（2）	（3）	（4）	（5）	（6）
$\ln TFI_{it}$	0.613 *** (27.81)	0.431 *** (21.39)	0.170 *** (4.07)	0.100 ** (2.39)	0.281 *** (8.51)	0.065 ** (2.20)
$\ln GDP_{ikt}$		0.285 *** (93.48)		0.264 *** (48.45)		0.178 *** (44.09)
$\ln KL_{ikt}$		0.014 *** (6.99)		0.095 *** (21.26)		−0.001 (−0.38)
$\ln POP_{it}$		0.846 *** (22.04)		−0.025 (−0.56)		0.926 *** (12.06)
$landlock_i$		0.950 *** (16.35)		0.299 *** (4.72)		1.382 *** (12.20)
$\ln tariff_{it}$		0.002 (1.09)		−0.002 (−0.48)		0.027 (0.72)
$\ln FDI_{it}$		0.010 *** (21.47)		0.016 *** (14.11)		0.008 *** (8.88)
常数项	1.561 *** (41.97)	−3.972 *** (−29.47)	0.423 *** (5.95)	−2.359 *** (−14.61)	2.837 *** (51.51)	−1.744 *** (−6.75)
固定效应	Y	Y	Y	Y	Y	Y
观测值	5292	4704	5292	4702	5292	4704
R^2	0.871	0.918	0.799	0.828	0.750	0.777

注：括号内报告了对应的 t 统计量；** 、*** 分别表示在 5%、1%的显著性水平上显著。

　　首先看表 9-3 第（1）列、第（2）列，贸易便利化对度数中心度的影响显著为正，贸易便利化水平的提升有助于一个国家的产业与更多的国家发生生产分工与增加值贸易，贸易便利化水平每提升 1%，一国产业在增加值贸易网络中的度数中心度提高 0.431%。产业层面的 GDP 反映了一国产业的总体生产能力，生产能力越强的国家，贸易能力也越强，产业 GDP 每增加 1%，该产业在增加值贸易网络中的度数中心度增加 0.285%。产业的资本劳动比是该产业要素密集特征的反映，资本要素密集度越高，贸易能力越强，产业的资本劳动比每增加 1%，该产业在增加值贸易网络中的度数中心度增加 0.014%。国家总人口是一国进行生产分工的劳动基础，也在一定程度上反映了国家总需求，因此有利于提高贸易能力，国家总人口每增加 1%，该国产业在增加值贸易网络中的度数中心度增加 0.846%。在双边增加值贸易中，内陆国不利于两国之间的增加值流量，但是在增加值贸易网络中，内陆国使度数中心度增加 0.950%，可能的原因是，内陆国更容易与接壤的周边国家进行生产分工与增加值贸易，也可以通过周边国家形成与其他国家的间接增加值贸易，在贸易广度上反而形成有利条件。对外直接投资是国际生产分工的重要形式之一，有助于先进生产技术和管理经验的引进，产生一系列正向的经济溢出效应，国家 FDI 每增加 1%，该国产业在增加值贸易网络中的度数中心度增加 0.010%。

在表 9-3 第（3）列、第（4）列中，贸易便利化对中间中心度的影响显著为正，贸易便利化水平的提升有助于一国产业更加深入地、广泛地与其他国家开展生产分工与贸易，因此更容易成为多条全球价值链交汇的核心国家，在上、下游生产关系中更容易影响其他国家的生产与贸易，贸易便利化水平每提升 1%，一国产业在增加值贸易网络中的中间中心度提高 0.100%。产业层面的 GDP 和资本劳动比对中间中心度的影响显著为正，产业的生产能力越强，资本密集度越高，该产业在增加值贸易网络中越容易处于枢纽位置，进而影响与其他国家之间的增加值贸易，产业 GDP 和资本劳动比每增加 1%，该产业在增加值贸易网络中的中间中心度分别增加 0.264% 和 0.095%。国家层面的总人口和制造业关税平均水平对中间中心度没有显著的影响，由于内陆国更容易与接壤的周边国家进行生产分工与增加值贸易，因此内陆国在增加值贸易网络中具有更高的中间中心度，成为邻国共同的分工与贸易伙伴。国家吸引外资显著促进了中间中心度的提升，说明外资不仅有利于一国产业更广泛地参与国际生产分工与贸易，还有利于提升该国产业在全球价值链中的控制能力，国家 FDI 每增加 1%，在增加值贸易网络中的中间中心度提高 0.016%。

在表 9-3 第（5）列、第（6）列中，贸易便利化对接近中心度的影响也显著为正，贸易便利化降低生产分割成本，可以促使一国产业与更多的国家产生直接生产分工与增加值贸易，与其他国家之间的贸易关系不容易受到第三国的影响，贸易便利化水平每提升 1%，一国产业在增加值贸易网络中的接近中心度增加0.065%。在产业层面，产业 GDP 每增加1%，该产业在增加值贸易网络中的接近中心度增加0.178%，而资本劳动比对接近中心度没有显著影响。在国家层面，总人口是一国总需求的基础，内陆国更容易与周边国家发生直接生产分工与贸易，FDI 也有助于一国与其他国家发生直接贸易关系，它们对接近中心度的影响显著为正，总人口、内陆国和 FDI 每增加1%分别可以使该国产业在增加值贸易网络中的接近中心度增加 0.926%、1.382%和0.008%。关税对度数中心度、中间中心度和接近中心度都没有显著的影响，说明关税虽然对双边增加值贸易流量产生了微弱的负向影响，但是随着制造业平均关税水平的普遍降低和出口退税等优惠贸易政策的实施，关税对增加值贸易网络特征的影响已经淡化消失。

整体而言，贸易便利化对一国产业在增加值贸易网络中的度数中心度、中间中心度和接近中心度都有显著的正向影响，即贸易便利化有助于一国在贸易能力、控制能力和自由能力三方面提高在增加值贸易网络中的影响力。贸易便利化水平越高的国家，越容易与更广泛的国家发生增加值贸易，越容易位于其他国家贸易的中间、影响其他国家之间的贸易。也就是说，贸易便利化水平越高的国家越倾向于与其他国家发生直接贸易，越不容易受到第三国的影响。在个体层面，贸易便利化对增加值贸易网络特征的影响提高了该国产业的影响力。

二　稳健性检验

（一）动态效应与系统 GMM 方法估计

在本章的基础回归中，检验了贸易便利化对增加值贸易网络的静态影响。考虑到增加值贸易网络一旦形成，往往具有一定的稳定性，即当期的增加值贸易网络会延续上一期的特征，因此基础回归可能存在内生性问题。对模型进行序列自相关检验，结果显示序列存在一阶自相关、二阶不相关，将被解释变量的一阶滞后项引入回归方程，并使用系统 GMM 方法检验贸易便利化对增加值贸易网络的长期影响，对此进行 Sargan 检验，该模型结果无法拒绝工具变量有效的原假设，回归结果见表9-4。

表 9-4　　　　　　　系统 GMM 方法对增加值贸易网络特征的检验

	度数中心度		中间中心度		接近中心度	
	（1）	（2）	（3）	（4）	（5）	（6）
$L. \ln degree$	0.875*** （190.40）	0.809*** （176.14）				
$L. \ln between$			0.826*** （219.03）	0.812*** （206.08）		
$L. \ln close$					0.652*** （118.70）	0.617*** （91.84）
$\ln TFI_{it}$	0.016** （1.91）	0.107*** （6.09）	0.193*** （6.00）	0.173*** （5.85）	0.005 （0.15）	0.011 （0.34）
$\ln GDP_{ikt}$		0.049*** （51.97）		0.044*** （31.59）		0.065*** （31.86）
$\ln KL_{ikt}$		0.030*** （27.94）		0.041*** （28.22）		0.021*** （10.43）
$\ln POP_{it}$		-0.367*** （-13.13）		0.054* （1.62）		0.449*** （6.57）
$landlock_i$		-0.640*** （-15.96）		0.174*** （3.42）		0.591*** （6.08）
$\ln tariff_{it}$		-0.001 （-1.31）		-0.000 （-0.37）		0.001 （0.61）
$\ln FDI_{it}$		0.004*** （7.82）		0.004*** （2.89）		0.006*** （4.73）
常数项	0.279*** （10.01）	0.878*** （9.53）	-0.222*** （-4.20）	-0.840*** （-6.69）	0.960*** （17.76）	-1.037*** （-4.73）
固定效应	Y	Y	Y	Y	Y	Y
观测值	4536	3992	4536	3992	4536	3992
R^2	0.971	0.974	0.941	0.840	0.855	0.864

注：括号内报告了对应的 t 统计量；*、**、***分别表示在 10%、5%、1%的显著性水平上显著。

度数中心度、中间中心度和接近中心度的一阶滞后项都显著为正，说明增加值贸易网络的结构和特征具有一定的稳定性，上一期增加值贸易网络对下一期增加值贸易网络的影响弹性稳定在 0.6%—0.8%。其理论背景很明显，不管是外包还是国际直接投资，国际分工生产关系的建立都需要一定的成本，国际分工生产关系的转移也需要一定的成本，如果建立新生产关系的收益不能弥补成本，厂商通常选择维持原有的国际分工生产关系，即国际贸易关系网络具有一定的稳定性。表9-4第（1）列、第（2）列中，贸易便利化对度数中心度的影响显著为正，在长期，一国贸易便利化水平依然可以有效提升该国在增加值贸易网络中的贸易能力，增加该国的贸易广度。但是，国家总人口和内陆国的系数显著为负，在长期，国家总人口对国内分工的影响可能超过对国际分工的影响，而是否为内陆国不会随着时间改变，内陆国在长期阻碍了进一步发展海运贸易的可能，因此在长期，国家总人口和内陆国对度数中心度的影响为负。表9-4第（3）列、第（4）列中，贸易便利化对中间中心度的影响显著为正，在长期，一国贸易便利化水平依然可以有效提升该国在增加值贸易网络中的控制能力，贸易便利化水平越高的国家，在长期越容易与更多的国家建立增加值贸易关系，成为其他国家增加值贸易往来的中间站。而表9-4第（5）列、第（6）列中，贸易便利化对接近中心度没有显著影响，在长期，贸易便利化水平高的国家会与更多的国家建立增加值贸易关系，一方面，新的增加值贸易联系会缩短该国与特定国家在增加值贸易网络中的最短距离，另一方面，由于贸易便利化的提升，之前不在增加值贸易网络中的国家也可能加入增加值贸易网络，这就增加了该国与其他国家最短距离的总和，两种影响的方向相反，导致贸易便利化对一国在增加值贸易网络中自由能力的影响不显著。

（二）指标替换的检验

用 *Doing Business* 中相关指标构建的贸易便利化指标（TFI-DB）来代替本书的贸易便利化指标，对增加值贸易网络特征进行回归分析，结果见表9-5。本书构建的贸易便利化指标从港口效率与运输质量（T）、海关与边境管理（C）、政府规制（R）和金融与电子商务（F）四个方面综合衡量了一国贸易便利化水平，而用 *Doing Business* 中相关指标构建的贸易便利化指标（TFI-DB）侧重于对贸易时间和贸易成本的衡量，用 TFI-DB 指标对增加值贸易网络特征进行回归分析，贸易便利化对度数中心度、中间中心度和接近中心度的回归系数依然显著为正，说明贸易便利化水平越高的国家，在增加值贸易网络中的贸易能力、控制能力和自由能力越强，越容易与更多的国家发生增加值贸易联系，越处于其他国家贸易联系的中间位置，越容易影响他国贸易而不容易被其他国家影响。

贸易便利化可以显著提高一国在增加值贸易网络中的影响力，这一结论不受贸易便利化衡量方法的影响，具有稳健性。

表 9-5　　　　　　　　　指标替换对增加值贸易网络特征的检验

	度数中心度		中间中心度		接近中心度	
	(1)	(2)	(3)	(4)	(5)	(6)
$\ln TFI_{it}$	0.252***	0.118***	0.548***	0.414***	0.302***	0.256***
	(7.41)	(4.56)	(11.48)	(8.96)	(11.97)	(11.42)
$\ln GDP_{ikt}$		0.315***		0.278***		0.170***
		(106.77)		(51.04)		(40.44)
$\ln KL_{ikt}$		0.016***		0.036***		0.029***
		(7.48)		(14.75)		(6.91)
$\ln POP_{it}$		0.729***		-0.124***		0.910***
		(17.72)		(-2.85)		(11.49)
$landlock_i$		0.756***		0.236***		1.313***
		(12.18)		(3.67)		(11.37)
$\ln tariff_{it}$		0.001		-0.012***		-0.000
		(0.52)		(-4.25)		(-0.07)
$\ln FDI_{it}$		0.014***		0.020***		0.007***
		(27.24)		(16.16)		(7.31)
常数项	2.155***	-3.422***	-0.224***	-2.742***	2.815***	-1.899***
	(38.89)	(-22.27)	(-2.62)	(-14.70)	(61.48)	(-7.10)
固定效应	Y	Y	Y	Y	Y	Y
观测值	5040	4537	5040	4537	5040	4537
R^2	0.858	0.915	0.796	0.826	0.770	0.790

注：括号内报告了对应的 t 统计量；***表示在1%的显著性水平上显著。

第四节　基于增加值贸易网络社团结构的差异性检验

在社会网络分析方法中，社团（Community）是指在网络中某些节点的联系特别紧密以至于可以组成一个次级团体。那么，在增加值贸易网

络中，是否存在这样的社团？在社团内部，国家之间的增加值贸易联系
是否要明显比社团外的联系更强？在不同的社团中，贸易便利化对增加
值贸易网络特征的影响是否具有差异性？解答上述问题首先要进行社团
分析。模块度（Modularity）是一个常用的社团分析指标，衡量了某一网
络的社团内部特征与相应随机网络的社团内部特征之差，通过比较社团
内部成员和不同社团成员联系紧密程度的差异对网络中的节点进行社团
划分（Newman and Girvan，2004）。模块度的计算公式为：

$$Q = \frac{1}{2\sigma} \left[w_{ij} - \frac{W_i W_j}{2\sigma} \right] \eta(c_i, c_j) \tag{9-6}$$

其中，w_{ij} 是矩阵 $W_t^k = [w_{ij}]$ 中的点，$W_i = \sum_j w_{ij}$，$W_j = \sum_i w_{ij}$，$\sigma = \sum_{ij} \frac{w_{ij}}{2}$，$c_i$ 表示点 i 所在的社团，c_j 表示点 j 所在的社团，如果 i 和 j 在同一个社团，则 $\eta(c_i, c_j) = 1$，否则 $\eta(c_i, c_j) = 0$。

对 2008—2014 年 18 个制造业的增加值贸易网络分别进行社团分析，
不同产业的社团划分具有一定的差异，在样本时间内也发生了一些改变，
主要是一些小国会游离在不同的社团之间，但是社团划分的整体结构基
本稳定，即欧洲社团包括欧盟 27 国和英国、瑞士和挪威，亚太社团包括
澳大利亚、巴西、加拿大、中国、印度、印度尼西亚、日本、韩国、墨
西哥、俄罗斯、土耳其①和美国。根据理论假说 7，贸易便利化对不同社
团国家在增加值贸易网络中影响力的作用存在异质性，因此，本节对欧
洲社团和亚太社团进行分样本检验，结果见表 9-6。

表 9-6　　　　　　　　　　基于不同社团的差异性检验

	欧洲社团			亚太社团		
	度数中心度	中间中心度	接近中心度	度数中心度	中间中心度	接近中心度
$\ln TFI_{it}$	0.405 *** (14.31)	0.109 ** (2.01)	0.154 *** (3.30)	0.359 *** (13.69)	-0.324 (-0.81)	0.031 * (1.64)
$\ln GDP_{ikt}$	0.250 *** (66.84)	0.122 *** (25.89)	0.235 *** (42.91)	0.286 *** (67.68)	0.484 *** (43.76)	0.022 *** (7.40)

---

① 土耳其横跨亚欧两洲，将其划分为亚太社团是基于 Ucinet 数据分析的结果，土耳其贸易
往来跟亚太国家更为紧密。

续表

	欧洲社团			亚太社团		
	度数中心度	中间中心度	接近中心度	度数中心度	中间中心度	接近中心度
$\ln KL_{ikt}$	0.014*** (5.87)	0.049*** (23.02)	−0.001 (−0.45)	0.033*** (12.78)	−0.008 (−1.17)	−0.002* (−1.86)
$\ln POP_{it}$	0.309*** (5.75)	−0.804*** (−14.03)	1.292*** (11.14)	0.487*** (6.77)	−2.167*** (−11.87)	0.117** (2.10)
$landlock_i$	−0.489*** (−3.27)	1.695*** (11.41)	−1.862*** (−6.24)	0.773*** (10.04)	−1.818*** (−9.46)	0.132** (2.26)
$\ln tariff_{it}$	0.002 (0.86)	−0.010*** (−3.84)	0.026 (0.42)	−0.008 (−0.95)	0.014 (0.81)	0.000 (0.02)
$\ln FDI_{it}$	0.007*** (13.47)	0.015*** (12.69)	0.010*** (8.49)	0.007*** (6.49)	0.005*** (2.56)	0.002** (2.10)
常数项	−1.186*** (−4.59)	−0.936*** (−10.22)	0.302*** (2.65)	−2.865*** (−11.97)	2.235*** (3.81)	2.406*** (14.38)
固定效应	Y	Y	Y	Y	Y	Y
观测值	3269	3269	3269	1435	1435	1435
R^2	0.925	0.839	0.758	0.831	0.836	0.758

注：括号内报告了对应的 t 统计量；*、**、***分别表示在10%、5%、1%的显著性水平上显著。

首先看欧洲社团，贸易便利化对欧洲国家度数中心度、中间中心度和接近中心度的影响显著为正，贸易便利化水平的提高显著促进了欧洲国家在增加值贸易网络中的贸易能力、控制能力和自由能力。而在亚太社团，贸易便利化对亚太国家的度数中心度和接近中心度的影响显著为正，对中间中心度没有显著影响，贸易便利化水平的提高显著促进了亚太国家在增加值贸易网络中的贸易能力和自由能力。比较发现，贸易便利化对欧洲社团增加值贸易网络特征的影响要大于对亚太社团的影响，可能的原因有，欧洲国家发展较为均衡，地理距离邻近，尤其是欧盟国家的零关税政策，使整个欧洲国家的制造业增加值贸易往来更加密切，贸易便利化的影响更大。而样本中的亚太国家偏少，遗漏了东盟、南美等众多国家，各国之间的地理距离较远，经济发展的差距也较大，在本就相对稀疏的增加值贸易网络中，贸易便利化的影响也较小。

在控制变量中，无论是在欧洲社团还是在亚太社团，无论考察的是贸易能力、控制能力，还是自由能力，产业 GDP 对增加值贸易网络影响力的影响始终显著为正,这说明产业的生产能力和生产规模是决定其在增加值贸易网络中影响力的最基本因素。同样,国家吸引 FDI 对增加值贸易网络影响力的影响也始终显著为正,虽然影响系数相对较小,但是欧洲社团或者亚太社团国家吸引外资越多,该国产业在增加值贸易网络中的贸易能力、控制能力和自由能力越强。国家吸引 FDI 对欧洲社团国家的影响要大于对亚太社团国家的影响,因为欧洲社团国家的经济发展水平相对均衡,一体化程度也较高,对外直接投资的效率更高。产业资本劳动比对亚太社团国家接近中心度的影响显著为负,可能的原因是亚太社团包含一些劳动力丰富的发展中国家,这些国家凭借劳动力优势参与国际分工与贸易,劳动密集型产业更容易与其他国家发生直接贸易联系。关税对欧洲社团国家中间中心度的影响显著为负,说明关税不利于欧洲国家在增加值贸易网络中控制能力的提升,而在其他情况下,关税对增加值贸易网络中心度的影响依然不显著。

第五节 贸易便利化与增加值贸易网络的变化趋势分析

在社会网络分析方法中,网络的整体结构特征主要包括网络的节点数、边数、密度、平均路径长度和集聚系数等,这些特征都可以通过网络结构图直观地表达出来。在前文的测算与分析中,42 个样本国家的贸易便利化平均得分水平在 2008—2014 年呈波动上升态势,发达国家的贸易便利化得分变化不大,而发展中国家的贸易便利化得分提升较快,但是发达国家的贸易便利化水平始终显著高于发展中国家。那么,贸易便利化水平的变化是否影响了增加值贸易网络整体特征的变动趋势呢? 为此,本节分别绘制了 2008 年和 2014 年 18 个制造业的增加值贸易网络图,大致反映2008—2014 年增加值贸易网络整体特征的变动趋势,如图 9-1 所示。[①] 从增加值贸易网络图中可以看出,每个制造业增加值贸易网络的特征各有不同,各国在增加值贸易网络中的位置也不同,如纺织、服装与皮草业,

---

① 为了反映 2014 年与 2008 年相比的变动趋势,2014 年增加值贸易网络图的构建,也应用了 2008 年的门槛值来截取主要增加值贸易关系。

印刷与复制业等产业增加值贸易网络联系较为稀疏，而橡胶及塑料业、复杂金属制造业、电气设备制造业等产业增加值贸易网络联系较为密集。再如，中国是纺织、服装与皮草业，计算机、电子产品及光学产品等增加值贸易网络的中心国家，俄罗斯是焦炭及石油加工业增加值贸易网络的中心国家，德国是整个欧洲制造业增加值贸易网络的中心国家。

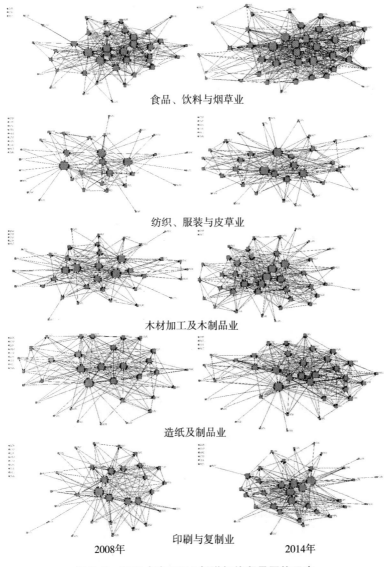

食品、饮料与烟草业

纺织、服装与皮草业

木材加工及木制品业

造纸及制品业

印刷与复制业

2008年　　　　　　　　　　　2014年

图 9-1　2008 年与 2014 年增加值贸易网络示意

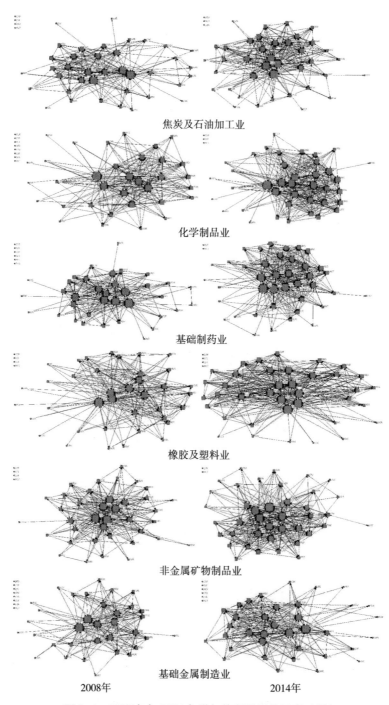

焦炭及石油加工业

化学制品业

基础制药业

橡胶及塑料业

非金属矿物制品业

基础金属制造业

2008年   2014年

图 9-1　2008 年与 2014 年增加值贸易网络示意（续）

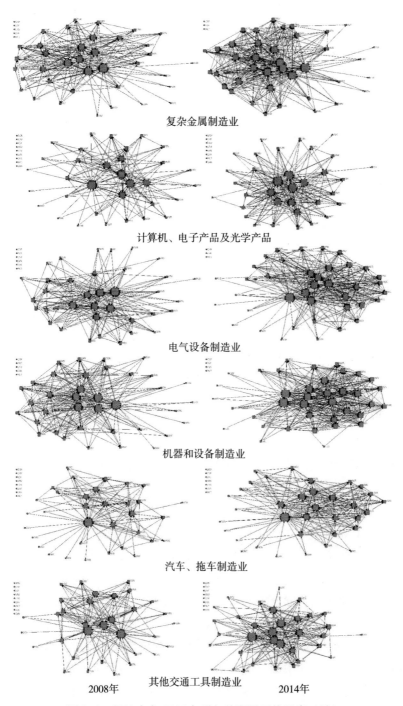

复杂金属制造业

计算机、电子产品及光学产品

电气设备制造业

机器和设备制造业

汽车、拖车制造业

其他交通工具制造业

2008年   2014年

图 9-1 2008 年与 2014 年增加值贸易网络示意（续）

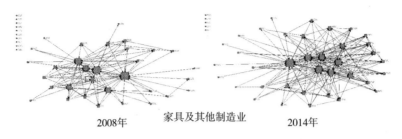

2008年　　家具及其他制造业　　2014年

图 9-1　2008 年与 2014 年增加值贸易网络示意（续）

注：笔者应用 Ucinet 6.560 软件绘制。

　　但是，18 个制造业的增加值贸易网络整体特征在 2008—2014 年也表现出了一些相同的变动趋势：（1）网络中节点的个数增加，说明参与增加值贸易网络的国家个数增加，表现为网络图中不在网络中的国家个数减少，如在食品、饮料与烟草业的增加值贸易网络图中，2008 年不在网络中的国家有塞浦路斯（CYP）、爱沙尼亚（EST）和马耳他（MLT），2014 年只有马耳他（MLT）不在网络图节点中。（2）网络中节点之间的边数增加，网络密度增加，说明国家之间的增加值贸易联系越来越广泛，表现为网络中节点之间的连线更为密集，每一个产业的增加值贸易网络，在 2014 年都比 2008 年更为密集。（3）网络中节点的平均路径长度缩短而集聚系数增加，说明国家之间的增加值贸易联系越来越集中，表现为网络中边缘节点的个数减少，越来越多的国家位于网络中联系较为密集的核心区域，如在橡胶及塑料业的增加值贸易网络中，2008 年保加利亚（BGR）、克罗地亚（HRV）、立陶宛（LTU）和卢森堡（LUX）四国在网络中分别只与一个国家有直接联系，而在 2014 年所有国家在网络中都与两个及以上国家有直接联系。（4）网络中的节点位置具有相对稳定性，有些小国始终位于网络的边缘位置，而有些国家始终位于增加值贸易网络的中心节点位置，说明这些国家的制造业具有普遍优势，如德国、中国、美国、意大利等国家，它们的共同特征是，经济体量较大，生产能力较强，贸易便利化水平较高，或者贸易便利化处于明显的上升期。（5）与 2008 年相比，有些国家在增加值贸易网络中的位置明显在向更加核心的区域移动，如中国、俄罗斯、印度、印度尼西亚这些发展中国家，它们的制造业能力提升，在增加值贸易网络中的位置日趋重要。本章认为，制造业增加值贸易网络的这些变动趋势与全球贸易便利化建设息息相关，自 2008 年国际金融危机以来，全球贸易自由化建设已经达到了较高水平，可继续推进的空间非常有限，各国转而通过贸易便利化建设和区域贸易协定谈判，推动贸易体制发展，为国际贸易的进一步发展提供了制度保障。世界各国在贸易便利化建设中做出的努力，是全球制造业增加值贸易网络向更加广泛、更加密集、更加集聚发展的重要原因之一。

为了更加直接地反映贸易便利化建设与增加值贸易网络整体特征之间的关系，本节绘制了 2008—2014 年贸易便利化平均水平与制造业增加值贸易网络密度的折线图，如图 9-2 所示。首先看 42 个国家的贸易便利化平均水平，2008 年和 2011—2012 年，贸易便利化建设受国际金融危机和欧债危机的影响出现倒退，但是分别在 2009 年和 2013 年出现回升，2009 年的回升幅度较大，2013 年后保持小幅回升。而制造业增加值贸易网络密度在 2009 年和 2012 年分别受国际金融危机和欧债危机的影响出现下降，在 2010 年和 2013 年迅速回升。制造业增加值贸易网络受国际金融危机和欧债危机影响的时间要滞后于国家贸易便利化建设，也说明了全球分工与增加值贸易体系具有一定的"惯性"，而贸易政策作用于经济体系存在一定的"时滞性"。在图 9-2 中，将贸易便利化平均水平的变动曲线向右平移一年，则贸易便利化平均水平曲线与制造业增加值贸易网络密度曲线的变动趋势基本重合，在贸易便利化平均水平较高的年份，制造业增加值贸易网络密度也较高，国家之间的增加值贸易联系广泛而又密

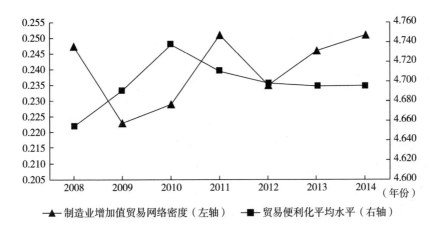

图 9-2　2008—2014 年贸易便利化与制造业增加值贸易网络密度

注：笔者依据 WIOTs 和《全球竞争力报告》基础数据测算。

集，相反，在贸易便利化平均水平较低的年份，制造业增加值贸易网络密度也较低，国家之间的增加值贸易联系变得相对稀疏。这充分说明了贸易便利化建设与全球制造业增加值贸易网络的发展息息相关，制造业增加值贸易网络的稳定和持续发展需要各国在贸易便利化建设上做出共同努力。

第六节　本章小结

本章应用社会网络分析方法，构建了2008—2014年18个制造业的增加值贸易网络，并从微观个体、中观社团、宏观整体三个层面分析了贸易便利化对增加值贸易网络特征的影响，主要结论有：（1）在微观个体层面，节点国家的度数中心度、中间中心度和接近中心度分别衡量了该国在增加值贸易网络中的贸易能力、控制能力和自由能力，通过分别测算2008—2014年42个国家在18个制造业增加值贸易网络中的贸易能力、控制能力和自由能力可以发现，不同制造业的增加值贸易网络具有不同的特征，一国的贸易能力、控制能力和自由能力具有协同发展的特征。（2）贸易便利化对度数中心度、中间中心度和接近中心度的回归结果显示，贸易便利化可以有效地提升一国在增加值贸易网络中的贸易能力、控制能力和自由能力，这种正向促进效应在短期和长期内都显著存在。（3）在中观社团层面，根据社团分析可以将42个样本国家划分为欧洲社团和亚太社团，贸易便利化对欧洲社团国家增加值贸易网络影响力的正向促进作用要大于对亚太社团。（4）在宏观整体层面，从增加值贸易网络图可以看到，相比于2008年，所有制造业增加值贸易网络在2014年都变得更加广泛与紧密，贸易便利化水平较高、经济体量较大的国家在增加值贸易网络中往往位于核心枢纽位置，贸易便利化水平处于上升期的国家在增加值贸易网络中也在向着更加核心的位置移动，全球增加值贸易网络的发展趋势与贸易便利化基本一致。

社会网络分析方法可以帮助我们更加形象地、具体地观察全球增加值贸易网络的整体趋势和个体特征，虽然不同制造业的增加值贸易网络有所差异，但是所有制造业的增加值贸易网络都向着更为广泛、更为密集、更为集聚发展，而这种发展离不开全球贸易便利化建设。贸易便利化可以降低一国的贸易成本，使该国与更多的国家发生生产分割与增加值贸易，一方面，该国更容易成为其他国家之间增加值贸易的"中转站"，另一方面，该国与其他国家之间的增加值贸易更不容易被第三国影响。因此，贸易便利化是一国在增加值贸易网络中影响力的重要影响因素。当所有国家或者大多数国家的贸易便利化水平都得到提升时，所有国家都与更多的国家发生直接贸易联系，从增加值贸易网络图中可以看到，更多的国家包含在网络中，国家节点之间的连线更为密集，并向着中心集约区域移动，贸易便利化不仅改变了双边贸易流量和双边贸易的增加值结构，也改变了全球增加值贸易的整体特征。

第十章 主要结论与政策建议

貿易便利化的貿易促进效应和全球价值链分工成为国际贸易分工的主要形式，这是贸易领域经济学家普遍认可的两大事实，已经得到了理论研究和经验研究的支持，然而，在全球价值链分工的背景下，研究贸易便利化对贸易影响的文章却极为匮乏。因此，本书基于全球价值链分工，从贸易流量影响、贸易利益结构影响和贸易网络特征影响三个层面检验了贸易便利化对增加值贸易的影响，不仅在贸易便利化与全球价值链这一交叉领域做出一定的理论贡献，对于指导全球生产分割中的贸易便利化构建和全球经济体系稳健发展也具有重要的现实意义。本书的主要研究内容体现在第四章和第五章典型化事实的测算、第六章理论分析、第七章增加值贸易流量的影响检验、第八章增加值贸易利益结构的影响检验和第九章增加值贸易网络的影响检验，这五部分之间相互补充、相互辅证、逻辑相连，主要解答了如下问题：贸易便利化作为生产分割成本的一部分，如何影响全球生产分割，与传统贸易下的影响有何不同？贸易便利化和全球价值链分工经历了怎样的发展历程，发展特征和发展现状如何？贸易便利化对增加值贸易流量的促进效应有多大，这种流量影响效应在不同的贸易中是否存在异质性？贸易便利化如何影响增加值贸易的利益结构，是否显著抑制了出口的本国附加值率，这种影响是否存在阶段性特征？在全球价值链生产中，贸易便利化通过哪些渠道影响了增加值贸易的利益结构？不同产业的增加值贸易网络有何异同点，贸易便利化对增加值贸易网络特征的影响如何？在对这些问题的解答中，本书得到了较为充实的研究结论，并从贸易便利化的建设、全球价值链的组织和中国方案三大方面提出了相关政策建议。

第一节　主要研究结论

第一，贸易便利化在传统贸易和全球生产分割中对贸易的影响不同，通过蛇形价值链形成的影响比通过蛛网形价值链形成的影响更大，但是两者之间也存在许多共同特征。在传统贸易中，贸易便利化降低了进出口成本，从而促进双边进出口贸易；而在全球价值链生产中，贸易便利化不仅对简单的贸易成本产生影响，还是生产分割成本的重要影响因素，通过影响国际生产分割和价值链的生产组织来影响双边增加值贸易。蛛网形价值链和蛇形价值链是全球价值链生产组织的两种特殊形式，在现实生产中，两种价值链生产模式可以任意组合，形成复合型价值链生产。在蛛网形价值链中，零部件的生产是相互独立的，零部件生产成本的差异和生产分割成本之间相互制约，决定了零部件的生产位置，最终组装成本的差异和生产分割成本之间相互制约，决定了最终组装地的位置，在最终组装地发生改变的时候，零部件生产会随之发生大规模转移。在蛇形价值链中，最终产品的生产需要依次完成一系列序贯的生产环节，每一个生产环节都要在所有上游生产的基础上进行，生产成本的差异和上下游的生产分割成本之间相互制约，决定了一个生产环节的生产位置选择，当生产成本优势不足以弥补生产分割成本时，会出现相邻生产环节的打包外包。显然，蛇形价值链的生产组织更为复杂，贸易便利化在蛇形价值链中的影响更大，但是贸易便利化在两种价值链中都会促进增加值贸易流量；发展中国家和发达国家在价值链组织中的角色不同，不同产品和不同产业的价值链生产模式也不同，贸易便利化的影响存在异质性；贸易便利化促进国际生产分割，在出口中嵌入越来越多的国外增加值，本国增加值占比降低，贸易便利化影响了出口的利益结构，这种影响可能存在阶段性特征；贸易便利化至少可以通过改变一国产业参与全球价值链生产的程度和生产位置两个渠道，影响增加值贸易的利益结构；贸易便利化有助于提高一国产业在增加值贸易网络中的影响力，并可能存在社团结构特征。

第二，贸易便利化和全球价值链生产与贸易同时经历了快速发展，而且两者的地域分布具有一定的相似性。2008—2018 年，世界各国的贸易便利化综合得分发生了一定变化，但是贸易便利化排名变化不大，北欧和西欧国家的贸易便利化水平最高，其他发达国家次之，发展中国家的贸易便利化水平偏低，但是发展中国家的贸易便利化水平提升较快。在贸易便利化的四个主要构成因素中，政府规制是最薄弱的一环，而金融与电子商务的平均得分最高。中国的贸易便利化综合得分一直在提高，但是排名未发生变化，四个一级指标的发展较为均衡，但整体依然明显落后于发达国家。受全球价值链分工不断深化的影响，2000—2014 年，中间产品贸易占全球贸易的比重不断增加，全球贸易中以中间产品形式实现的增加值出口和国外增加值出口越来越多，不同国家和不同产业的全球价值链分工特征不同。本书以中美为例进行双边/产业层面的贸易增加值分解，发现不同统计方法下的中美贸易顺差相差非常大，中美两国的出口增加值构成有较大差异，中国的分工位置相对于美国位于较下游环节，两国的贸易产业结构也不同，各产业在双边贸易中的获利能力不同。从生产的角度进行增加值核算，同样发现世界整体的全球价值链参与度显著提升了，简单全球价值链参与度大于复杂全球价值链参与度，各国的前向参与度和后向参与度相差不大，大多数国家的全球价值链参与度都增大了。世界整体的生产长度延长了，其中国内生产活动、传统贸易生产活动和全球价值链生产活动的生产长度在延长，生产长度的增幅也在加大，复杂全球价值链生产长度大于/多于简单全球价值链生产长度，主要原因是国外生产长度和跨国生产分割次数大于/多于简单全球价值链生产。整体来看，世界贸易便利化建设和全球价值链生产都经历了快速发展，贸易便利化水平越高的国家，中间产品贸易所占的比重越高，在全球价值链中占据越重要的生产位置，并获得越多的贸易利益。

第三，贸易便利化显著促进了双边增加值贸易流量的增加，而且对不同类型贸易流量的影响存在异质性。对 2008—2014 年 42 个国家 18 个产业的双边贸易数据进行检验。可以发现，出口国和进口国的贸易便利化水平对双边/产业增加值出口都起到显著的促进作用，在剔除了国外增加值的影响后，出口国贸易便利化对增加值贸易流量的影响略大于进口国。贸易便利化对中间产品贸易的影响大于对最终产品贸易的影响，贸易便利化有助于最终产品贸易向中间产品贸易转化，在增加值统计口径下，贸易便利化对最终产品贸易的影响为负；贸易便利化对发展中国家增加值贸易流量的影响要大于对发达国家的影响；贸易便利化对劳动密集型制造业增加值贸易流量的影响较小，对资本密集型制造业和知识密集型制造业贸易的影响较大；除了进口国港口效率与运输质量对增加值贸易流量的影响不显著，贸易便利化其他一级指标对增加值贸易流量的影响都显著为正，随着贸易自由化进程的深化，海关与边境管理对增加值贸易流量的影响减小，而金融与电子商务等境内环境作为生产分割成本的重要影响因素，对增加值贸易流量的影响最大。进一步对增加值贸易潜力进行估算，发现超过59%的双边增加值贸易属于潜力巨大型，这一比值在不同产业贸易和不同国家贸易上的分布较为均衡，各国贸易便利化水平的提升将进一步释放16543.2亿美元的增加值贸易潜力，并且发展中国家的增加值贸易潜力大于发达国家。

第四，贸易便利化对出口本国附加值率的影响显著为负，当贸易便利化提高到非常高的水平时，它对本国附加值率的影响转为正向。在全球价值链分工与贸易中，出口产品中不仅包含本国增加值，还嵌入了部分国外增加值，本书用出口的本国附加值率作为衡量增加值贸易利益结构的代理变量，应用面板数据进行检验，发现出口国和进口国贸易便利化对出口的附加值率都存在显著的负向影响，且通过了稳健性检验。贸易便利化加深了国家之间的生产分割，越来越多的国外增加值嵌入出口价值，本国增加值占比下降。但是，将出口国贸易便利化水平的二次项引入模型，会发现出口国贸易便利化对出口本国附加值率存在"U"形影响，当贸易便利化提升到一定水平时，贸易便利化对出口本国附加值率的影响由负转正。生产分割成本的不断降低会引发外包回流现象，贸易便利化对出口本国附加值率的影响也会出现逆转，这个逆转的拐点是6.22，但绝大多数国家目前无法达到这一水平。贸易便利化对增加值贸易利益结构的影响在中间产品贸易和最终产品贸易、不同国家之间贸易、不同要素密集型制造业贸易上也表现出明显的异质性，贸易便利化更不利于最终产品出口、发展中国家出口、资本和知识密集型制造业出口的本国附加值率提高。中介效应检验发现，贸易便利化有利于提高一国/产业参与全球价值链生产的程度，而越是嵌入全球价值链生产，出口的本国附加值率就越低，即贸易便利化通过全球价值链参与度对出口本国附加值率形成的间接影响为负；同时，贸易便利化有利于一国/产业在全球价值链生产中位置的提升，而且越是位于全球价值链生产上游的国家，出口的本国附加值率越高，即贸易便利化通过全球价值链生产位置对出口本国附加值率形成的间接影响为正。

第五，贸易便利化显著提升了国家/产业在增加值贸易网络中的影响力，并使增加值贸易网络向着更为广泛、更为密集发展。本书将社会网络分析方法应用到增加值贸易的研究中，构建了2008—2014年18个制造业的增加值贸易网络，并分别测算了42个国家在增加值贸易网络中的度数中心度、中间中心度和接近中心度，分别衡量了该国在增加值贸易网络中的贸易能力、控制能力和自由能力。本书在控制产业特征和国家经济特征的基础上进行回归分析，发现贸易便利化可以有效提升一国/产业在增加值贸易网络中的度数中心度、中间中心度和接近中心度，即贸易便利化有利于一国/产业在增加值贸易网络中影响力的提升。在增加值贸易网络中，一些国家之间的增加值贸易联系更为紧密，形成了凝聚子群网络，社团分析将样本国家分为欧洲社团和亚太社团两个子群，欧洲社团国家的经济发展更为均衡，且经济一体化的程度更高，因此贸易便利化对欧洲社团国家增加值贸易网络影响力的作用要大于亚太社团。进一步绘制不同产业的增加值贸易网络图发现，所有产业的增加值贸易网络都向着更为广泛、更为密集、更为集聚发展，这与全球贸易便利化水平的提升息息相关。

第二节 相关政策建议

一 贸易便利化建设的政策建议

第一，以多边贸易体制为主，以区域经济一体化为辅，充分发挥国际经济组织在贸易便利化建设中的作用。本书发现，在全球价值链背景下，贸易便利化对国际贸易的影响更加深远，贸易便利化是未来推进全球贸易稳定均衡发展的重要一环。贸易便利化建设是在已有国际贸易体制基础上发展起来的，也应该在遵守已有国际贸易规则体系的基础上探索新的合作机制。2017年2月22日，世界贸易组织的《贸易便利化协定》正式生效，这意味着国际贸易程序将更加简化、协调、充分，通关时间进一步缩短，为全球带来巨大的贸易增长空间。《贸易便利化协定》在信息公布、预裁定、货物放行与结关、海关合作等方面具体规定了各成员的实质性义务，共40项贸易便利化措施，并规定了不同发展程度的成员可以享受的差别待遇，成立贸易便利化委员会监督协定内容的实施。《贸易便利化协定》成为全球贸易便利化建设的中坚力量，但是其主要在海关与边境管理这一领域规定了贸易便利化建设的细则，对港口效率与运输质量、政府规制和金融与电子商务的合作没有硬性要求。在全球价值链中，国际分工与贸易不仅受到比较优势和边境贸易成本的影响，还受到生产分割的境内成本的影响，而且基础设施建设、政府规制、金融服务和电子商务等因素在国际生产分割中扮演的角色越来越重要。这就要求在多边贸易体制的基础上，通过区域经济一体化协定涵盖更广泛的贸易便利化建设内容。目前，区域经济一体化协定覆盖的国家越来越广泛，各个区域经济一体化协定的覆盖范围相互交错，形成了复杂而密集的双边经济合作网络，而且区域经济一体化协定的谈判和实施更加灵活，这对推进贸易便利化进程更加深入、快速的发展具有重要意义。因此，各成员应在贸易便利化建设上达成共识，积极推进《贸易便利化协定》的落实，并通过区域经济一体化协定的谈判和发展为贸易便利化的建设拓展更广阔的空间。

第二，分区域、分国家、分指标，配合贸易产业政策，有针对性地推进贸易便利化建设。贸易便利化在各地区、各国家和各指标上的发展是不均衡的，在对增加值贸易的影响中又存在明显的异质性，若是一味追求全球范围内的高水平贸易便利化建设，在实施过程中会存在众多不能克服的困难，是一种"不经济"的选择。具体来讲，交通运输的互联互通、贸易壁垒的取消、经济政策的协调和文化的相互认可等显著促进了欧盟国家贸易便利化水平的提升，对区域内国家参与全球价值链分工与生产起到了显著的促进作用，是各国构建贸易便利化区域合作的范本；北美、东亚国家的贸易便利化发展具有一定差距，既有贸易便利化水平较高的国家，也有贸易便利化发展相对落后的国家，应该更加注重贸易便利化的合作，建立资源共享机制；拉美、东南亚和非洲等地区的贸易便利化建设较为落后，也是发展潜力最大的区域，这些区域的国家应该通过区域内的经济合作组织推进区域内的贸易便利化政策改革，在区域内合作发展的基础上，不断在基础设施建设、金融和电子商务发展上吸引投资，进一步面向区域外国家推进贸易便利化建设。由于贸易便利化发展的不均衡，定向发展贸易便利化建设应该得到充分重视，如与发展中国家签订 AEO 互认（经认证的经营者）可以有效降低双边贸易的查验率、简化单证审核，弥补发展中国家整体贸易便利化水平偏低的不足。未来，这种贸易便利化政策的"靶向性"应进一步向产业层面、产品层面推进，配合国内产业发展的需要，真正将贸易便利化建设落实到细节处。比如，时间成本对农产品贸易的影响通常是最大的，那么在农产品贸易中，可以允许提前办理舱单等进口单证，在贸易商提供担保的前提下，也可以允许货物提前放行；电子产品等资本和技术密集型的工业制成品的全球价值链生产较为复杂，应该更加重视国家之间的合作，简化进出口手续和单证要求，推进单一窗口的建设，等等。

二　全球价值链组织与协调的政策建议

第一，增强国际经济组织的合作，建立全球生产分割下的贸易规则体系，推进全球价值链分工与贸易的稳定发展。从经济的角度讲，全球价值链分工与贸易是不可逆转的，全球价值链不仅改变了世界的贸易模式，也改变了贸易便利化、关税等措施对国际贸易的影响，从而改变了全球价值链背景下的政策体系。从全球贸易发展和各国参与全球价值链生产的现状看，中间产品贸易比重已经超过最终产品贸易，而各国参与全球价值链的程度和位置是不均衡的，这两大特征决定了贸易不平衡的程度和测算应该以增加值口径重新统计，贸易利益的分配仍然是不均衡的，而且变得更加隐秘。因此，传统的贸易理论、贸易政策、贸易利益分配都应该放在全球价值链的视角下重新审视，从而构建适应当前国际分工与贸易现状的新的贸易与投资规则体系。由于贸易和生产越来越难以区分国界，以市场准入为主的边界保护贸易政策不仅会损害出口国的贸易利益，也会通过全球生产网络影响世界上的其他国家，甚至是本国贸易利益，如关税的级联效应、贸易便利化的累积效应，基于传统分工和贸易模式的贸易政策已经不再适用。盛斌和陈帅（2015）将全球价值链下的国际贸易新规则称为"第二代贸易政策"，它以寻求国内政策与国际协定之间的协调和融合为主，促进市场经济的规范化、法治化和国际化，消除政府规制带来的经济扭曲，为经济发展提供了一个公正透明、竞争有效的商业环境和政策体制。全球价值链背景下的贸易政策体系应该包括扩展的知识产权、投资政策、劳动力市场管制、竞争政策、技术与科研合作、消费者保护、人权与安全等广阔的议题，以为国际生产分割和贸易的进行提供稳定的政治经济环境。目前，贸易增加值核算已经得到欧盟、OECD等国际组织的充分重视，这些组织在全球价值链理论研究和现实测算的基础上，对国际贸易规则体系的改革作出了重要贡献，此外，RCEP 和 CPTPP 等区域经济贸易协定的谈判也越来越多地对第二代贸易政策提出高质量、高标准的要求。全球价值链分工与贸易的稳定发展对于世界经济的繁荣、可持续发展具有重要意义。未来贸易规则体系的构建仍需依托国际经济组织，要不断改革以适应新的发展需要。

第二，增强国家之间的协调发展，实现全球价值链的平衡分布，利益共享。当前的全球价值链发展是不平衡的，虽然各国参与全球价值链的程度都在提升，但是在全球价值链中的位置、竞争力和获利能力却不同，这也是全球生产分割与贸易的发展存在矛盾和不稳定的主要原因。本书研究表明，发达国家的贸易便利化水平高于发展中国家，通过中间产品贸易实现的贸易利益高于发展中国家，在全球价值链生产中占据了更加重要的生产环节，发展中国家通过全球价值链分工与贸易实现了经济在数量上的发展，却很难在质量上取得进步。在全球价值链中，贸易竞争力的方式从传统的产业或产品竞争转变为价值链生产环节上的竞争，贸易利益的来源由贸易总量变为贸易增量，并更多地体现在贸易的动态过程中。全球价值链背景下的贸易动态过程指的是一种新的实现本国经济可持续发展的产业升级，这种产业升级主要表现为在产业内部的工艺升级、产品升级、功能升级或价值链升级等形式，比传统的产业升级更加复杂隐蔽（刘志彪和吴福象，2018）。从表面上看，发达国家和发展中国家参与全球价值链生产的程度都增加了，带来了世界贸易的增长，但是在对全球价值链生产深入分解剖析之后，就会发现发展中国家存在被低端锁定的风险，在剔除国外增加值的贡献和简单生产要素增加值之后，发展中国家的技术复杂度变化和产业结构升级甚微，全球价值链加剧了原有世界经济体系中的不平衡发展，并使其变得更加隐蔽。因此，鼓励发展中国家参与全球价值链分工与生产，引导发展中国家构建国内生产力，提高增加值出口，提升国家竞争力，形成分工、贸易、竞争力的良性循环，是促进全球价值链均衡发展的重要一环，有利于世界经济的稳定和可持续发展。

三　中国方案

第一，依托"一带一路"倡议，加强共建国家的贸易便利化建设，实现全球价值链的双重嵌入。国际经贸格局的变化导致中国利用传统优势参与全球价值链分工的扩展空间越来越小，如何突破发达国家的价值链控制，形成新的价值链竞争力，避免低端锁定和中等收入陷阱，是中国经济发展的重点之一。"一带一路"倡议正是在这种背景下提出来的，对中国转移过剩产能、推进产业结构升级和提升全球价值链地位具有重要的意义。"一带一路"共建国家的要素成本和比较优势互补，国家之间的产业结构和经济发展阶段也各不相同，为"一带一路"经济合作提供了天然的贸易环境，中国可以顺应比较优势规律，将部分产业环节通过外包和投资等价值链合作形式转移到共建国家，承接更多资本和技术密集型的生产环节，在实现自身产业结构优化的同时，构建中国主导的"一带一路"区域价值链。所谓的全球价值链的双重嵌入，是中国在嵌入发达国家主导的全球价值链体系的同时，构建自己作为核心枢纽国家的区域价值链，逐渐由外部依赖的嵌入模式向主动升级的嵌入模式转变，实现全球价值链和区域价值链的双环流体系（黄先海和余姚，2017）。贸易便利化建设可以有效推进全球价值链的双重嵌入，尤其是"一带一路"共建国家贸易便利化的建设，对于"一带一路"区域价值链的建设具有重要意义。因此，中国作为"一带一路"的主导国家，应首先考虑推进共建国家的贸易便利化建设，为区域内的经济和贸易发展提供制度保障。首先，加强与"一带一路"共建国家的基础设施投资和建设合作，帮助落后国家建设铁路、港口等重要基础设施，加强与共建国家的物流标准体系对接，加强边境通信、电网等基础设施建设，推进电子信息交换通道建设，降低贸易的运输成本和信息通信成本。其次，倡导建立"一带一路"共建国家"边境管理局协调委员会"，加强贸易便利化建设的政策合作，鼓励各国分享贸易便利化的实践经验，在协调程序、共享数据、统一标准等方面开展深入的对接与合作。最后，推动和支持"一带一路"共建国家的"单一窗口"建设合作，中国的贸易"单一窗口"已经在所有口岸落实，可以将已有优势和经验通过能力建设、技术支持和员工培训的方式向共建国家传输，并通过亚投行、丝路基金等渠道为共建国家的"单一窗口"建设注入资金。

第二，通过自由贸易试验区的建设，不断提升自身贸易便利化水平，通过"引进来"和"走出去"实现全球价值链升级。在全球价值链分工与贸易中，出口国和进口国的贸易便利化都对双边增加值贸易具有显著的促进作用，每一个生产环节的分离都包含一次进口和一次出口。要通过"引进来"和"走出去"双向促进全球价值链升级，就必须提升自身贸易便利化水平。在 2013 年 9 月中国（上海）自由贸易试验区正式成立后，中国已经分多批次批准了 22 个自由贸易试验区，形成了东西南北中协调、陆海统筹的开放态势，推动形成中国新一轮全面开放格局。自由贸易试验区的建设推进了中国贸易便利化水平的发展，为贸易便利化水平的进一步提升提供了基础和经验。在港口效率与运输质量方面，中国应当不断完善基础设施建设，重点关注东北、西北、西南边境等地区的交通运输建设，通过辽宁、湖北、四川、陕西、广西、云南和黑龙江自由贸易试验区的建设，推进边境基础设施建设，打造多重互联互通的交通环境，提高运输效率和仓储配套服务质量。在海关与边境管理方面，应进一步简化通关程序，推行无纸化通关以降低贸易成本，进一步推进"单一窗口"和 AEO 互认的落实，加强与贸易伙伴国家在监管、检验检疫、供应链安全等方面的海关合作，尽快构建区域范围内的海关数据与信息互通互认体系，倡导智能通关制度。在政府规制方面，中国为商业活动提供了较为安全稳定的社会环境，但是在知识产权保护、政策透明度和执行效率、法律法规的完善和独立性等方面还存在明显不足，应进一步加强政策体制改革，为生产与贸易发展营造稳定的制度环境。在金融与电子商务方面，在互联网时代背景下，信息基础建设不仅为跨国生产和贸易提供沟通便利，也促进了金融服务的电子化发展，中国的电子商务虽然发展较快，但是在电子商务监管、数字贸易规则、金融服务方面还远远落后，应该在信息基础建设的基础上，加快构建电子商务法律法规体系，鼓励金融创新，为企业参与全球价值链生产提供更多的支持与服务。

第三节　研究展望

本书首次在全球价值链的视角下，研究了贸易便利化对增加值贸易流量、增加值贸易利益结构、增加值贸易网络特征的影响，不仅构建理论模型分析了全球生产分割、贸易便利化、增加值贸易之间的关系，还对贸易便利化对增加值贸易的影响进行了实证检验，在贸易便利化与全球价值链这一交叉领域做出了一定贡献。但是，囿于理论技术和数据分析能力，本书的研究内容在微观层面和机制检验方面还存在改进空间；

此外，全球价值链视角下的贸易便利化研究，至少还应该包括对贸易利益分配等方面的深入研究。具体如下。

（1）在全球价值链视角下，贸易便利化的微观层面研究。以 Melitz（2003）、Melitz 和 Ottaviano（2008）为代表的文章，构建了包含异质性企业的动态产业模型，来研究国际贸易对产业内部的影响，而以 Antràs（2003）、Antràs 和 Helpman（2006）为代表的文章，研究了在契约不完全的情况下企业如何选择自身的产业组织形式，即异质性企业如何选择全球资源和生产配置的问题。这两类文章为研究贸易便利化影响增加值贸易和全球价值链生产组织的微观机制提供了可供借鉴的模型和思路，进一步从企业的视角分析了贸易便利化对企业生产行为、贸易选择的影响。从中国的视角出发，中国工业企业数据库、《中国工业年鉴》等提供的数据可以为微观层面的实证检验提供数据基础，但是如何在微观层面对贸易便利化水平进行衡量，是一个值得进一步探讨的问题。

（2）更加深入地挖掘贸易便利化影响增加值贸易的途径和机制。本书虽然检验了贸易便利化通过全球价值链参与度和生产位置对增加值贸易利益结构产生的间接影响，但是从直觉上讲，贸易便利化对增加值贸易的影响途径和机制更为复杂，还有待于理论分析和实证检验的进一步识别。比如，贸易便利化是否通过影响企业的生产率、研发与创新等对企业增加值出口产生影响？其他国家的贸易便利化水平是否通过全球价值链生产网络将影响传递到另一贸易伙伴国？贸易便利化是否影响了一个国家的产业结构升级，从而对总出口的增加值构成产生影响？这些都需要深入探讨理论机制。

（3）在全球价值链中，贸易便利化对国家间贸易利益分配的影响。增加值贸易核算方法的构建与完善为正确核算全球价值链中国际贸易的真实贸易利益提供了科学的方法，在此基础上，本书检验了贸易便利化对出口本国附加值率的影响，但仅反映了贸易便利化对本国增加值和国外增加值构成比例的影响。进一步地，贸易便利化对不同生产环节的利益分配和不同国家之间的利益分配是否存在影响？在全球价值链中，贸易竞争的方式从传统的产业或产品竞争转变为价值链生产环节上的竞争，贸易利益的来源由贸易总量变为贸易增量，并更多地体现在贸易的动态过程中，贸易利益在价值链生产环节上的分配更加复杂隐蔽，贸易便利化对贸易利益分配的影响也更加难以识别，尤其是考虑到就业结构、技术进步和产业结构升级等广义的、动态的贸易利益，贸易便利化产生的影响可能更为复杂。但是，在全球价值链视角下进行贸易便利化利益分配的研究，对于协调国际贸易关系、为发展中国家提供科学合理的发展路径具有重要意义。

附　　录

简称	国家（或地区）	类别	简称	国家（或地区）	类别
AUS	澳大利亚	发达国家	IRL	爱尔兰	发达国家
AUT	奥地利	发达国家	ITA	意大利	发达国家
BEL	比利时	发达国家	JPN	日本	发达国家
BGR	保加利亚	发展中国家	KOR	韩国	发达国家
BRA	巴西	发展中国家	LTU	立陶宛	发展中国家
CAN	加拿大	发达国家	LUX	卢森堡	发达国家
CHE	瑞士	发达国家	LVA	拉脱维亚	发展中国家
CHN	中国	发展中国家	MEX	墨西哥	发展中国家
CYP	塞浦路斯	发达国家	MLT	马耳他	发展中国家
CZE	捷克	发展中国家	NLD	荷兰	发达国家
DEU	德国	发达国家	NOR	挪威	发达国家
DNK	丹麦	发达国家	POL	波兰	发展中国家
ESP	西班牙	发达国家	PRT	葡萄牙	发达国家
EST	爱沙尼亚	发展中国家	ROU	罗马尼亚	发展中国家
FIN	芬兰	发达国家	RUS	俄罗斯	发展中国家
FRA	法国	发达国家	SVK	斯洛伐克	发展中国家
GBR	英国	发达国家	SVN	斯洛文尼亚	发达国家
GRC	希腊	发达国家	SWE	瑞典	发达国家
HRV	克罗地亚	发展中国家	TUR	土耳其	发展中国家
HUN	匈牙利	发展中国家	TWN	中国台湾	发达地区
IDN	印度尼西亚	发展中国家	USA	美国	发达国家
IND	印度	发展中国家	ROW	其他国家（或地区）	NA

注：笔者整理，表中发达国家（或地区）为 IMF 和世界银行公认的在 2008 年之前已经是发达经济体的国家（或地区）。

附表 2　　　　　　　　**WIOD 数据库涵盖的 56 个产业及分类**

ISIC Rev. 4	产业名称	类别	ISIC Rev. 4	产业名称	类别
A01	畜牧业、狩猎	初级产品和制造业	G46	批发	劳动密集型服务业
A02	林业、伐木业	初级产品和制造业	G47	零售	劳动密集型服务业
A03	渔业、水产业	初级产品和制造业	H49	内陆运输、管道运输	资本密集型服务业
B	矿业、采石业	初级产品和制造业	H50	水路运输	资本密集型服务业
C10-C12	食品、饮料及烟草业	资本密集型制造业	H51	航空运输	资本密集型服务业
C13-C15	纺织、服装及皮草	劳动密集型制造业	H52	仓储及运输辅助业	资本密集型服务业
C16	木竹藤棕草制品业	劳动密集型制造业	H53	邮政及快递业	资本密集型服务业
C17	造纸及纸制品	资本密集型制造业	I	住宿及餐饮业	劳动密集型服务业
C18	印刷业及复制业	资本密集型制造业	J58	出版业	资本密集型服务业
C19	焦炭及石油加工业	资本密集型制造业	J59-J60	影视、影音及广播	资本密集型服务业
C20	化学原料及化学制品	知识密集型制造业	J61	通信业	资本密集型服务业
C21	基础制药及制药准备	知识密集型制造业	J62-J63	计算机及相关信息服务	知识密集型服务业
C22	橡胶及塑料制品	资本密集型制造业	K64	金融服务	知识密集型服务业
C23	非金属矿物制品业	资本密集型制造业	K65	保险及养老金	知识密集型服务业
C24	基础金属制造业	资本密集型制造业	K66	金融保险的辅助服务	知识密集型服务业
C25	复杂金属制造业	资本密集型制造业	L68	房地产业	资本密集型服务业
C26	计算机、电子产品及光学产品	知识密集型制造业	M69-M70	法律、会计及管理咨询	知识密集型服务业

续表

ISIC Rev. 4	产业名称	类别	ISIC Rev. 4	产业名称	类别
C27	电器设备制造业	知识密集型制造业	M71	建筑设计、工程设计等	知识密集型服务业
C28	机器和设备制造	知识密集型制造业	M72	科研活动	知识密集型服务业
C29	汽车、拖车制造业	知识密集型制造业	M73	广告和市场研究	知识密集型服务业
C30	其他交通工具	知识密集型制造业	M74-M75	兽医等其他专业服务	知识密集型服务业
C31-C32	家具及其他制造业	劳动密集型制造业	N	管理及相关支持服务	知识密集型服务业
C33	机器和设备的维修与安装	劳动密集型服务业	O84	公共管理、国防和社会保险	公共服务业
D35	电煤光气的供给	资本密集型服务业	P85	教育	公共服务业
E36	水的处理和供给	资本密集型服务业	Q	卫生和社会工作	公共服务业
E37-E39	污水处理、废旧材料回收加工	劳动密集型制造业	R-S	其他公共服务	公共服务业
F	建筑业	劳动密集型服务业	T	私人雇佣服务业	劳动密集型服务业
G45	汽车、摩托车的批发零售及维修	劳动密集型服务业	U	境外组织及团体活动	公共服务业

注：笔者整理，产业分类参考樊茂清和黄薇（2014）、Timmer（2012）、Rahman 和 Zhao（2013）。

参考文献

毕燕茹、师傅：《中国与中亚五国贸易潜力测算及分析——贸易互补性指数与引力模型研究》，《亚太经济》2010 年第 3 期。

曾铮、周茜：《贸易便利化测评体系及对我国出口的影响》，《国际经贸探索》2008 年第 10 期。

陈虹、杨成玉：《"一带一路"国家战略的国际经济效应研究——基于 CGE 模型的分析》，《国际贸易问题》2015 年第 10 期。

陈继勇、刘燚爽：《"一带一路"沿线国家贸易便利化对中国贸易潜力的影响》，《世界经济研究》2018 年第 9 期。

陈继勇、余罡、葛明：《基于增加值贸易视角的中国对外贸易统计研究——兼与海关统计方式比较分析》，《世界经济研究》2016 年第 5 期。

程大中：《中国参与全球价值链分工的程度及演变趋势——基于跨国投入—产出分析》，《经济研究》2015 年第 9 期。

董虹蔚、孔庆峰：《区域价值链视角下的金砖国家合作机制研究》，《国际经贸探索》2018 年第 10 期。

杜运苏、彭冬冬：《制造业服务化与全球增加值贸易网络地位提升——基于 2000—2014 年世界投入产出表》，《财贸经济》2018 年第 2 期。

段景辉、黄丙志：《贸易便利化水平指标体系研究》，《科学发展》2011 年第 7 期。

樊茂清、黄薇：《基于全球价值链分解的中国贸易产业结构演进研究》，《世界经济》2014 年第 2 期。

方晓丽、朱明侠：《中国及东盟各国贸易便利化程度测算及对出口影响的实证研究》，《国际贸易问题》2013 年第 9 期。

高敬峰、王庭东：《中国参与全球价值链的区域特征分析——基于垂直专业化分工的视角》，《世界经济研究》2017 年第 4 期。

葛顺奇、罗伟：《跨国公司进入与中国制造业产业结构——基于全球价值链视角的研究》,《经济研究》2015 年第 11 期。

顾振华、沈瑶:《全球价值链影响下的中国关税水平——来自中国制造业的证据》,《经济理论与经济管理》2017 年第 3 期。

洪静、陈飞翔、吕冰:《CAFTA 框架下中国参与全球价值链的演变趋势——基于出口国内附加值的分析》,《国际贸易问题》2017 年第 6 期。

黄先海、余骁:《以"一带一路"建设重塑全球价值链》,《经济学家》2017 年第 3 期。

姜慧、张志醒:《孔子学院对"一带一路"沿线国家贸易便利化影响的实证分析》,《经济经纬》2018 年第 6 期。

焦勇、杨蕙馨:《政府干预、两化融合与产业结构变迁——基于2003—2014 年省际面板数据的分析》,《经济管理》2017 年第 6 期。

孔庆峰、董虹蔚:《"一带一路"国家的贸易便利化水平测算与贸易潜力研究》,《国际贸易问题》2015 年第 12 期。

李斌、段娅妮、彭星:《贸易便利化的测评及其对我国服务贸易出口的影响——基于跨国面板数据的实证研究》,《国际商务(对外经贸大学学报)》2014 年第 1 期。

李波、杨先明:《贸易便利化与企业生产率:基于产业集聚的视角》,《世界经济》2018 年第 3 期。

李成友、孙涛、王硕:《人口结构红利、财政支出偏向与中国城乡收入差距》,《经济学动态》2021 年第 1 期。

李建军、孙慧:《全球价值链分工、制度质量与丝绸之路经济带建设研究》,《国际贸易问题》2016 年第 4 期。

李昕:《贸易总额与贸易差额的增加值统计研究》,《统计研究》2012 年第 10 期。

李亚波:《中国与智利双边货物贸易的潜力研究——基于引力模型的实证分析》,《国际贸易问题》2013 年第 7 期。

李豫新、郭颖慧:《边境贸易便利化水平对中国新疆维吾尔自治区边境贸易流量的影响——基于贸易引力模型的实证分析》,《国际贸易问题》2013 年第 10 期。

林梦瑶、张中元:《物流设施质量对中国参与全球价值链的影响》,《经济评论》2019 年第 2 期。

刘斌、王乃嘉、李川川:《贸易便利化与价值链参与——基于世界投入产出数据库的分析》,《财经研究》2019 年第 10 期。

刘斌、王乃嘉、屠新泉:《贸易便利化是否提高了出口中的返回增加值》,《世界经济》2018 年第 8 期。

刘晨阳、段文奇:《贸易便利化与出口多样性——基于 APEC 的经验证据》,《国际经贸探索》2019 年第 1 期。

刘洪钟、齐震:《中国参与全球价值链的技术溢出效应分析》,《中国工业经济》2012 年第 1 期。

刘会政、宗喆:《全球价值链下中欧增加值贸易测度及分解研究》,《经济经纬》2018 年第 1 期。

刘磊、步晓宁、张猛:《全球价值链地位提升与制造业产能过剩治理》,《经济评论》2018 年第 4 期。

刘琳、盛斌:《全球价值链和出口的国内技术复杂度——基于中国制造业行业数据的实证检验》,《国际贸易问题》2017 年第 3 期。

刘琳:《中国参与全球价值链的测度与分析——基于附加值贸易的考察》,《世界经济研究》2015 年第 6 期。

刘青峰、姜书竹:《从贸易引力模型看中国双边贸易安排》,《浙江社会科学》2002 年第 6 期。

刘维林、李兰冰、刘玉海:《全球价值链嵌入对中国出口技术复杂度的影响》,《中国工业经济》2014 年第 6 期。

刘维林:《中国式出口的价值创造之谜:基于全球价值链的解析》,《世界经济》2015 年第 3 期。

刘镇、邱志萍、朱丽萌:《海上丝绸之路沿线国家投资贸易便利化时空特征及对贸易的影响》,《经济地理》2018 年第 3 期。

刘志彪、吴福象:《"一带一路"倡议下全球价值链的双重嵌入》,《中国社会科学》2018 年第 8 期。

刘遵义、陈锡康、杨翠红等:《非竞争型投入占用产出模型及其应用——中美贸易顺差透视》,《中国社会科学》2007 年第 5 期。

罗军:《服务化发展与制造业全球价值链地位——影响机制与门槛效应》,《当代财经》2018 年第 11 期。

罗长远、张军:《附加值贸易:基于中国的实证分析》,《经济研究》2014 年第 6 期。

吕越、黄艳希、陈勇兵:《全球价值链嵌入的生产率效应:影响与机制分析》，《世界经济》2017 年第 7 期。

马述忠、任婉婉、吴国杰：《一国农产品贸易网络特征及其对全球价值链分工的影响——基于社会网络分析视角》，《管理世界》2016 年第3 期。

马述忠、张洪胜、王笑笑：《融资约束与全球价值链地位提升——来自中国加工贸易企业的理论与证据》，《中国社会科学》2017 年第 1 期。

毛艳华、杨思维：《21 世纪海上丝绸之路贸易便利化合作与能力建设》，《国际经贸探索》2015 年第 4 期。

潘文卿、李跟强：《中国区域间贸易成本：测度与分解》，《数量经济技术经济研究》2017 年第 2 期。

乔翠霞等：《国际技术转移与我国工业结构升级》，山东大学出版社2023 年版。

全毅：《论开放型经济新体制的基本框架与实现路径》，《国际贸易》2015 年第 9 期。

邵军、刘嘉伟：《全球价值链视角下中国真实与名义贸易盈余的核算差距：针对亚太主要经济体的分析》，《国际贸易问题》2018 年第 4 期。

沈铭辉：《东亚国家贸易便利化水平测算及思考》，《国际经济合作》2009 年第 7 期。

盛斌、陈帅：《全球价值链、企业异质性与企业的成本加成》，《产业经济研究》2017 年第 4 期。

盛斌、陈帅：《全球价值链如何改变了贸易政策：对产业升级的影响和启示》，《国际经济评论》2015 年第 1 期。

盛斌、靳晨鑫：《"一带一路"沿线国家贸易便利化水平分析及中国的对策》，《国际贸易》2019 年第 4 期。

盛斌、毛其淋：《贸易开放、国内市场一体化与中国省际经济增长：1985—2008 年》，《世界经济》2011 年第 11 期。

盛丹、包群、王永进：《基础设施对中国企业出口行为的影响："集约边际"还是"扩展边际"》，《世界经济》2011 年第 1 期。

施锦芳、吴琦：《东北亚贸易便利化对贸易流量影响的经验研究》，《财经问题研究》2019 年第 5 期。

孙天阳、肖皓、孟渤、许和连：《制造业全球价值链网络的拓扑特征及影响因素——基于 WWZ 方法和社会网络的研究》，《管理评论》2018

年第 9 期。

谭晶荣、潘华曦：《贸易便利化对中国农产品出口的影响研究——基于丝绸之路沿线国家的实证分析》，《国际贸易问题》2016 年第 5 期。

唐文浩、黎峰：《全球价值链分工下的中俄双边贸易收益核算》，《世界经济与政治论坛》2017 年第 3 期。

唐宜红、顾丽华：《贸易便利化与制造业企业出口——基于"一带一路"沿线国家企业调查数据的实证研究》，《国际经贸探索》2019 年第 2 期。

唐宜红、张鹏杨：《FDI、全球价值链嵌入与出口国内附加值》，《统计研究》2017 年第 4 期。

佟家栋、李连庆：《贸易政策透明度与贸易便利化影响——基于可计算一般均衡模型的分析》，《南开经济研究》2014 年第 4 期。

汪戎、李波：《贸易便利化与出口多样化：微观机理与跨国证据》，《国际贸易问题》2015 年第 3 期。

王博、陈诺、林桂军：《"一带一路"沿线国家制造业增加值贸易网络及其影响因素》，《国际贸易问题》2019 年第 3 期。

王厚双、李艳秀、朱奕绮：《我国服务业在全球价值链分工中的地位研究》，《世界经济研究》2015 年第 8 期。

王岚、李宏艳：《中国制造业融入全球价值链路径研究——嵌入位置和增值能力的视角》，《中国工业经济》2015 年第 2 期。

王岚：《全球价值链分工背景下的附加值贸易：框架、测度和应用》，《经济评论》2013 年第 3 期。

王岚：《融入全球价值链对中国制造业国际分工地位的影响》，《统计研究》2014 年第 5 期。

王猛、姜照君：《服务业集聚区、全球价值链与服务业创新》，《财贸经济》2017 年第 1 期。

王孝松、吕越、赵春明：《贸易壁垒与全球价值链嵌入——以中国遭遇反倾销为例》，《中国社会科学》2017 年第 1 期。

王学君、潘江：《贸易自由化与增加值贸易——WTO 对中国出口的真实影响》，《经济理论与经济管理》2017 年第 6 期。

王彦芳、陈淑梅：《全球价值链视角下中国制造业出口贸易网络格局分析》，《当代财经》2017 年第 7 期。

王直、魏尚进、祝坤福：《总贸易核算法：官方贸易统计与全球价值链的度量》，《中国社会科学》2015 年第 9 期。

王中美：《全球贸易便利化的评估研究与趋势分析》，《世界经济研究》2014 年第 3 期。

魏龙、王磊：《从嵌入全球价值链到主导区域价值链——"一带一路"战略的经济可行性分析》，《国际贸易问题》2016 年第 5 期。

温忠麟、叶宝娟：《中介效应分析：方法和模型发展》，《心理科学进展》2014 年第 5 期。

温忠麟、张雷、侯杰泰、刘红云：《中介效应检验程序及其应用》，《心理学报》2004 年第 5 期。

吴云霞、马野驰：《全球价值链参与率对中国行业内劳动者就业结构差距的影响——基于 WIOD 数据库的实证研究》，《国际经贸探索》2018 年第 5 期。

谢娟娟、岳静：《贸易便利化对中国—东盟贸易影响的实证分析》，《世界经济研究》2011 年第 8 期。

邢予青、Neal Detert：《国际分工与美中贸易逆差：以 iPhone 为例》，《金融研究》2011 年第 3 期。

许和连、成丽红、孙天阳：《离岸服务外包网络与服务业全球价值链提升》，《世界经济》2018 年第 6 期。

闫云凤：《中日韩在全球价值链中的地位和作用——基于贸易增加值的测度与比较》，《世界经济研究》2015 年第 1 期。

杨逢珉、程凯：《贸易便利化对出口产品质量的影响研究》，《世界经济研究》2019 年第 1 期。

姚星、梅鹤轩、蒲岳：《国际服务贸易网络的结构特征及演化研究——基于全球价值链视角》，《国际贸易问题》2019 年第 4 期。

余振、周冰惠、谢旭斌、王梓楠：《参与全球价值链重构与中美贸易摩擦》，《中国工业经济》2018 年第 7 期。

张会清、翟孝强：《中国参与全球价值链的特征与启示——基于生产分解模型的研究》，《数量经济技术经济研究》2018 年第 1 期。

张杰、陈志远、刘元春：《中国出口国内增加值的测算与变化机制》，《经济研究》2013 年第 10 期。

张杰、翟福昕、周晓艳：《政府补贴、市场竞争与出口产品质量》，

《数量经济技术经济研究》2015年第4期。

张鹏杨、唐宜红：《FDI如何提高我国出口企业国内附加值？——基于全球价值链升级的视角》，《数量经济技术经济研究》2018年第7期。

张亚斌、刘俊、李城霖：《丝绸之路经济带贸易便利化测度及中国贸易潜力》，《财经科学》2016年第5期。

张志明、杜明威：《全球价值链视角下中美贸易摩擦的非对称贸易效应——基于MRIO模型的分析》，《数量经济技术经济研究》2018年第12期。

郑休休、赵忠秀：《生产性服务中间投入对制造业出口的影响——基于全球价值链视角》，《国际贸易问题》2018年第8期。

朱晶、毕颖：《贸易便利化对中国农产品出口深度和广度的影响——以"丝绸之路经济带"沿线国家为例》，《国际贸易问题》2018年第4期。

Acemoglu, D., Johnson, S., Robinson, J. A., "The Colonial Origins of Comparative Development: An Empirical Investigation", *American Economic Review*, 2001, 91 (5): 1369–1401.

Ahsan, R. N., Essays on Trade Policy, Institutions, and Firm Behavior, Ph. D. Dissertation, Syracuse University, 2010.

Amador, J., Cabral, S., "Networks of Value-Added Trade", *The World Economy*, 2017, 40 (7): 1291–1313.

Amiti, M., Freund, C., "The Anatomy of China's Export Growth", NBER Working Paper 10451, 2010.

Anderson, J. E., "A Theoretical Foundation for the Gravity Equation", *The American Economic Review*, 1979, 69 (1): 106–116.

Anderson, J. E., Wincoop, E. V., "Gravity with Gravitas: A Solution to the Border Puzzle", *The American Economic Review*, 2003, 93 (1): 170–192.

Anderson, J. E., Wincoop, E. V., "Trade Costs", NBER Working Paper 10480, 2004.

Antràs, P., Chor, D., Fally, T., Hillberry, R., "Measuring the Upstreamness of Production and Trade Flows", *The American Economic Review*, 2012, 102 (3): 412–416.

Antràs, P., "Firms, Contracts, and Trade Structure", *The Quarterly*

Journal of Economics, 2003, 118 (4): 1375-1418.

Antràs, P., Helpman, E., "Contractual Frictions and Global Sourcing", NBER Working Paper 12747, 2006.

APEC, "Assessing APEC Trade Liberalization and Facilitation: 1999 Update", APEC Working Paper, 1999.

Arndt, S. W., Kierzkowski, H., eds., *Fragmentation: New Production Patterns in the World Economy*, Oxford: Oxford University Press, 2001.

Baldwin, R. E., McLaren, J., Panagariya, A., "Regulatory Protectionism, Developing Nations and a Two-Tier World Trade System", *Brookings Trade Forum*, 2000 (1): 237-293.

Baldwin, R. E., *Globalisation: The Great Unbundling (s)*, Prime Minister's Office: Economic Council of Finland, 2006.

Baldwin, R., Lopez-Gonzalez, J., "Supply-Chain Trade: A Portrait of Global Patterns and Several Testable Hypotheses", *The World Economy*, 2015, 38 (11): 1682-1721.

Baldwin, R., Venables, A. J., "Spiders and Snakes: Offshoring and Agglomeration in the Global Economy", *Journal of International Economics*, 2013, 90 (2): 245-254.

Baron, R. M., Kenny, D. A., "The Moderator-Mediator Variable Distinction in Social Psychological Research: Conceptual, Strategic, and Statistical Considerations", *Journal of Personality and Social Psychology*, 1986, 51 (6): 1173-1182.

Bas, M., Strauss-Kahn, V., "Does Importing More Inputs Raise Exports? Firm-Level Evidence from France", *Review of World Economics*, 2014, 150 (2): 241-275.

Bergstrand, J. H., "The Generalized Gravity Equation, Monopolistic Competition, and the Factor-Proportions Theory in International Trade", *The Review of Economics and Statistics*, 1989, 71 (1): 143-153.

Blanchard, E. J., Bown, C. P., Johnson, R. C., "Global Supply Chains and Trade Policy", NBER Working Paper 21883, 2016.

Blonigen, B., Wilson, W., "Port Efficiency and Trade Flows", *Review of International Economics*, 2008, 16 (1): 21-36.

Bourdet, Y., Persson, M., "Reaping the Benefits of Deeper Euro-Med Integration through Trade Facilitation", IFN Working Paper 881, 2011.

Chaney, T., "Distorted Gravity: The Intensive and Extensive Margins of International Trade", *The American Economic Review*, 2008, 98 (4): 1707-1721.

Chor, D., Manova, K., Yu, Z.H., "Growing Like China: Firm Performance and Global Production Line Position", *Journal of International Economics*, 2021, 130, 103445.

Daudin, G., Rifflart, C., Schweisguth, D., "Who Produces for Whom in the World Economy?", *Canadian Journal of Economics*, 2011, 44 (4): 1403-1437.

Dean, J., Fung, K.C., Wang, Z., "How Vertically Specialized is Chinese Trade?", BOFIT Discussion Papers, No. 31/2008, 2008.

Decreux, Y., Fontagné, L., "A Quantitative Assessment of the Outcome of the Doha Development Agenda", CEPII Working Papers, 2006.

Dennis, A., Shepherd, B., "Trade Facilitation and Export Diversification", *The World Economy*, 2011, 34 (1): 101-122.

DeVries, G.J., Foster-McGregor, N., Stehrer, R., "Value Added and Factors in Trade: A Comprehensive Approach", Wiiw Working Paper, 2012.

Dee, P., Geisler, C., Watts, G., "The Impact of APEC's Free Trade Commitment", Industry Commission Working Paper, 1996.

Diakantoni, A., Escaith, H., Roberts, M., Verbeet, T., "Accumulating Trade Costs and Competitiveness in Global Value Chains", WTO Working Paper, 2017.

Djankov, D., Freund, C., Pham, C., "Trading on Time", *The Review of Economics and Statistics*, 2010, 92 (1): 166-173.

ESCAP, OECD, ADB, "Indicators of Trade Facilitation: A Handbook (Version 1.0)", OECD Working Paper, 2017.

Fally, T., "On the Fragmentation of Production in the US", University of Colorado-Boulder Working Paper, 2011.

Feenstra, R.C., Ma, H., "Trade Facilitation and the Extensive Margin of Exports", *The Japanese Economic Review*, 2014, 65 (2): 158–177.

Felipe, J., Kumar, U., "The Role of Trade Facilitation in Central Asia: A Gravity Model", *Eastern European Economics*, 2012, 50 (4): 5–20.

Feng, L., Li, Z., Swenson, D. L., "The Connection between Imported Intermediate Inputs and Exports: Evidence from Chinese Firms", *Journal of International Economics*, 2016, 101: 86–101.

Ferrantino, M. J., "Using Supply Chain Analysis to Examine the Costs of Non-Tariff Measures (NTMs) and the Benefits of Trade Facilitation", WTO Working Paper, 2012.

Ferrarini, B., "Vertical Trade Maps", *Asian Economic Journal*, 2013, 27 (2): 105–123.

Fink, C., Mattoo, A., Neagu, I. C., "Trade in International Maritime Services: How Much does Policy Matter?", *The World Bank Economic Review*, 2002, 16 (1): 81–108.

Fontagne, L., Orefice, G., Piermartini, R., "Making (Small) Firms Happy. The Heterogeneous Effect of Trade Facilitation Measures", CESifo Working Paper No. 5899, 2016.

Fox, A. K., Francois, J. F., Londono-Kent, P., "Measuring Border Crossing Costs and Their Impact on Trade Flows: The United States-Mexican Trucking Case", GTAP Working Paper 1282, 2003.

Francois, J. F., Manchin, M., "Institutions, Infrastructure and Trade", *World Development*, 2013, 46 (2): 165–175.

Francois, J. F., "Preferential Trade Arrangements and the Pattern of Production and Trade When Inputs are Differentiated", CEPR Working Paper, 2005.

Francois, J. F., Wooton, I., "Trade in International Transport Services: The Role of Competition", *Review of International Economics*, 2001, 9 (2): 249–261.

Francois, J., Meijl, V. H., Tongeren, V. F., "Trade Liberalization in the Doha Development Round", *Economic Policy*, 2005, 20 (42): 350–391.

Freeman, L. C. , "Centrality in Social Networks: Conceptual Clarification", *Social Networks*, 1978-1979, 3 (1): 215-239.

Freund, C. L. , Weinhold, D. , "On the Effect of the Internet on International Trade", FRB International Finance Discussion Paper 693, 2000.

Frigant, V. , Lung, Y. , "Geographical Proximity and Supplying Relationships in Modular Production", *International Journal of Urban and Regional Research*, 2002, 26 (4): 742-755.

Gereffi, G. , Humphrey, J. , Sturgeon, T. , "The Governance of Global Value Chain", *Review of International Political Economy*, 2005, 12 (1): 78-104.

Görg, H. , "Fragmentation and Trade: US Inward Processing Trade in the EU", *Review of World Economics*, 2000, 136 (3): 403-422.

Grabher, G. , ed. , *The Embedded Firm: On the Socioeconomics of Industrial Networks*, London: Routledge, 1993.

Grainger, A. , "Customs and Trade Facilitation: From Concepts to Implementation", *World Custom Journal*, 2008, 2 (1): 17-30.

Hausmann, R. , Hwang, J. , Rodrik, D. , "What You Export Matters", *Journal of Economic Growth*, 2007, 12 (1): 1-25.

Helpman, E. , Krugman, P. R. , *Market Structure and Foreign Trade: Increasing Returns, Imperfect Competition, and the International Economy*, Cambridge: MIT Press, 1985.

Henderson, J. , Dicken, P. , Hess, M. , Coe, N. , Yeung, H. W. -C. , "Global Production Networks and the Analysis of Economic Development", *Review of International Political Economy*, 2002, 9 (3): 436-464.

Hertel, T. W. , Walmsley, T. , Itakura, K. , "Dynamic Effects of the 'New Age' Free Trade Agreement between Japan and Singapore", *Journal of Economic Integration*, 2001, 16 (4): 446-484.

Hoekman, B. , Shepherd, B. , "Who Profits from Trade Facilitation Initiatives? Implications for African Countries", *Journal of African Trade*, 2015, 2 (1-2): 51-70.

Hoekstra, R. , "Boosting Manufacturing Firms' Exports? The Role of Trade Facilitation in Africa", IEE Working Papers 197, 2013.

Hummels, D. L. , Ishii, J. , Yi, K. M. , "The Nature and Growth of Vertical Specialization in World Trade", *Journal of International Economics*, 2001, 54 (1): 75-96.

Hummels, D. L. , Minor, P. , Reisman, M. , Endean, E. , "Calculating Tariff Equivalents for Time in Trade", USAID Working Paper, 2007.

Hummels, D. L. , Rapoport, D. , Yi, K. M. , "Vertical Specialization and the Changing Nature of World Trade", *Federal Reserve Bank of New York Economic Policy Review*, 1998, 4 (2): 79-99.

Hummels, D. L. , "Transportation Costs and International Trade in the Second Era of Globalization", *Journal of Economic Perspectives*, 2007, 21 (3): 131-154.

Iwanow, T. , Kirkpatrick, C. , "Trade Facilitation and Manufactured Exports: Is Africa Different?", *World Development*, 2009, 37 (6): 1039-1050.

Johnson, R. C. , "Five Facts about Value-Added Exports and Implications for Macroeconomics and Trade Research", *Journal of Economic Perspectives*, 2014, 28 (2): 119-142.

Johnson, R. C. , Noguera, G. , "Accounting for Intermediates: Production Sharing and Trade in Value added", *Journal of International Economics*, 2012a, 86 (2): 224-236.

Johnson, R. C. , Noguera, G. , "Fragmentation and Trade in Value Added over Four Decades", NBER Working Paper 18186, 2012b.

Johnson, R. C. , Noguera, G. , "A Portrait of Trade in Value-Added over Four Decades", *The Review of Economics and Statistics*, 2017, 99 (5): 896-911.

Judd, C. M. , Kenny, D. A. , "Process Analysis: Estimating Mediation in Treatment Evaluations", *Evaluation Review*, 1981, 5 (5): 602-619.

Kancs, A. , "Trade Growth in a Heterogeneous Firm Model: Evidence from South Eastern Europe", *The World Economy*, 2007, 30 (7): 1139-1169.

Kee, H. L. , "Local Intermediate Inputs and the Shared Supplier Spillovers of Foreign Direct Investment", *Journal of Development Economics*, 2015,

112：56-71.

Kee, H. L. , Tang, H. , "Domestic Value Added in Exports： Theory and Firm Evidence from China", *The American Economic Review*, 2016, 106 (6)： 1402-1436.

Kepaptsoglou, K. , Karlaftis, M. G. , Tsamboulas, D. , " The Gravity Model Specification for Modeling International Trade Flows and Free Trade Agreement Effects： A 10-Year Review of Empirical Studies", *The Open Economics Journal*, 2010, 3 (1)： 1-13.

Kneller, R. , Pisu, M. , "Export-Oriented FDI in the UK", *Oxford Review of Economic Policy*, 2004, 20 (3)： 424-439.

Koopman, R. , Powers, W. , Wang, Z. , Wei, S. J. , " Give Credit Where Credit is Due： Tracing Value Added in Global Production Chains", NBER Working Paper 16426, 2011.

Koopman, R. , Wang, Z. , Wei, S. J. , "Estimating Domestic Content in Exports When Processing Trade is Pervasive", *Journal of Development Economics*, 2012, 99 (1)： 178-189.

Koopman, R. , Wang, Z. , Wei, S. J. , "Tracing Value-Added and Double Counting in Gross Exports", *The American Economic Review*, 2014, 104 (2)： 459-494.

Kohler, W. , "Aspects of International Fragmentation Economics", *Review of International Economics*, 2004, 12 (5)： 793-816.

Kraemer, K. L. , Linden, G. , Dedrick, J. , " Capturing Value in Global Networks： Apple's iPad and iPhone", CISE/IIS Working Paper, 2011.

Krugman, P. , " Growing World Trade： Causes and Consequences", *Brookings Papers on Economic Activity*, 1995, 26 (1)： 327-377.

Kugler, M. , Verhoogen, E. , "Prices, Plant Size and Product Quality", *The Review of Economic Studies*, 2012, 79 (1)： 307-339.

Lai, R. K. , "Does Public Infrastructure Reduce Private Inventory", Munich Personal RePEc Archive Paper 4756, 2007.

Leontief, W. W. , "Quantitative Input and Output Relations in the Economic Systems of the United States", *The Review of Economics and Statistics*,

1936, 18 (3): 105-125.

Limão, N. , Venables, A. , "Infrastructure, Geographical Disadvantage, Transport Costs and Trade", *The World Bank Economic Review*, 2000, 15 (3): 451-479.

Liu, L. , Yue, C. , "Investigating the Impacts of Time Delays on Trade", *Food Policy*, 2013, 39: 108-114.

Mackinnon, D. P. , Lockwood, C. M. , Hoffman, J. M. , West, S. G. , Sheets, V. , "A Comparison of Methods to Test Mediation and other Intervening Variable Effects", *Psychological Methods*, 2002, 7 (1): 83-104.

Mackinnon, D. P. , Warsi, G. , Dwyer, J. H. , "A Simulation Study of Mediated Effect Measures", *Multivariate Behavioral Research*, 1995, 30 (3): 41-62.

Ma, A. C. , Assche, V. A. , "The Role of Trade Costs in Global Production Networks: Evidence from China's Processing Trade Regime", World Bank Working Paper 5490, 2010.

Melitz, M. J. , Ottaviano, G. I. P. , "Market Size, Trade, and Productivity", *The Review of Economic Studies*, 2008, 75 (1): 295-316.

Melitz, M. J. , "The Impact of Trade on Intra-Industry Reallocations and Aggregate Industry Productivity", *Econometrica*, 2003, 71 (6): 1695 – 1725.

Moenius, J. , Three Essays on Trade Barriers and Trade Volumes, Ph. D. Dissertation, University of California, San Diego, 2000.

Moïsé, E. , Orliac, T. , Minor, P. , "Trade Facilitation Indicators: The Impact on Trade Costs", OECD Trade Policy Papers 118, 2011.

Moïsé, E. , Sorescu, S. , "Trade Facilitation Indicators: The Potential Impact of Trade Facilitation on Developing Countries' Trade", OECD Working Paper 144, 2013.

Moïsé, E. , "The Cost of Introducing and Implementing Trade Facilitation Measures: Interim Report", OECD Trade Policy Working Papers 8, 2004.

Newman, E. M. J. , Girvan, M. , "Finding and Evaluating Community Structure in Networks", *Physical Review E-Statistical Nonlinear and Soft Mat-*

ter Physics, 2004, 69 (2): 1-16.

Ng, F., Yeats, A. J., "Production Sharing in East Asia: Who does What for Whom, and Why", World Bank Policy Research Working Paper, 1999.

Nordås, H. K., "Time as a Trade Barrier: Implications for Low-Income Countries", *OECD Economic Studies*, 2006, 1 (42): 137-167.

OECD, "The Role of Automation in Trade Facilitation", OECD Trade Policy Working Papers 22, 2005.

Orefice, G., Rocha, N., "Deep Integration and Production Networks: An Empirical Analysis", *The World Economy*, 2014, 37 (1): 106-136.

Persson, M., "Trade Facilitation and the Extensive Margin", *The Journal of International Trade and Economic Development*, 2012, 22 (5): 658-693.

Portugal – Perez, A., Wilson, J. S., "Export Performance and Trade Facilitation Reform: Hard and Soft Infrastructure", *World Development*, 2012, 40 (7): 1295-1307.

Rahman, J., Zhao, T., "Export Performance in Europe: What do We Know from Supply Links", IMF Working Paper 13/62, 2013.

Ramasamy, B., Yeung, M., Utoktham, C., Duval, Y., "Trade and Trade Facilitation along the Belt and Road Initiative Corridors", ARTNeT Working Paper 172, 2017.

Sakyi, D., Villaverde, J., Maza, A., Bonuedi, I., "The Effects of Trade and Trade Facilitation on Economic Growth in Africa", *African Development Review*, 2017, 29 (2): 350-361.

Serrano, M., Boguñá, M., "Topology of the World Trade Web", *Physical Review VE*, 2003, 68 (1), 015101.

Shao, J., Xu, K., Qiu, B., "Analysis of Chinese Manufacturing Export Duration", *China and World Economy*, 2012, 20 (4): 56-73.

Shepherd, B., Wilson, J. S., "Trade Facilitation in ASEAN Member Countries: Measuring Progress and Assessing Priorities", World Bank Policy Research Working Paper 4615, 2008.

Snyder, D., Kick, E. L., "Structrual Position in the World System and

Economic Growth, 1955-1970: A Multiple-Network Analysis of Transitional Interactions", *American Journal of Sociology*, 1979, 84 (5): 1096-1126.

Stehrer, R., "Trade in Value Added and the Value Added in Trade", Wiiw Working Paper, 2012.

Tang, H., Wang, F., Wang, Z., "The Domestic Segment of Global Supply Chains in China under State Capitalism", World Bank Policy Research Paper 6960, 2014.

Timmer, M. et al., "The World Input-Output Database: Content, Concepts and Applications", WIOD Working Paper, 2012.

Toševska-Trpčevska, K., Tevdovski, D., "Trade Facilitation Indicators and Their Potential Impact on Trade between the Countries of South Eastern Europe", *Scientific Annals of Economics and Business*, 2016, 63 (3): 347-362.

UNCTAD, *World Investment Report* 2013: *Global Value-Chains: Investment and Trade for Development*, 2013.

Upward, R., Wang, Z., Zheng, J., "Weighing China's Export Basket: The Domestic Content and Technology Intensity of Chinese Exports", *Journal of Comparative Economics*, 2013, 41 (2): 527-543.

Wang, Z., Wei, S. J., Yu, X., Zhu, K., "Characterizing Global Value Chains: Production Length and Upstreamness", NBER Working Paper 23261, 2017.

Wang, Z., Wei, S. J., Yu, X., Zhu, K., "Measures of Participation in Global Value Chains and Global Business Cycles", NBER Working Paper 23222, 2017.

Wang, Z., Wei, S. J., Zhu, K., "Quantifying International Production Sharing at the Bilateral and Sector Levels", NBER Working Paper 19677, 2013.

Wilhite, A., "Bilateral Trade and 'Small-World' Networks", *Computational Economics*, 2001, 48 (1): 49-64.

Wilson, J. S., Mann, C. L., Otsuki, T., "Assessing the Benefits of Trade Facilitation: A Global Perspective", *The World Economy*, 2005, 28 (6): 841-871.

Wilson, J. S. , Mann, C. L. , Otsuki, T. , "Trade Facilitation and Economic Development: A New Approach to Quantifying the Impact", *The World Bank Economic Review*, 2003, 17 (3): 367-389.

Yi, K. M. , "Can Multistage Production Explain the Home Bias in Trade?", *American Economic Review*, 2010, 100 (1): 364-393.

Yi, K. M. , "Can Vertical Specialization Explain the Growth in World Trade?", *Journal of Political Economy*, 2003, 111 (1): 52-102.

Yue, C. , Beghin, J. C. , "Tariff Equivalent and Forgone Trade Effects of Prohibitive Technical Barriers to Trade", *American Journal of Agricultural Economics*, 2009, 91 (4): 930-941.

Zhu, Z. , Puliga, M. , Cerina, F. , Chessa, A. , Riccaboni, M. , "Global Value Trees", *PLoS ONE*, 2015, 10 (5): e0126699.